U0784914

孔子的世界

CONFUCIUS' WORLD

THE WORLD VALUE OF CONFUCIAN CULTURE

儒家文化的世界价值

武斌——著

山东人民出版社

图书在版编目（CIP）数据

孔子的世界：儒家文化的世界价值 / 武斌著. 一济南：山东人民出版社，2022.9
ISBN 978-7-209-13871-0

Ⅰ. ①孔… Ⅱ. ①武… Ⅲ. ①儒家—传统文化—研究 Ⅳ. ①B222.05

中国版本图书馆CIP数据核字（2022）第124303号

孔子的世界：儒家文化的世界价值
KONGZI DE SHIJIE：RUJIA WENHUA DE SHIJIE JIAZHI
武斌 著

主管单位 山东出版传媒股份有限公司
出版发行 山东人民出版社
出 版 人 胡长青
社 址 济南市市中区舜耕路517 号
邮 编 250003
电 话 总编室（0531）82098914
市场部（0531）82098027
网 址 http://www.sd-book.com.cn
印 装 三河市祥宏印务有限公司
经 销 新华书店

规 格 16开（160mm × 235mm）
印 张 23
字 数 335千字
版 次 2022年9月第1版
印 次 2022年9月第1次
ISBN 978-7-209-209-13871-0
定 价 98.00元
如有印装质量问题，请与出版社总编室联系调换。

引　言

一

公元前496年，也就是春秋时的鲁定公十四年，孔子和他的弟子们，一行几十人，带着行李，赶着牛车，离开了自己的故乡鲁国，开始周游列国。这一年，孔子已经五十六岁了。

这一走，就是十三年。他们去了卫国、曹国、宋国、蔡国、陈国、郑国，每到一处，孔子都推广他的政治理想，希望恢复周朝的礼制秩序，以礼乐仁义治国。孔子没有像管仲那样提出行之有效的治国方案，也没有像孙子那样拥有实用的谋略和战术，他有的，只是礼乐仁义和社会大同的理想。但当时正处于春秋乱世，这些小国在大国争霸的夹缝中勉强生存，随时都有亡国的危险。没有人重视他的这些主张，也没有哪个国君愿意按照他的思想治理国家。

孔子到处碰壁。人们可能敬仰他的学问，但没有人接受他的主张。所以，这一路上，这十几年里，孔子十分失望，他的内心一定十分痛苦。但是，他并没有因为失望而放弃自己的理想，而是更坚定了自己的信念，更深刻地认识到礼乐制度和仁义对国家、对文明的重要价值。他赞美伯夷、叔齐“不降其志，不辱其身”。正如南子对他所说的，人们也许很容易了解你的痛苦，但未必能体会到你通过痛苦所达到的境界。

这是一种极高的精神境界，是人类灵魂所能达到的伟大境界，是“圣之时者”的境界。而对于普通人来说，这是可望而不可即的境界。

在卫国时，孔子路过边境小城仪邑，与守城的官吏（即封人）见面。两人见面后，封人对跟随孔子的两三位弟子说：“孔子周游列国是天意，是上天要孔子如木铎一般唤醒每一个人。孔子注定成为万世师表，而非朝中官员。”这个伟大的使命可能孔子本人都没有认识到。这位封人对孔子的认识，比孔子当时对自己的认识还透彻，也远比其他人的见解要深刻。

二

鲁哀公十一年（前484），孔子回到了家乡鲁国，这时他已经六十八岁了。

孔子回到鲁国后，致力于继续从事教育及古典文献整理工作，相传他整理《诗经》《尚书》等文献，并把鲁史官左丘明所记《春秋》加以删修。《春秋》是中国第一部编年体历史著作。孔子对《春秋》极为重视，他说后人理解他或者误会他，都会是因为这部书。

孔子的古典文献整理工作极为重要。在商周时期，官府里的太史、太祝、太卜等官吏，即“王官”，掌管学术文化。他们将保存在官府的资料分门别类地整理汇编而成典籍。《诗》《书》《礼》《乐》《易》《春秋》“六经”典籍原是王官藏于秘图（官府的图书馆）或太史之家的。春秋以后，王官散入各诸侯国，“六经”典籍同时流传于民间。孔子编定《书》，删节《诗》，编修《礼》《乐》，作《易传》，修《春秋》。“六经”皆由孔子“手订”，这对于“六经”的经典化和广泛流传起到了很大的作用。

孔子还把这些典籍作为讲学的教材。孔子大约在三十岁时开始讲学，“以诗、书、礼、乐教”弟子。孔子平时在曲阜城北的学舍讲学，身边有了一些追随者，其中包括子贡、颜回与子路等。他外出游历时，弟子们也都相随。孔子喜欢与年轻人对谈，他认为年轻人机敏、敢于创新，能以开放的心胸看待一切。春秋末期，孔子私学的规模最大，存在了四十多年，弟子三千人，“身通六艺者七十有二人”。

鲁哀公十六年（前479），子贡特地来看望孔子。孔子正拄着手杖在门前无拘无束地散步。他抱怨子贡为何这么晚来看自己，并叹息说，泰山将要坍塌了，梁柱将要腐朽折断了，哲人将要如同草木一样枯萎腐烂了。孔子流下了眼泪，对子贡说：“天下无道已经很久了，没有人肯采纳我的主张。我的主张不可能实现了。夏朝的人死了，灵柩停放在东边的台阶上；周朝的人死了，灵柩停放在西边的台阶上；殷朝的人死了，灵柩停放在两根柱子中间。昨天晚上我梦见自己坐在两楹之间受人祭奠，说明我的祖先就是殷朝人啊。”

他仍在谈他的伟大理想，他说：“如果有一位明君，未来能够真正理解我，能够让社会平安和谐，我就满足了。”

七天之后，孔子因病不愈而卒，终年七十三岁，葬于鲁城北泗水岸边。众弟子为他守墓三年，而子贡为孔子守墓六年。此后，孔子的故居被改为庙堂，用以纪念孔子一生的功绩，孔子受到人们的奉祀。

三

孔子在失望中死去，他的思想却在后世逐步地被发扬光大。为他守墓的弟子仲弓、子游、子夏、子贡等人忧虑师道失传，便将他的言行辑录成书，即《论语》。《论语》的思想内容极为丰富，除了集中表现孔子的仁政理想，还对人的品德修养、生活志趣、人际交往等做了精辟论述，其中不少成为后世的格言。

孔子的弟子们为宣传推广孔子的儒家思想做了相当大的努力，他们从不同角度、不同方面对孔子创立的儒家学说做了继承和发展。及至战国时期，儒家在发展衍化中分为八派。孟子和荀子是儒家中两位齐名的大师。经过他们的传扬，儒家学派成为百家争鸣中影响最大的一派。之后中国历代学者对孔子所创立的儒家思想进行了大量的研究和阐释，儒家思想成为一个庞大的思想理论体系。

秦始皇的“焚书坑儒”给儒学以沉重的打击，但是汉武帝时期则开始推行“独尊儒术”的治国思想。独尊儒术不仅是一种学术主张，还将儒家思想渗透到政治、法律、文化等各个领域，使其成为制定各项政策的理论根据。自此，儒家思想一跃上升到学术思想文化的主流地位，成为社会的统治思想。这个基本格局，作为中华民族文化的一大特色，延续了两千多年。

独尊儒术的政策几乎为以后历代统治者所尊奉，孔子从一个民间私学的教师，开始逐步走上神坛，成为人们崇拜和祭祀的对象。他的封号也不断增加，最终被人们尊称为“至圣先师”。在整个中国封建社会，儒家始终道统不绝，占据中国思想文化舞台的中心，为历代王朝提供理论基础，并对中国文化教育事业的发展、对中华民族文化精神的塑造与养成产生重大影响，成为中华民族传统文化精神的核心与象征。中国历史上的社会文化生活、中国人的精神世界，都与孔子密不可分。史学家柳诒徵先生说："孔子者，中国文化之中心也。无孔子则无中国文化。自孔子以前数千年之文化，赖孔子而传；自孔子以后数千年之文化，赖孔子而开。"①

直到今天，孔子及儒家思想仍然对我们的思想文化和日常生活有着很大的影响。

四

孔子不仅是中国的孔子，也是世界的孔子。在中外文化交流史上，孔子及儒家思想也陆续传播到其他国家和地区，对那里的文化发展产生不同的影响。孔子的思想对许多国家和民族的文化都有着强烈的吸引力和精神魅力。

早在3—5世纪，儒家思想便传到朝鲜、日本和越南等中国周边国家。儒家思想在这些国家曾是长期居于统治地位的意识形态，成为国家统治的指导方针及社会生活的行为准则，受到官方的推崇和支持。孔子及儒家思想对于这些民族的文化精神塑造与养成也发挥了重要作用。不仅如此，儒学在中国本土的发展演变，也都会在东亚诸国引起反应。此外，后世的理学、阳明学、实学等，也都很快传播过去，并产生较大的影响。这些国家学术文化的发展轨迹，直到近代以前，始终没有脱离儒学的传统。

从17世纪开始，中国与欧洲有了直接的、面对面的交往和交流。

① 柳诒徵著：《中国文化史》，中国和平出版社2014年版，第391页。

天主教会派出许多传教士来中国传教。他们大部分都是当时的饱学之士，并且在中国生活的时间很长，与中国的官员和文人广泛交往，被中华文化的博大精深所折服。在这个过程中，他们接触了儒家思想，了解到孔子在中国社会生活中的重要地位，认识到孔子在中华文化中的巨大影响。

传教士在中国发现了孔子。他们把他们的发现传播回欧洲，使孔子及其思想进入欧洲思想文化界的视野，为欧洲的思想文化发展提供了新的滋养。这对当时正在兴起的启蒙运动产生了很大的激发作用。启蒙思想家对中国文化典籍有选择地加以利用，援引孔子的思想，并将孔子和儒家思想理性化和理想化，作为他们批判基督教神学和封建专制主义、论证新文化理想的根据和证明。他们自觉地将中国文化与欧洲文化进行比较，将中国文化作为他们反省欧洲传统的参照系，中华文明成为他们一个想象的乌托邦。这样，孔子及其儒家思想就直接参与了西方思想发展的进程，参与了世界历史的进程。孔子及其思想学说是世界思想文化和精神文明的宝贵财富。

所以，我们看到，许多启蒙思想家，如莱布尼茨、沃尔夫、伏尔泰、魁奈、狄德罗、休谟等人，都给予孔子极高的赞誉，对儒家的伦理道德学说给予很高的评价。这不仅是他们个人的喜好，而且是当时整个时代的文化风向。孔子是他们的理想和典范，或如有的学者所说的，“孔子是18世纪启蒙运动的守护神”。而那些德高望重、学识渊博的大学者、大思想家们，则被誉为“欧洲的孔夫子”，这是当时人们给予他们的最高荣誉。

19世纪以后，又有新教传教士来到中国。他们和他们的前辈一样，也对孔子及其思想极为重视。他们把中国儒学的典籍比较完整地翻译成西文，为人们了解孔子及其思想提供了比较准确的文本。这样，再次被新教传教士介绍、传播的孔子及其思想，就不仅仅是一个想象的“他者”，而是进入了哲学的视域，作为哲学对话的思想存在。这样，孔子及其思想就进入了文明对话的最高层，进入哲学的层面。

从18世纪末19世纪初一直到20世纪，乃至现在，孔子都是在哲学的层面引起西方哲学家、思想家们的关注，他们与孔子进行“对话”，并进行比较深入的研究。也就是说，从那以后，在东西方哲学对话中，孔子仍然是作为东方精神的代表出现的。在西方人看来，孔子就是整个中国思想文化的代表，是中国文化精神的体现。

孔子走向西方的过程，也是中西两大文明交流、对话、互鉴的过程。任何文化的发展都少不了与异质文化的接触与交流，文明的交流与互鉴是文明发展的强大动力。

五

近代以来，面对西方文明的强大攻势，中国传统文化的价值受到质疑。为了应对西方工业文明的挑战、学习西方先进的科学技术和思想文化，20世纪初期，中国兴起新文化运动，宣扬民主与科学，唤起国人“最后之觉悟”。“反孔”便成为新文化运动的一个主题。

新文化运动反对的主要是儒学，特别是它的核心礼教。在新文化派学者看来，儒学是中国传统文明的核心，是封建专制制度的理论基础，是“历代帝王专制之护符”，正是儒学和孔子造成了今日中国的落后。因此，要推翻封建专制制度，谋求国家富强，实现平等与自由，就必须反儒学、反孔教。儒学特别是它的核心礼教，与西方近代文化的民主和科学精神格格不入，要引进后者就非批判反对前者不可。他们提出“破除迷信”的口号，号召人们“冲决过去历史之网罗，破坏陈腐学说之囹圄”，以求得“思想的解放”。

新文化运动反孔的意义，不在于批判孔子的一家学说，而是反对统治中国几千年的封建思想、封建文化，倡导新的民族文化、新的民族思想。李大钊曾经概括新文化运动“打倒孔家店”的政治动因和文化含义：“余之掊击孔子，非掊击孔子之本身，乃掊击孔子为历代君主所雕塑之偶像的权威也；非掊击孔子，乃掊击专制政治之灵魂也。”

批判以孔子思想为核心的传统思想文化和提倡以西方文化为代表的新思想文化，是当时新文化运动的两个主要方面。新文化运动对于中国传统文化的批判具有重大的历史意义。

另一方面，正如贺麟先生在《儒家思想的新开展》中所说的，陈独秀等人对孔子、儒家的责难，不仅没有将孔子、儒家打倒，反而从另一个角度彰显了孔子和儒学的意义。

经过新文化运动的冲击和洗礼，孔子的儒家思想以适应时代要求的新形式得到了复兴。在20世纪30年代，也就是新文化运动之后不久，就出现了中西文化的论战。“文化本位主义”或“文化保守主义”的学者们，主张认同、回归民族文化传统，他们提出，经济政治层面的现代化固然带来文化习俗、观念的现代化，但这种变化并不一定是全盘的，并不必然蕴含着文化价值层面上的全面反传统。他们所主张的，实际上是要通过恢复传统文化的积极性因素和主体性功能，使其适应现代化的趋势，以重建和振兴民族文化。这期间，有十位知名教授联名发表《中国本位的文化建设宣言》，“新儒学”思潮出现。在新儒学看来，新文化运动与儒学的复兴不是决然对立的。贺麟说：“新文化运动的最大贡献在于破坏和扫除儒家的僵化部分的躯壳的形式末节，及束缚个性的传统腐化部分。它并没有打倒孔孟的真精神、真意思、真学术，反而因其洗刷扫除的工夫，使得孔孟程朱的真面目更是显露出来。”①

这种情况在日本也曾出现过。日本明治维新时期主张全盘西化，但不久就出现了振兴儒学的运动，强调传统儒学在国家现代化过程和现代生活中的价值。

所以，现代化与产生于传统社会的儒家思想并不一定是格格不入的。经过现代化的冲击和洗礼，从孔子及儒家思想中创新与发展出新的思想资源和文化资源，是许多学者一直致力去做的。

六

随着20世纪后半期东亚的迅速崛起，孔子的儒家思想再次引起世界的关注。许多学者认为，儒家伦理未必与工业文明的成长毫不相容。

许多学者在研究中指出，考察东亚经济发展的动因，除了经济因素，也不应忽视东亚地区特殊的文化因素。东亚经济发展与东亚文化之间有一种明显的互动关系。东亚文化是东亚经济发展的精神动力。东亚的社会、经济、市场、制度乃至政策，都体现了东亚文化广泛而深入的影响。传统文化已经成为东亚人民深层的精神构造，对经济增长发挥着直接或间接的作用。美国学者卡恩教授指出，中国以及日本、韩国等东亚国家的卓著成绩，揭示出新儒家文化在推动经济发展以及学习、利用现代技术方面具有杰出的潜能。在今天的条件下，一切具有儒家文化传统的国家都能很好地适应现代化的进程。

对儒家伦理与东亚现代化的讨论，刺激西方学术界对儒家思想乃至中国传统哲学产生了新的兴趣。在东西方文化的对话中探讨儒家思

---

① 贺麟著：《文化与人生》，上海人民出版社2011年版，第12页。

想的现代价值和普遍意义，是西方对孔子的再发现。西方学者不再局限于阐述儒学的现代性这一问题，而是要对传统儒学进行超越性研究，以探求儒学的未来发展之路。他们希望复活东方的传统文化精神，特别是作为这种文化最主要源泉的孔子的思想文化，并使之适应于现代，以解决西方高度发达的工业技术文明所造成的深刻的社会问题。正如汤因比所说的，要避免像西方社会因技术的滥施而给人类带来的悲剧，就必须培育起能使精神与自然相协调的人文精神；要消除战争，就需要一种制约战争的政治哲学。于是，汤因比在中国久远的文明史中看见了曙光。中国文明独特的性质正可以弥补西方文明的两难症结。

许多学者都强调儒家思想的普遍价值和世界意义。美国学者Th. H. 康说："孔夫子不再是中国的孔夫子，因为他太伟大了，以至于不能为一个国家或种族所垄断。他是世界的孔夫子，在这个世界中不存在种族起源、国籍、性别、肤色和宗教的歧视。这样，儒学研究既不属于中国，也不属于东亚，而是属于世界。"

孔子创造了博大的思想文化世界，孔子及其儒家文化是属于全世界的人类文明。这是孔子及儒家文化的世界价值之所在。

目 录

第二编 孔子与古代世界

第三编　孔子与现代世界

第一编

中国的孔子

Part I

Confucius in China

冯友兰：“现在，大多数中国人还是承认，孔子是一位伟大的教师，但不再是唯一的夫子了。”

钱穆：“孔子居文献之邦，故得大成其学。”

| 第一章 |

中国儒学的元时代

一、孔子的诞生

孔子在中国文化史上的地位，可以说是“前无古人，后无来者”。钱穆先生说：“孔子为中国历史上第一大圣人。在孔子以前，中国历史文化当已有两千五百年以上之积累，而孔子集其大成。在孔子以后，中国历史文化又复有两千五百年以上之演进，而孔子开其新统。在此五千多年，中国历史进程之指示，中国文化理想之建立，具有最深影响最大贡献者，殆无人堪与孔子相比伦。”①

孔子（前551—前479），名“丘”，字“仲尼”。在古代，人们对于有学问的人尊称为“子”，就是“先生”“老师”的意思。孔子就是“孔先生”“孔老师”。因为孔子在中国具有很高的地位，是“圣人”，是“至圣先师”，是历代中国人的老师，所以，大家就称呼他“孔子”，“孔丘”这个名字反而不常被提起了。

孔子是春秋时鲁国人。在当时争霸的诸侯国中，鲁国不是一个大国。但鲁

---

① 钱穆著：《孔子传》（大字本），九州出版社2020年版，《序言》第1页。

国是周公的封国，到春秋时期，鲁国仍然保存着王室赐予的典籍简册、各种礼器以及史官的设置。在当时的各诸侯国中，鲁国是保存周朝礼仪文化传统最完整、最丰富的诸侯国，有所谓“周礼尽在鲁”之说。各诸侯国都认为鲁国长期保存周礼，是“有道之国”，所以天下诸侯都到鲁国学习礼乐制度。正因为如此，钱穆先生说：“孔子居文献之邦，故得大成其学。”[①]就是说，孔子的学问与他所在的鲁国丰厚的文化传统有直接关系。

孔子是一个非常热爱学习并且善于学习的人。他说：“吾十有五而志于学。”学而不倦，对养成完美人格的渴望，以及积极在此世实践自我，这三项特质造就了孔子的卓尔不群。

因为孔子努力求学，又懂得周礼，所以鲁昭公曾派他到周王室史官老子那里去学礼。这一年是鲁昭公二十四年（前518），孔子三十四岁。后来，鲁定公九年（前501），五十一岁的孔子又南至老子故里向老子问学。可见孔子对老子十分敬重。老子是那个时代最有学问的人。孔子几次拜见老子，向其问学求教，态度是十分诚恳的，想必也学到了很多东西，对其学问的增长大有裨益。孔子是当时社会上的博学者之一，在世时就被尊奉为“天纵之圣”“天之木铎”。

孔子不仅仅是一个读书人，他还十分热心政治事务，希望有机会推行他的政治主张。用现在的话说，他是有天下情怀、积极入世的知识分子。他非常关注天下大事，经常思考治理国家的诸种问题，也常常发表一些见解。

鲁定公九年（前501），孔子被任命为中都宰（中都为今山东汶上）。鲁定公十年（前500），孔子随鲁定公与齐景公相会，因为孔子的努力，齐国归还了之前所占的鲁国汶阳等地方，鲁国取得外交上的胜利。鲁定公十四年（前496），孔子任大司寇，摄行相事。据司马迁《史记·孔子世家》的说法，孔子施政相当成功，三个月内便使犯罪猖獗已久、充满尔虞我诈的社会环境大为改观，建立起和谐的社会秩序。经过这一番改革，鲁国国力大增，引起邻国齐国警惧。齐国有个叫黎锄的大夫，出了一个计谋，向鲁国赠送八十名漂亮的舞女。鲁定公与季桓子整日迷恋美女歌舞，自此荒疏了朝政。

---

① 钱穆著：《国史大纲》（上册），商务印书馆2010年版，第97页。

孔子心灰意冷，最终离开鲁国，从此开始了周游列国的漫漫旅程。这十几年的颠沛流离，是孔子生平中最重要的一章，也是孔子思想最重要的发展阶段。

孔子担任司寇时，就开始教学招徒，身边已经有了一些追随者。众多弟子跟着孔子走遍各国，跟随他学习。十几年中，这些学生一直跟随在他身边，而这期间最有价值的成就，就是孔子与这些学生的对谈。在这趟旅途中，与孔子同行的绝大多数都比他年轻三十岁左右。

鲁哀公十一年（前484），已经六十八岁的孔子回到家乡鲁国。回到鲁国后，孔子致力于继续从事教育及古文献整理工作，相传他整理《诗经》《尚书》等文献，并把鲁史官所记《春秋》加以删修。《春秋》成为中国第一部编年体历史著作。

二、孔子与周公

孔子极为敬仰和推崇周公。他说自己时常梦见周公，到了生命的最后时刻，还伤感地说，他已经有很长时间没有梦见周公了。

孔子这样提到周公，实际上也就是在说自己的思想渊源，他的学术和文化理想，就是要继续周公的事业。

孔子的儒学是在深厚的历史文化基础上发展起来的。正如冯友兰先生所说，孔子及其学派“对古代文明重新诠释，取古代文明的精华，创立了一个文明传统，一直延续到晚近的时代”[①]。儒家学者非常强调儒家道统的传承关系。《中庸》中就说：

> 仲尼祖述尧、舜，宪章文、武；上律天时，下袭水土。辟如天地之无不持载，无不覆帱；辟如四时之错行，如日月之代明。万物并育

---

① 冯友兰著：《中国哲学简史》，赵复三译，生活·读书·新知三联书店2009年版，第54页。

而不相害，道并行而不相悖。小德川流，大德敦化。此天地之所以为大也。

这一段论述强调的是，孔子儒家思想的来源是中国的先祖尧舜和周朝的文武先王。孔子继承并光大了尧舜文武之道，并能根据天地间一切事物的客观规律而揭示其本质，因而具有包容天地、博大而和谐的境界。孟子评价孔子，认为他集往古圣贤思想之大成。他说：

孔子，圣之时者也。孔子之谓集大成。集大成也者，金声而玉振之也。金声也者，始条理也；玉振之也者，终条理也。始条理者，智之事也；终条理者，圣之事也。

“孔子及其弟子所推崇的圣王，有尧、舜、禹、汤、文、武等人，而贤臣圣者则有皋陶、周公等人，‘信而好古’的孔子在学术上所取用者并不限于周代文化，而是可以追溯到尧舜时代的古代文化。”[①]钱穆指出：“孔子思想实绾合已往政治、历史、宗教各方面而成，实切合于将来中国抟成一和平的大一统的国家，以绵延其悠久的文化之国民性。孔子思想亦即从此种国民性中所涵育蕴隆而出也。”[②]

孔子儒家思想承载了上古三代的历史文化，凝结着孔子以前中国先人的智慧创造，更奠定了中国文化的基本精神，影响后世既深且远。

唐代韩愈进一步明确提出儒学的“道统”概念，他在《昌黎先生集·原道》中说：

斯吾所谓道也，非向所谓老与佛之道也。尧以是传之舜，舜以是传之禹，禹以是传之汤，汤以是传之文、武、周公，文、武、周公传

---

① 张立文主编，陆玉林著：《中国学术通史》（先秦卷），人民出版社2004年版，第77页。
② 钱穆著：《国史大纲》（上册），商务印书馆2010年版，第99页。

之孔子，孔子传之孟轲，轲之死，不得其传焉。荀与扬也，择焉而不精，语焉而不详。

儒家之道是由尧舜，经禹汤、文武等传给孔子、孟轲的，又称先王之道、圣贤之道。

不过，孔子直接继承的思想渊源则来自周公。周王朝建立之初，面临着严重的困难。周公摄政七年，殚精竭虑，励精图治，为新生王朝的建设和巩固付出了全部心血。周公在国家危难的时候，不避艰辛，挺身而出，担当起王的重任；当国家转危为安、走上顺利发展的时候，毅然还政于成王，这种无畏无私的精神，始终被后代称颂。自春秋以来，周公被历代统治者和学者视为圣人。汉初贾谊评价周公说："文王有大德而功未就，武王有大功而治未成。"周公集大德大功大治于一身。近代史学家夏曾佑说："孔子之前，黄帝之后，于中国有大关系者，周公一人而已。"钱穆先生说，周公的"伟大人格不下于孔子，后来中国人的思想性格都受他的影响"[①]。

周公最重要的贡献是"制礼作乐"，即制定了周朝的基本制度。周公所制定的礼乐制度是一个处理等级社会人际关系的新伦理规范体系，其宗旨就是"别贵贱，序尊卑"，使社会上每个人在贵贱、长幼、贫富当中都有合适的等级地位。礼的主要内容包括两个方面：一是"亲亲"，二是"尊尊"。"亲亲"意指要亲其所亲者，"尊尊"就是尊其所尊者。前者反映了当时的血缘关系，后者则是对当时政治关系的一种规定。

"礼"是社会文明进步的标志。中国被称为礼仪之邦，礼仪文化是中华优秀传统文化的核心内容之一。

"乐"是配合贵族进行礼仪活动而制作的舞乐。乐与礼制仪式相适应，固定为常式与风格。音乐在礼仪中的应用，按不同等级有严格规定，违反规定便是"僭越"或者"非礼"。这些与礼仪结合的音乐，被称为雅乐，其基本风格是庄严肃穆。

---

① 钱穆著：《黄帝》，生活·读书·新知三联书店2004年版，第128页。

礼从外部给人提供一种社会规范，而乐使人从情感内发，趋向这种规范，故“知乐则几于礼”，因此“礼乐”历来是并称的。有了“礼”的规范、政的划一、刑的强制，配之以“乐”的感染，便能使民心同一，成就“治道”，这正是周代“制礼作乐”的深远用意。

周公“制礼作乐”，为周人的“王业”奠定了基础。周公的“制礼作乐”，对于中华文明的贡献是巨大的，基本上规定了中华文明的道德主义传统和社会文化规范。

周公还正式确立了周王朝的嫡长子继承制。这些制度的最大特色是以宗法血缘为纽带，把家族和国家融合在一起，把政治和伦理融合在一起，这一制度的形成对中国封建社会产生了极大的影响，为周朝近八百年的统治奠定了基础。

“礼”是周朝政治社会制度的核心。周文化是一种“尊礼文化”。进入春秋时期以后，“礼崩乐坏”，周朝的统治基础遭到极大的破坏。孔子对此痛心疾首。他主张治国应以礼为本，“为国以礼”。他认为，当时“礼乐征伐”由诸侯控制，就是“天下无道”的社会。孔子对诸侯大夫、家臣僭越礼制的行为持坚决反对的态度。比如，《论语·八佾》记载，鲁三家在祭祀宗庙之后，不应该唱《诗经·周颂》中一篇叫作《雍》的诗。因为只有天子祭祀宗庙后，在撤去祭品时才能唱它。孔子对季氏“八佾舞于庭”十分反对，因为这是天子所用的礼。而季氏是大夫，当然不能用。所以孔子说，连这都可以容忍，还有什么不可以容忍的呢?《论语·公冶长》还记载，孔子反对鲁大夫臧文仲把一种叫蔡的大乌龟放在雕梁画栋的房屋里。因为这是违背礼制的做法，所以孔子批评臧文仲这样做算什么“明智”呢?

孔子认为，乐教可以使人“广博易良”，礼教可以使人“恭俭庄敬”。如果人人遵守贵贱、尊卑、长幼、亲疏有别的社会秩序，家国便可长治久安了。反之，社会秩序违反了礼仪，不合规矩，家国就可能动荡不安。所以，孔子十分重视礼。君子之所以尊礼，是因为礼太重要了，礼是供给鬼神、区分等级差别、确定婚姻亲疏的根本。“礼达而分定”，礼通过划分人们的尊卑来规范人们的地位。孔子强调“不学礼，无以立”，不学礼，便没有立足社会的依据，因此必须“立于礼”。

孔子还提出了“正名”的主张，把正名作为挽救“礼崩乐坏”政治危局的重要措施。《论语·子路》记载，孔子在卫国时，子路问他：“如果卫君用你管理国家，你打算首先做什么事呢?”孔子回答说：“必也正名乎!”所谓“正名”，就是用周礼的等级名分，把被破坏了的“名”“实”关系匡正过来，即建立所谓“君君、臣臣、父父、子子”的社会秩序，这样就能“名正言顺”、天下太平了。

周公被尊为儒学的奠基人，是孔子最崇敬的古圣之一。周公制礼作乐的思想和政治主张，是孔子及其儒学所极力弘扬的。孔子以恢复周公的事业为毕生的梦想。孔子和以后的历代儒家学者都是从周公出发的。我们只有从孔子的思想渊源上来看孔子的思想学说，才能更深刻地理解孔子思想学说的核心意义，也才能更深刻地理解孔子及其儒学思想在中华传统文化中所占有的重要地位。

三、仁爱之心

面对纷争的乱世，孔子致力于恢复周公的礼乐制度，恢复周王朝的社会政治秩序，以实现天下太平。而他思想的核心是关于“仁”的学说。他把“仁”作为道德的最高原则，他所提出的社会道德理想是“天下归仁”。实现他的政治理想和文化理想，就要践行“仁”。

儒家主张的“仁”是什么?胡适说，“仁是理想的人道，做一个人，须要能尽人道。能尽人道，即是仁”。按照当代哲学家张岱年的解释，“己欲立而立人，己欲达而达人”是“仁”的中心意思。它包含四个方面的含义：(1)“仁”是一方自强不息，一方助人有成，是人己兼顾的；(2)“仁”可以说包含对别人的尊重；(3)“仁”是由己及人，仍以自己为起点；(4)“仁”固然包含情感上的爱，以及物质上的扶助，但更注意道德上的励导。“仁”不仅注意别人生活的维持，而且更注意别人道德水平的提高。仁者对于别人的爱助，目的在于使其成为有德行有成就的人。[①]

"仁者，人也。""仁"是人之所以为人的本质属性。这样，人的行为与人生态度都必须遵循"仁"道的原则。而"仁"道的基本内容就是"亲亲"，即对人生、对生命的热爱。如《中庸》所说："仁者，人也，亲亲为大；义者，宜也，尊贤为大；亲亲之杀，尊贤之等，礼所生也。""亲亲"，就是父慈子孝，兄友弟恭，爱自己的亲人。同时，还应由"亲亲"而"仁民"，即将人生相亲相爱的孝悌之情，推及他人、社会，甚至宇宙。由"亲亲"，即由亲子顺亲的血缘情感出发，最终实现人与人的相亲相爱。

孔子的弟子问："仁是什么？"孔子回答："仁"就是要爱人。作为君子，时刻都要有一颗仁爱之心，有一颗爱人之心。以仁爱之心爱人的君子，将长久地受到被爱对象的爱戴。君子因为学习了仁义之道，所以能够爱人；君子的爱没有差等，不论所爱对象的贫富贵贱，内心已没有自我和他人的区别。爱与被爱是相互的，是互动的。君子通过仁爱赢得众人的爱戴。

孔子把"仁"看作人的本性的最高表现，认为它是人的美德的最高概括。他认为把自己培养成为仁人君子，是人生最有价值的事，并认为只有这种修身行仁的人，才能体会到人生的乐趣。孔子提倡志士仁人"无求生以害仁，有杀身以成仁"，并把"天下为公"的"大同"世界看作彻底实现了"仁"的美好社会。孔子把政治、经济等社会关系归结为君臣、父子等的伦常关系，以人伦作为人的本质，把人的伦理道德视作解决社会一切问题的关键。因而他提出了以"仁"为首的一系列道德规范，认为"仁"不仅是处理人与人关系的道德准则，而且是个人修身立命的根本。他还提出了"为仁由己""笃实躬行"的道德修养方法，论述了"仁者爱人"的道德原则和"忠恕"之道的道德素养，论述了孝、悌、智、勇、恭、惠、信、敏等德目，创立了我国历史上第一个完整的伦理学说。

孔子说的"己所不欲，勿施于人"这句话，被认为是人类应该共同遵守的"黄金规则"。

---

① 张岱年著：《中国哲学大纲》，商务印书馆2017年版，第396—403页。

孔子的思想以立身为出发点，而人能立身于世的首要条件就是具有“君子”人格。君子具备仁爱之心，自重自律；表里如一，言行一致；积极进取，德才兼备；孜孜于学，注重实践；安贫乐道，谨守正义；等等。君子始终坚守人与人之间的相处之道，遵从不同的伦理关系，构建着和谐友爱的人际关系和社会环境。

孔子重视知识学问，强调学习、思考和实践。孔子虽然称赞过“生而知之者，上也”，却从未肯定任何人是“生而知之者”，他反而更关注“学而知之”，把学习看作获得知识的途径。他说自己的知识并不是生来就有的，而是勤奋好学得来的：“吾非生而知之者，好古，敏以求之者也。”他除了重视学习书本知识，还重视闻、见、行在认识中的作用，主张在现实生活中要向多方面学习。他重视理性思考的作用，提倡学思并重，将学与思结合起来，“学而不思则罔，思而不学则殆”。孔子重视学习，同时强调学的目的在于应用。例如他让学生“诵诗三百”的目的，是将来能够“使于四方”，用学到的知识来应对政事，否则，“（诵诗）虽多，亦奚以为?”

孔子梦寐以求的是达到“立德、立功、立言”的人生“三不朽”的境界，提倡学以致用，由此开创了儒学的经世传统。

四、孟子与荀子

孔子开私人讲学之风，教授弟子。据说，“以诗书礼乐教，弟子盖三千焉，身通六艺者七十有二人”，在当时和后世都产生了巨大的影响。

孔子去世后，其弟子及再传弟子把孔子及其弟子的言行语录和思想记录下来，整理编成《论语》。《论语》所包含的思想内容极为丰富，除了集中表现孔子的仁政理想，还对人的品德修养、生活志趣、人际交往等都做了精辟论述，其中不少成为后世的格言。孔子是《论语》论述的中心，《文心雕龙·征圣》说“夫子风采，溢于格言”。《论语》中不仅有关于孔子仪态举止的静态描写，而且有关于他个性气质的传神刻画。《论语》被奉为儒家经典，不研究《论语》，就不能真正理解中国几千年的传统文化，也不能体会古代中国人内在的心境。

孔子的学派被称为“儒家”。在孔子之前，“儒”的名称早已有之。儒是用《诗》《书》《易》《礼》《乐》《春秋》（即“六经”，也叫“六艺”）来教育贵族子弟的王官。春秋时代，官学衰微，私学兴起，人们把从事教育的先生也称为儒。《庄子·田子方》说“鲁多儒士”，又说“举鲁国而儒服”。这说明鲁国儒士之多。冯友兰先生曾经指出，“儒家”与“儒”并不是一个意思。“儒”指的是以教书襄礼等为职业的一种人，“儒家”指先秦诸子中的一个学派。儒为儒家所自出，儒家之人或亦仍操儒之职业，但两者并不是一回事。孔子不是“儒”的创始者，而是“儒家”的创始者。

孔子死后，及至战国，儒家分为八派。据韩非说，他们是以子张、子思、颜氏、孟氏、漆雕氏、仲良氏、孙氏、乐正氏为首的八派。他们各自从不同角度、不同方面对孔子创建的儒家学说做了继承和发展。其中比较重要的是“孟氏之儒”和“孙氏之儒”，代表人物分别是孟子和荀子。孟子和荀子是儒家中两位齐名的大师，他们同是孔子的崇拜者，同以周制的拥护者自命，同鼓吹省刑罚、薄税敛和息战争的“王政”。但这些共同点并不能掩盖他们之间根本的差异。孟子的性格是豪放、粗犷的，荀子却是谨饬、细密的，这种差别从他们的文章中也可以看得出，在他们的学说上更为显著。

孟子承袭曾参、子思一支，侧重发展孔子的仁爱学说，主张效法先王，实行仁政和王道，大胆倡言“民贵君轻”。孟子仁政学说的理论依据是“性善论”，主张通过“不动心”和“寡欲”，培养充塞天地之间的“浩然之气”，恢复并扩充人原本的善性。荀子承袭仲弓一支，侧重发展孔子的礼学，但融进了法治的内容，力主“法后王”，通过礼与法规范社会，达成天下一统。荀子礼治主张的理论依据是“性恶论”，认为人的天性就是恶的，所以必须有贤师和法律来纠正错误，必须用礼仪来加以教导，使性恶转化为性善。荀子出于儒家，但又批判地综合了法、黄老等各家学说，成为先秦思想的集大成者，且深刻地影响了秦汉文化。冯友兰说，“在儒家思想中，孟子代表了其中理想主义的一派，稍后的荀子则是儒家的现实主义一派”[①]。

子思（前483—前402）是孔子的孙子，曾子的弟子，也有人说子思出于子游氏之儒。《中庸》是子思的代表作。司马迁说，孟子“受业子思之门人”，是子思的再传弟子，而乐正子是孟子的弟子。子思、孟氏与乐正子三家儒者即“思孟学派”。这一学派在中国思想史上有着相当重要的地位。

孟子（约前372—前289），邹国（今山东省邹城市）人，是战国时期影响最大的儒家学者。他对孔子学说做了进一步的发挥，是继孔子之后儒家学派最负盛名的大师，被后世尊为“亚圣”，与孔子并称“孔孟”。故后世对儒家又有“孔孟学派”的称谓。

孟子学成后曾在家乡广收门徒，从事教学。大约在齐威王七年（前350），孟子来到齐国，当时稷下学宫刚建立不久，孟子在那儿二十多年，取得了客卿的地位。齐威王晚年，稷下学宫一度衰落。孟子离开齐国，到了宋国，向宋王偃推行他的“仁政”主张，但没有成功。孟子于是离开宋国，途经薛国而回到故乡邹国。不久，他到滕国，打算继续推行其“仁政”主张。孟子在滕国两年多，但终因滕国太小，难于得志。齐宣王二年（前318），稷下学宫复盛，孟子再次来到齐国，但因他在齐伐燕战争问题上与齐宣王意见不合，便于齐宣王九年（前311）离开齐国归邹，与公孙丑、万章等弟子一起著《孟子》一书。

孟子自述其学术使命，是“正人心，息邪说，距诐行，放淫辞，以承三圣”。他继承孔子的学说，把孔子的“仁”用于政治上，发展为“仁政”。他主张统治者应该有“恻隐之心”，推恩爱民，“以不忍人之心，行不忍人之政”。他还主张“省刑罚，薄税敛”“制民之产”，给人民一个“必使仰足以事父母，俯足以畜妻子，乐岁终身饱，凶年免于死亡”的生活条件。

孟子提出“民为贵，社稷次之，君为轻”的论点，这是“仁政”的中心。他认为，君主治国，如果不照顾到老百姓的利益，就很难维持自己的统治。他说：“得乎丘民而为天子，得乎天子为诸侯。”意思是：取得百姓们信任才能享

---

① 冯友兰著：《中国哲学简史》，赵复三译，生活·读书·新知三联书店2009年版，第75页。

有天下，而取得天子信任的不过做个诸侯。因此，国君对民众必须施行“仁政”，“与民同乐”“同忧”。对不行“仁政”的暴君，可以流放，甚至可以诛杀，如周武王讨伐残暴的殷纣王。孟子说：“闻诛一夫纣矣，未闻弑君也。”杀殷纣王是诛一独夫，并不是弑君。

孟子提出了“尚贤”的主张，他认为必须用贤人来实行“仁政”，国君应当尊重“贤人”。尚贤的最高形式是禅让，即把君位让给“贤人”。但是，孟子认为只有具备特殊才能的人，才可以不论亲疏贵贱被破格任用。而一般情况，用人还是不能逾越等级。

《孟子》思想的一个重要方面是人的品格修养。其中关于“舍生取义”和“大丈夫”的论述，对后世的影响尤其深远。孟子深刻指出，人生在世应该有崇高的人格和明确的世界观，为了人生的理想可以舍生取义，而不可在邪恶面前屈服。

荀子（约前313—前238）是战国末期赵国人，他从事学术活动的时间约在公元前290年至公元前238年。荀子一生的活动范围很广，曾到过燕、楚、秦、齐等国，其中有很长时间在齐国稷下学宫活动。在齐国时，荀子很受尊重，地位很高。后来，荀子去齐适楚，在楚国当过春申君的兰陵（今山东省兰陵县兰陵镇）令。晚年在兰陵与其门徒共同著书，有《荀子》一书传世。

荀子身处的战国末期，是“百家争鸣”逐渐走向总结的阶段。荀子的思想正是这一历史阶段开始的标志。荀子因长期活动在学术思想十分活跃的齐国稷下学宫，他的思想受稷下先生们的影响很大。从学派上说，他是战国后期儒家的一位大师，但他的思想与孔、孟有许多不同。他从儒家的观点出发，而对于春秋战国时期各家学派的思想也都批判地加以吸收，所以他的思想已经体现了春秋战国思想的大融合。冯友兰认为，“荀子的理论可以称之为一种文化哲学。他的理论主旨是认为，一切良善和有价值的事物都是人所创造的。价值来自文化，而文化则是人的创造性成就”[①]。

① 冯友兰著：《中国哲学简史》，赵复三译，生活·读书·新知三联书店2009年版，第159页。

荀子是封建专制主义思想的首倡者。他认为，“礼”是封建统治者统治的标准。君主掌握了“礼”，就有了无比的权威。符合统治标准的就是善，应以礼相待，否则就是不善，应用刑罚来处置。荀子的学生韩非、李斯发展了这种专制主义思想，因而出现了秦代的封建专制主义，并一直为后世历代帝王所沿用。韩非为中央集权的、大一统的封建帝国的建立奠定了理论基础，李斯则在统一六国的实践中把韩非的理论变为现实。荀子的这两位弟子都在中国文化史上占有举足轻重的地位。

孔子创建的儒学是中国历史上影响最大的学术派别，后世经过历代统治者的大力提倡和学者们的发挥引申，儒学延绵不绝，成为中国传统思想文化的重要组成部分，对中华民族文化和民族精神的形成起到了巨大的作用。

五、儒学的元典

“元典”这个概念是冯天瑜先生提出来的。他所称的中华文明元典，首先指的是《诗》《书》《礼》《乐》《易》《春秋》“六经”。他指出：这些经典著作“首次系统地而不是零碎地、深刻地而不是肤浅地、辩证地而不是刻板地表达出对于宇宙、社会和人生的观察与思考，用典籍形式将该民族的‘基本精神’或曰‘元精神’加以定型”[①]。

冯天瑜先生所说的这些中华元典，也就是儒家最重视的经典。把儒家经典看作“中华元典”，可见儒家思想在中华文化传统中所占据的核心地位。

商周时期，官府里的太史、太祝、太卜等官吏，即“王官”，掌管着学术文化。他们将保存在官府的资料分门别类整理汇编而成的典籍，就是“六经”。其中，宫廷和民间搜集的诗歌，就是《诗》；国家的政令、国君的言论记录等档案材料，就是《书》；与卜筮有关的材料，就是《易》；典章制度与各种礼仪的材料，就是《礼》；能歌唱的乐谱，就是《乐》；历史资料就是《春

① 冯天瑜著：《中华元典精神》，上海人民出版社1994年版，第5页。

秋》。章太炎说，“《诗》《书》《礼》《乐》，乃周代通行之课本”。

在这个时候，《诗》《书》《礼》《乐》《易》不仅被作为教材，而且在引述和论证的过程中，人们已逐渐赋予其权威性经典的意义。春秋时期虽然是一个礼崩乐坏的时代，但是当人们将社会的动荡、无秩序归因于礼、乐的坏亡之际，恰恰又赋予礼、乐以神圣性，赋予《诗》《书》等以权威性。这种推崇无补于救世，却提供了《诗》《书》《礼》《乐》《易》足以修身、经世的观念的基础。

孔子对“六经”的经典化和广泛流传起到了很大的作用。相传他编定《书》，删节《诗》，编修《礼》《乐》，作《易传》，修《春秋》。汉代以后认为，孔子是“六经”的删定者和著述者，“六经”皆由孔子“手订”。但唐宋以后有些学者对这种说法产生疑惑，认为“六经”并非由孔子“删”“修”而成，在孔子之前，已经初步形成了《易》《诗》《书》《春秋》诸典籍，但孔子对这些典籍都有比较深入的研究，做了一些整理工作，并赋予一定的新义。孔子对三代以来文化的研究和典籍的整理，是其学术的特色，也是其创建新说的基础，因而儒家学术的成立，实是以三代礼乐文化为基础的。

孔子还将这些典籍作为讲学的教材。在孔子看来，每一种教材对培养新的士阶层都具有重要的价值和意义。冯友兰先生指出：“（孔子）希望经他教导的学生成为国家和社会的栋梁之材，即所谓‘成人’，因此，他以经书包含的各种知识教诲学生。作为教师，他认为自己的首要任务是向青年学生解释古代的文化遗产……在解释古代的典制、思想时，孔子是以自己对道德的理解去诠释古代的经书。”①

所以，可以说孔子是这些典籍的“传述者”。他着力搜集流散民间的周代王官典籍，将其应用于平民教育，并在与门人及时贤的论难中，对这些典籍加以诠释，赋予其新的意义，从而第一次使这些经典得到系统的阐发。钱穆先生指出：“古代典籍流到孔子手里，都发挥出一番新精神来。”②这样，“六经”才

① 冯友兰著：《中国哲学简史》，赵复三译，生活·读书·新知三联书店2009年版，第44页。
② 钱穆著：《中国文化史导论》，商务印书馆1994年版，第76页。

得以成为后世儒家的经典。

“经”是天地的大准则、人生的大通道，称《周易》等书为“经”，说明它包括中国传统文化“天人之际”所有学问的大原理、大法则。钱穆指出：“中国学术具最大权威者凡二：一曰孔子，一曰《六经》。孔子者，中国学术史上人格最高之标准，而《六经》则中国学术史上著述最高之标准也。自孔子以来二千四百年，学者言孔子必及《六经》，治《六经》者亦必及孔子。”①

“六经”之中，秦以后传世的没有《乐》，所以只有“五经”。有人认为《乐经》亡于秦火，也有人认为《乐》本附《诗》而行，本来就没有《乐经》。这样，汉代以后所说的“六经”，实则为“五经”。“五经”包括《诗经》《尚书》《礼记》《周易》《春秋》五部作品。《春秋》由于文字过于简略，通常与解释《春秋》的《左传》《公羊传》《穀梁传》分别合刊。原来形成于西周时代的占卜之书《易经》，变成了一部讲道德、政治、哲学的著作，被列为儒家经典之首。

汉代以后，随着儒家地位的提高，“六经治世”“六经致用”成为人们的共识，这些典籍“一举高登庙堂，成为两千余年中国官方哲学的基本依凭”②，并构成中国学术文化的主体——经学。汉武帝时设“五经博士”，专门研究“五经”。经学开辟了中国学术文化各个门类的端绪。

“四书”的称谓出现得比较晚，大约是到了南宋才出现的。宋代理学家朱熹著《四书章句集注》，分别为四部儒家典籍作注疏。朱熹所编定的“四书”的次序是《大学》《论语》《孟子》《中庸》，是按照由浅入深进修的顺序排列的。朱熹认为，“先读《大学》，以定其规模；次读《论语》，以立其根本；次读《孟子》，以观其发越；次读《中庸》，以求古人之微妙处”。他还说“四书”是“‘六经’之阶梯”。后人因为《大学》《中庸》的篇幅较短，为了刻写出版的方便，而把《中庸》提到《论语》之前，成了通行的《大学》《中庸》《论语》《孟子》顺序。

---

① 钱穆著：《国学概论》，商务印书馆1997年版，第2—3页。
② 冯天瑜著：《中华元典精神》，上海人民出版社1994年版，第90页。

《大学》传为孔子的主要弟子曾参所作，原本是《礼记》中的一篇；《中庸》也原是《礼记》中的一篇，相传为子思所作；《论语》主要记载孔子及其弟子的言行；《孟子》是孟子晚年回家乡聚徒讲学，与公孙丑、万章等弟子一起所著。朱熹注释的“四书”既融会了前人的学说，又有自己的独特见解，切于世用。朱熹之后，《四书集注》被宋廷审定为官书，从此盛行起来。元代延祐年间（1314—1320）恢复科举考试，正式把出题范围限制在朱注“四书”之内。明、清沿袭元制，衍出“八股文”考试制度，题目也都出自朱注“四书”。“四书”成为每个读书人的必读书。在近代，“四书”还被编入小学教科书。

官方规定的儒家经典主要是“四书”“五经”，直到清代，“四书”“五经”都是中国传统文人的必备经典，是中华传统文化的根源。如果不了解“四书”“五经”，就无法了解中华优秀传统文化的方方面面，也不能把握中华优秀传统文化的理论基础和核心价值观念。“四书”“五经”统领了整个中华优秀传统文化，是我们把握中华优秀传统文化根本精神的必读之书。

第二章
被独尊的孔子

一、定“儒术”于一尊

秦始皇“焚书坑儒”，禁止“私学”，并推行“以吏为师”的文化政策，加强思想专制，使学术文化遭到严重摧残，孔子的儒家学派也受到沉重打击。

一方面，汉朝初期的统治者们以秦为鉴，在文化学术思想上采取了开放的方针，使先秦诸子之学有所复苏和流传，一度出现了诸子思想活跃、综合和总结的趋势。另一方面，在长期战乱后，汉初统治者为了保持稳定的局面，以恢复和发展经济，采取休养生息的政策。于是，战国中期稷下派道家主张“清静无为”的黄老之学就应运而生，成为汉初统治者的指导思想和当时学术文化领域的主流。

黄老之学主张“无为而治”，但摒弃了老子消极遁世的内容，将“循理而举事”的合理行为视为“无为”，从而将其发展为积极入世的治道，要求统治者节欲、惠民、行仁义，不干扰老百姓正常的生产、生活，以利于社会的安定和生产的恢复。汉初黄老学派与先秦原始道家的重大差异之一，是由消极避世变成了积极入世。黄老之学反映了巩固大一统封建帝国的需要，具有熔铸道法，兼采儒墨、名家、阴阳家的特点。由于统治者的提倡，“黄老之学”逐渐形成一种社会思潮，直至成为“一个时代精神，或作一个时代的趋势”[①]。

“黄老之学”是两汉时期第一个风行天下的主流社会思潮，是由先秦诸子之学过渡到以董仲舒为代表的汉代儒学的一个中间环节。黄老学说作为一种统治思想，以及由此产生出来的一系列政治、经济政策，曾对西汉初期“休养生息”、恢复和发展生产、安定社会秩序起到了重要作用。

经过六十多年的经济恢复和发展，到汉武帝时，西汉的国力已相当强大，这就为汉武帝在政治上、军事上的作为提供了雄厚的物质基础。此时，西汉王朝正处于鼎盛时期，原先适应汉初休养生息政策的黄老“无为”思想已不符合新形势的需要。黄老之学的清静无为不是长久之计，它无助于社会的礼乐教化和政治上的制度建设，而且中央政府的无为反而助长了地方割据势力的强大，比如吴楚七国之乱从根本上破坏了大一统帝国的稳定。西汉初年，先秦诸子学仍然有着强大的势力，黄老之学并没有达到独尊的地位。统治者迫切感到有必要创立一种新的思想体系，作为社会的统治思想。

元光元年（前134），儒家学者董仲舒向汉武帝提出三大文教政策，主要观点可以概括为“罢黜百家，独尊儒术”“兴太学，置明师”“重选举，广取士”，因三大政策的首篇专谈“天人关系”，故史称“天人三策”。

董仲舒认为，为了适应汉王朝一统天下的政治需要，必须有统一的思想，方可“统纪可一，而法度可明，民知所从矣”。如若“师异道，人异论，百家殊方，指意不同”，就会破坏中央集权的大一统形势。他建议汉武帝尊儒兴学，“立大学以教于国，设庠序以化于邑，渐民以仁，摩民以谊，节民以礼”，用儒家思想统一教育人民，教化民风。董仲舒认为，思想统一了，才能有统一的法度，人民才能有统一的行为准则，这样才能巩固和维持君主集权制度。

用思想大一统来巩固政治上的大一统，是董仲舒独尊儒术、以儒家经学统一整个社会指导思想的现实理由。董仲舒的想法是，思想统一必须统一于“六经”，而“六经”权威且正确的解释权属于以孔子为祖师的儒家学派。

---

① 张维华著：《论西汉初年对于刑律的修正》，《文史哲》1982年第5期。

董仲舒的大一统论，政治上要统一于受天命的新王，新王在当时自然是指雄才大略的汉武帝。思想上则要统一于儒家经学，而当时最著名的儒家经师自然非董仲舒本人莫属。这是政治家和思想家的契合。

董仲舒的建议适应了当时加强专制主义中央集权的需要，因而得到了汉武帝的赞赏。此后，汉武帝大力提倡儒学，使察举贤良文学制度化，为之以官爵，奉之以利禄，询之以议论；设立“五经博士”，同时罢废其他诸子博士；设立太学，以儒家经典教育生员，“以养天下之士”。这些措施对于树立儒学的独尊地位都具有重要意义。钱穆指出，汉武帝设立“博士”制度，将自秦以来的百家博士全都取消了，而专设“五经博士”。专门物色研究古代典籍，研究政治、历史、教育、文化问题的学者，让他们做博士官，以对当时的朝廷切实贡献意见。而讲求神仙长生、诗词歌赋、纵横策士以及隐士与法律师之类的地位，则降低了，全部从博士官中剔除。此即“排斥百家”，在当时的情形下，这不可不说是一种有见识的整顿，也不可不说是一种进步。

独尊儒术不仅需要理论上的创造，更需要将学术与现实政治联系起来，使之意识形态化、制度化。只有这样，儒家经学才能真正成为官学，成为时代精神的代表。汉武帝实行了一系列神化皇权的措施，如行封禅之礼、太初改制、建立年号等，还将儒家的理论渗透到政治、法律、文化等各个领域，使之成为制定各项政策的理论根据。经过朝廷的提倡，儒学成为官学，这不仅体现为学术上的独尊地位，更重要的是它成为现实政治的指导思想，渗透到当时的礼乐制度建设之中，特别是博士官制度和太学的建立，更使儒家经学垄断了教育和官僚选任的途径，牢牢巩固了儒家经学独尊的社会政治基础。一方面，儒家经学由于官学的地位而得到广泛的传承发展，形成系统的知识体系和专门的学者队伍；另一方面，儒家经学的实质精神开始进入社会政治生活的方方面面，在皇族教养、官员选任、礼法建设上都发挥着指导作用。

汉武帝制定“罢黜百家，独尊儒术”的文教政策，是中国历史上特别是文化史上划时代的历史事件。冯友兰指出：“汉武帝和秦始皇都致力于从思想上统一中国，但武帝所采纳董仲舒的建议比秦始皇所采纳李斯的建议要温和得多。秦朝对各种哲学思想流派的方针是一律禁绝，造成思想界的真空。汉武帝则是在百家中扶植儒家，使它成为正统。”[①]自此，儒家思想一跃上升到学术思想文化的主流地位，成为社会的统治思想，形成了以儒家思想为主导的汉文化。这个基本格局，作为中华民族文化的最大特色，延续了两千余年。

这一政策几乎为以后各代统治者所尊奉，而至整个中国封建社会的历史，儒家始终道统不绝，占据中国思想文化舞台的中心，为历代王朝提供理论基础，并对我国文化教育事业的发展、中华民族文化精神的塑造与养成，产生重大影响。

不过，董仲舒提倡“罢黜百家，独尊儒术”，并不是禁绝各家的著作和思想；儒家的独尊，并非儒学的独存。董仲舒的意思，只是在强调和突出儒家在社会文化中的主流地位，并将其上升为统治阶级的统治思想。樊树志说：“董仲舒要‘罢黜’的不过是那些新来对策的专治杂学的人，并非禁绝儒家以外的各家；其用意只在于确立儒家在官学与朝廷政治中的地位，不许其他学派分沾，而不是禁止诸子百家在社会上流传；读书人若要研究，尽可自便，只是不能用来猎取功名富贵。”[②]所以，在汉代，并没有取缔诸子之学，黄老、兵、刑、农、医和阴阳等家的学术都有所流传和发展，百端之学，存而不废，续而不绝。西汉末年，刘向、刘歆集校群书，“讲六艺传记。诸子、诗赋、数术、方技，无所不究”。

确立儒家思想的主导地位，是汉代一个特别重要的文化成就。这个主导地位从这时开始，一直持续了两千多年，至今仍对我们的生活产生着一定的影响。汉武帝“罢黜百家，独尊儒术”，是“儒家文化引导中华民族文化走向的开端”。[③]在此以后，儒家思想凭借封建国家机器的权威力量，被广泛融汇、渗透到社会生活的各个层次、各个方面，从而成为社会各阶层普遍的心理认同，主宰或影响着人们的思维模式和行为方式。从某种意义上说，它规范并决定了

① 冯友兰著：《中国哲学简史》，赵复三译，生活·读书·新知三联书店2009年版，第226页。

② 樊树志著：《国史十六讲》，中华书局2006年版，第59页。

③ 郑师渠总主编，许殿才主编：《中国文化通史》（秦汉卷），北京师范大学出版社2017年版，第33页。

秦汉时代整个文化发展的主导特征与价值体系。而在儒家统领文化的格局确立后，哲学、史学、文学、教育、科学技术乃至社会风俗等各个文化领域都越来越多地体现出儒家思想的影响。我们看到，在汉代，儒家文化精神全面渗透到社会生活的各个方面。在具体的社会日常活动中，这种影响体现为一举一动都严格遵循儒学的原理或者广泛借用儒学的名目。当时，朝廷的奏章或诏书，都大量引用“六经”或孔子之语，以证明其所作所为的合理性、必要性。这种情况代代传承，一直持续到明清时代，贯穿整个中国古代社会，成为中华优秀传统文化最有代表性的现象。

二、为什么“儒术”可以“独尊”

前文引述的冯友兰先生的看法，认为秦始皇“焚书坑儒”和汉武帝“独尊儒术”的目的都是一样的，那就是为实现国家的“大一统”而进行思想上的统一。但是，秦始皇失败了，汉武帝成功了。其原因，最主要的不仅是秦始皇以粗暴严厉的手段，汉武帝采取比较温和的措施，而是孔子的儒家学说更适合作为中华民族的核心思想。自此以后，儒家思想成为“独尊”的国家意识形态。

本是先秦诸子百家中一家的儒家，为什么会在中华优秀传统文化中取得这样特殊的文化地位呢?

首先，这当然与官方的有意扶植、推崇和宣传有关。从汉代董仲舒提出“罢黜百家、独尊儒术”开始，历代王朝几乎都自觉地把儒家学说作为一种官方文化，不断通过对孔子本人及其门徒、传人和后裔的加封等形式化的手段来强化儒学的文化地位，把“尊孔读经”作为主要的教育内容，来强化儒家思想的重要地位。

其次，儒学本身并不是一个完全封闭的思想体系，它以自己的同化能力和开放性把中国文化中各种有价值的思想学说纳入自己的框架体系中，变成儒家学说的一部分。正像郭沫若所指出的：“秦以后的儒家是百家的总汇，在思想成分上不仅有儒有墨，有道有法，有阴阳，有形名，而且还有外来的释。”历史上有所谓儒、道、释“三家合流”之说，实际上这种“合流”的本质是“道”与“释”汇合到“儒”的流中，是按照儒家的文化精神和框架体系剪裁和解释“道”与“释”，是以儒家思想为主体的“合流”。

但是，确立儒学的文化地位最根本的或最重要的，是儒学的精神蕴涵中华传统文化的内在规定性，集中表达了中国传统社会的文化主题。所以，中华传统文化的主体或代表，就“应当是”儒家思想，而不可能是其他别的学说。官方的强化作用，儒学对其他思想学说的同化和吸收能力，也都是由儒学自身的这种属性所决定的。

儒家思想作为中华传统文化的主体或代表，或者说儒学的基本精神蕴涵和文化意义，主要表现在以下几个方面：

其一，儒家思想集中表达了一种农业文明的世界观。中国传统社会是一个农业社会。农业社会中的人们满足于维持简单再生产，缺乏扩大社会再生产的动力，因而社会运行缓慢迟滞，大体呈现静止、稳定、和谐的特点。儒学的文化意义首先在于，它以哲学运思的方式，把中国传统农民的世界观理论化、系统化，建立起中国人“看”世界的思想观念体系。例如，儒家主张“天人合一”的自然主义精神，提倡顺应自然、服从自然，并且用自然现象论证社会秩序，强调人与自然的和谐。在儒家哲学中，人们感受到的不是改造和征服自然的宏大气势，而是一种田园诗般的宁静和安详。人与自然处于同一有机整体之中，人与自然的对话是宇宙有机整体的内部交流。儒家提倡的人生最高境界是“知天命”，顺应“天命”，从而达到与宇宙的交融与“合一”。这种自然主义的世界观表达的正是在农耕经济形态下生活的人们对宇宙的基本感受。

其二，儒家思想建立起一套完整的伦理道德规范体系。中国传统社会是以家族为本位的宗法社会，而血缘人伦关系是宗法社会中最基本的人际关系。在宗法社会里，道德的威力始终被看得比法律更有效。这种情况决定了中华传统文化是一种以家族伦理为中心价值取向的伦理型文化。儒家对中国宗法制度下的人际关系进行了理论上的概括与总结，形成了一套完整的伦理道德观念和理论体系，构成了中华文化意识形态系统的核心。儒家的伦理道德体系以“孝”“仁”“忠”“义”为基本范畴，详细和明确地规定了宗法社会的人伦秩序，即

“父子有亲，君臣有义，夫妇有别，长幼有序，朋友有信”。其中，“仁”是儒家文化最高的普遍原则，且被作为协调人际关系和个人与社会关系的基本出发点和尺度。历代儒家学者为论证和完善这套伦理道德体系做了大量的工作，不仅使宗法制度的“礼治秩序”合法化和伦理化，而且通过它的教化功能，使人们把对“礼治秩序”的外在遵从内化为自觉的道德意识和行为准则。

其三，儒家思想强化了中华传统文化的“大一统”意识。中国的传统文化中历来有一种思想，即只有天下归于大一统，社会才会安宁下来。实际上，中国自商代开始，就有了一个形式上的“中央”。到秦汉时代，建立了统一的中央政府，实行封建专制主义的政治统治，同时要求在思想上、意识形态上实行统一。在这方面，儒家学说发挥了极为重要的作用。一方面，儒学被历代王朝奉为官方的意识形态，为统一思想提供了一个可以被普遍接受的基础。另一方面，在历代儒学中贯穿着一个基本精神，即“道统”观念。这种观念主张中华文化在性质上的“一本性”，强调“大一统为常道”。例如，董仲舒说：“《春秋》大一统者，天地之常经，古今之通谊也。”许多儒家学者都自觉地将承续“道统”作为自己的使命和责任。中华文化传承久远，儒家思想历久不竭，固然有多种原因，但与儒家对“道统”观念的自觉与强化不无关系。

经过自身的发展和社会的选择，儒家思想成为中国封建社会的统治思想，成为中国封建文化的核心，对中华民族文化的发展产生了决定性的影响。儒家思想以农民世界观、伦理精神和“道统”观念为基调，精辟地总结了中国人的生活方式，概括了中华传统文化的基本价值取向和精神内涵，成为这一文化系统不可替代的主体和代表。虽然历史上曾多次出现过反儒或与之抗衡的思想，虽然经过几千年的历史筛选和沉积，后来的“儒家”已与“原始儒学”有许多不同，虽然我们今天的研究揭示出许多中国文化多元聚合的例证，但是，只要我们讲到传统文化，甚至只要我们讲到“中华文化”，便离不开儒家和儒学，离不开对儒家思想的判断和评说。儒家思想作为中华传统文化的主体及其代表的文化地位，是我们无法回避的一个历史存在。

三、董仲舒对儒学的再创造

汉初，由于王朝统治者的支持，当时在政治、学术上占主导地位的是“黄老之学”，儒家则一直处于被压抑、被排挤的子学地位。但通过汉初儒家人物陆贾、叔孙通和贾谊等的不懈努力，儒家终于获得了合法存在的机会，并引起了新兴王朝当权者的注意，甚至还在政治、学术领域产生了一些影响。

董仲舒提出“独尊儒术”，儒家思想取代“黄老之学”，这一思想一跃成为汉王朝的统治思想，儒家的地位发生了根本的变化。正因为董仲舒立下了“罢黜百家，独尊儒术”的不世之功，实现了两汉社会思潮的根本性转变，因而他被汉儒尊为“儒者宗”。

“独尊儒术是一个系列的学术改造工程”，包括“孔子地位的升格与神化，儒学与经学的汇合，创立适应时代要求的汉代新儒学，儒家学说的意识形态化和制度化”。[①]所以，董仲舒提倡的儒学，已经不是先秦儒学的本来面貌，而是经过一番改造、以适应汉王朝统治需要的儒家学说。

董仲舒（前179—前104）是西汉前、中期最著名的儒学大师。他不仅在政治上通过阐释儒家经典《公羊春秋》中的“微言大义”，为汉武帝建立专制主义中央集权的、大一统的汉帝国提供理论依据，实现儒学与君权的结合，而且高举“崇儒更化”的旗帜，以孔孟儒家思想为主，兼采各家有利于巩固封建统治的思想，构建了一个庞大的、较为严密的思想体系，完成了汉初以来对儒学思想体系的重构。他既坚持先秦儒学的核心精神，又顺应时代变化，与时俱进，并且综合前代思想成果，考察现实社会问题，在学术与现实生活的互动中创造出新的儒学思想体系。董仲舒一方面坚持先秦儒学以仁义为中心的学说体系，一方面又积极参与现实，广泛吸收诸子学说的精华。这使得董仲舒儒学无

① 张立文主编，周桂钿、李祥俊著：《中国学术通史》（秦汉卷），人民出版社2004年版，第85页。

论在理论框架的构建方面，还是在具体的政治思想设计方面，都呈现出宏大开阔、兼容并收的特色。所以，“董仲舒所谓的‘独尊儒术’，是汲取了众家之长基础上的‘独尊’；而所谓的‘罢黜百家’，也是百家之长被汲取前提之下的‘罢黜’”[①]。

董仲舒学说的具体内容，是根据先秦儒家的“天人合一”思想、法家的集权思想和阴阳家的“五德终始”说，重新解释儒家经典。因此，董仲舒建立了一套以“天人感应”说为基础、以“三纲五常”为核心的儒学思想体系。董仲舒提倡“独尊儒术”，本质上是对先秦儒学理论的再创造。

董仲舒的“天人合一”说把“天”说成是有意志、有赏罚、有绝对权威的至上神，是上天和人世的最高主宰。“天”不仅创造了人类，还为人类安排了君主。君王受命于天，是秉承“天意”统治天下的。君王的权位既然受命于“天”，则代表和体现“天”的意志和权力，主宰人世、统治百姓。

董仲舒还提出“天人感应”说。他认为，天能干预人事，人的行为也能感应上天，自然界的灾异和祥瑞表示对人们的谴责和嘉奖。“天”可以通过祥瑞或灾异，表示对君主为政得失的意见。当君主受“天命”或有“功德”时，就会出现麒麟、凤凰、灵芝、甘露以表示喜庆和褒奖，这就是“祥瑞”；反之，如果君主政事不修或者国家衰亡之时，就会出现山崩、地裂、灾荒以及日食、月食等灾异现象，以示“谴告”。灾异谴告，是出于“天”对君主的爱护，要求君主按“天意”行事，否则就要受到“天”的惩罚。而“天意”的主旨是任德不任刑，所以董仲舒要求君主要顺天而行仁政，不可逆天而行暴政。

董仲舒还提出“天道不变”说。他认为，帝王的统治秩序和伦理道德，是从“天”那里来的，而“天”是不变的，所以帝王的统治秩序和伦理道德也不会有变化。“道之大原出于天，天不变，道亦不变。”朝代的更替、制度的改变，都是周而复始的，其本质如故。国都的搬迁，称号、正朔、服色、年号的更改，不过是新帝王即位、重新受命于“天”的标志。

---

① 龚书铎总主编，黄朴民等著：《中国文化发展史》（秦汉卷），山东教育出版社2013年版，第46页。

在伦理道德方面，董仲舒用阴阳五行说论证儒家仁义道德、纲常名教，明确提出了君为臣纲、父为子纲、夫为妻纲的“三纲”思想，并把它归于“天意”。在他看来，“阳尊阴卑”，“臣、子、妻”必须绝对服从于“君、父、夫”。董仲舒还把先秦时期已经提出的“仁”“义”“礼”“智”“信”五个道德范畴概括为伦理学上的“五常”。

董仲舒“三纲五常”的伦理道德学说，将中国封建社会的伦理规范系统化。这一体系不仅从主体修养的角度解决了日常行为规范的价值准则问题，而且以家国一体的宗法伦理解决了社会政治秩序与家庭伦理亲情的融合问题。董仲舒从价值行为准则的层面，强调人们要恪守自己的社会位置，使整个社会处于有序状态中。①因此，“三纲五常”具有很大的道德教化功能，对于中国封建社会道德传统的发展传承发挥了很大作用，仁、义、礼、智、信以及孝道等儒家思想逐渐成为中华民族所特有的道德伦理观念。不仅如此，“三纲五常”还对封建文化的建设起到了整合作用，它对于统一的多民族文化的形成，对于强调整体和谐的思维方式和社会心理的成熟，对于民族凝聚力的增强，都起了积极的作用。

四、古籍的收集整理

与“独尊儒术”的文化政策相适应，汉代一项重大的文化建设工作，是对典籍的整理。

秦始皇“焚书坑儒”，毁弃大批古代书籍，造成巨大的文化浩劫，不少珍贵图书因此而失传。但是，当时所焚之书并非全部，还有一些书籍被保存了下来。比如《秦记》，是为秦统治者歌功颂德并供秦王政“子孙万世”的施政借鉴之书，当然要保藏下来。儒家“六艺”中的《周易》，因为是“卜筮之书”，

① 郑师渠总主编，许殿才主编：《中国文化通史》（秦汉卷），北京师范大学出版社2017年版，第269页。

所以“独不禁”（《汉书·儒林传》）。其他的经书也有被保全下来的，如“博士官所职”的要留供研究参考。

不少经书则是学者和民间人士背着秦律私下保存下来的。孔鲋是孔子的后代。孔子是中国第一代私人藏书家，生前广收先世遗典，传至八世孙孔腾、孔鲋时，他们将书藏于屋壁，才躲过了秦始皇焚书之劫。到汉武帝时，鲁恭王毁宅出书，悉还于孔氏，其中有《古文尚书》《礼记》《孝经》《论语》等。

另外，也有人藏书于“山岩屋壁”间，到秦亡后方献了出来。

其他诸子百家的书也未必全毁。像《管子》《商君书》《韩非子》为法家著作，不能动；《荀子》中也有法家观点，也没有全部被付之一炬。另外，还有医药、卜筮和种树的书，也都全部保留了下来；再有户口、赋税、地图、族谱等，也没有被焚毁。

秦灭六国后，收集了包括秦国在内的七国图籍，集中贮存于关中咸阳。之后，为了加强对全国的统治以及发展驿道交通等，秦朝朝廷又把地图作为工具，收集大量图籍，不仅备有“天下”各处的地图，还有全国综合性的一统之图，并将其作为全国军政用兵的准则和依据。《史记·萧相国世家》和《汉书·萧何曹参传》都记载刘邦进军咸阳，萧何“独先入收秦丞相御史律令图书藏之”。这里的“图书”即图籍。萧何入咸阳后，先收取秦王朝律令图书、天下图籍，并在京城修建了“石渠阁”，善藏秘书要图，始创“中国古代第一图库”。萧何收集的这些图籍，对于汉高祖刘邦统一全国和治国安邦发挥了重要作用。

至西汉时，汉惠帝取消了秦代的禁书令，民间私藏的图书陆续出现。汉文帝时，下令在全国范围内征集图书，“大收篇籍，广开献书之路”。汉武帝继位后，又采取了“建藏书之策，置写书之官，下及诸子传说，皆充秘府”的措施，“求遗书于天下”。可见征集图书的活动一直没有停止过，官方征集的图书大量增多。

汉代民间也有许多藏书，特别是那些汉宗室和高官贵族、鸿学大儒，都有所收藏。如汉宗室淮南王刘安和河间献王刘德，都有不少藏书。西汉古墓的考古发现中，也出土了不少竹木简策和帛书。如山东临沂银雀山一号汉墓出土了

4942枚竹简，有《孙膑兵法》《孙子兵法》《六韬》《尉缭子》等兵书；二号汉墓出土了32枚竹简，系《汉元光元年历谱》。湖南马王堆二、三号汉墓出土竹木简牍600余枚，其中有200枚医简、一部《汉武帝元光三年历谱》。同时还出土了帛书20余种，12万多字。其中有《老子》两部、《周易》、《左传》、《战国策》等书，还有关于天文、杂卜、阴阳五行、相马、医经、地图等方面的书。

汉政府组织专人对国家收藏的图书进行了大规模的整理。成帝、哀帝期间，刘向（约前77—前6）、刘歆（？—23）父子在皇帝的支持下，主持皇家藏书的分类整理工作。经过几十年的努力，大批散佚图书复其旧观，无数残篇断简聚成完璧，众多尘封虫蠹秘籍传世行远。这在中国文化史上是值得大书特书的事。他们试图通过典籍整理来梳理学术发展的脉络，建立学术统一的形态。刘向把整理好的书都写出提要，汇集起来献给皇上，这就是《别录》一书。刘向等人的工作，开创了大规模校书的范例和大规模缮写定本的范例。刘向是中国历史文献学的创始者。他在中国历史文献学史上的地位，有类于《史记》《汉书》在中国史学编纂史上的地位。

刘向去世后，刘歆在其父工作的基础上写出《七略》。《七略》把当时的典籍分为七大类，即《六艺略》《诸子略》《诗赋略》《兵书略》《术数略》《方技略》，另外有《辑略》，是刘向、刘歆所撰写的图书内容提要。《七略》在中国图书发展史上具有重要意义。人们今天尚能见到大量先秦古籍，主要是依靠汉人的搜集整理之功。《七略》今已失传，但其基本内容都保存在《汉书·艺文志》中，因而得以流传下来。

| 第三章 |

儒学的创新发展

一、经学的形成与发展

孔子的思想和论述是中华传统文化的重要组成部分，对后世有着巨大而深远的影响。司马迁说：“《诗》有之：‘高山仰止，景行行止。’虽不能至，然心向往之。”司马迁还说：“天下君王至于贤人众矣，当时则荣，没则已焉。孔子布衣，传十余世，学者宗之。自天子王侯，中国言六艺者，折中于夫子，可谓至圣矣!”（《史记·孔子世家》）

孔子的思想世代相传，不断地发扬光大。儒家学派讲究道统传承。唐代韩愈曾说，儒家之道是先王之道、圣贤之道。既是“先王之道、圣贤之道”，那么一代一代的儒家学者必然沿着这条道路，继续阐释和发挥。近代以来，有人批评古代学者都是“解经注经”，没有学术创新，这是片面的看法。实际上这正彰显了孔子儒学的崇高地位，以及是中国古代学术思想的源泉和出发点。正像有的西方学者说的，几千年西方学术的发展都是对柏拉图著作的注脚，基督教神学的发展都是对奥古斯丁著作的注脚，因为柏拉图和奥古斯丁正是西方哲学和基督教神学的源泉和出发点。

不过，在两千多年的历史中，“解经注经”也是一个不断创新发展的过程。汉代有古文经学与今文经学之争，实际上这是对如何解释儒学的讨论。到了宋代，又有了理学。在元明时期，理学又有新的发展和新的表述。而在这个过程中，一方面，孔子儒家思想的正统地位得到进一步加强和巩固；另一方面，儒家学说不断增添新的内容。这种变化，既反映了时代的变化，也反映了人们认识水平和思辨能力的提高。经过不断的创新和改造，儒家思想才得以延续和发展。

一代一代的儒家学者都对儒家思想的发展创新做出了自己的贡献。正是不断地讨论、争辩，突破旧的思维模式，实现思想观念上的创新，才使得儒家思想生生不息，保持着强大的生命力。

在汉代，“独尊儒术”文化政策的推行，使儒学成为汉代文化思潮的主流，对儒家经典“六经”的研究也成为一门专门的学问——经学。作为由统治者所“法定”的典籍“六经”，被赋予了神圣不可改变的性质，被奉为指导一切的常法。因此，“六经”不仅是官方颁布的教科书，更主要的是，它已经成为官方意识形态的体现者，即由皇帝钦定的国家与社会的指导思想，成为控制社会、维系统治的重要工具和行为规范准则。①

这种国家经典的确立对于汉代及其以后的学术思想文化意义重大。美国汉学家陆威仪（Mark Edward Lewis）指出：“这种国家经典，不但使皇帝成为帝国价值体系的倡导者与捍卫者，还使他成为践行这些价值的人所仿效的楷模，以及为人们所共享的教育和文化生活的基础。最后，共同的文化体系把所有从事帝国事务以及渴望为帝国服务的人都连接起来。在后来的若干个世纪里，通过传统戏曲、大众文学以及启蒙读本等方式，文化开始渗透到社会低层。”②

经学是汉代官方之学，它是历代专门训解和阐发儒家经典文义与理论之学。两汉经学的本质是汉代统治者有意识提倡、发扬的儒学经典化、教条化和

① 龚书铎总主编，黄朴民等著：《中国文化发展史》（秦汉卷），山东教育出版社2013年版，第48页。

②［美］陆威仪著：《早期中华帝国：秦与汉》，王兴亮译，中信出版社2016年版，第4页。

泛物化。[①]

“独尊儒术”虽然结束了“百家殊方”的局面，但并未结束学术思想的争鸣。在汉代，儒学内部的学术争鸣，始终十分活跃，并且形成了不同的流派，笼统地说，可分为今文经学和古文经学之争。不过，今文经学和古文经学，在推崇孔子、推崇“五经”上没有什么区别，在信奉大一统论、天人感应论、纲常名教上也没有什么区别。

汉武帝“独尊儒术”，在政治、思想、文化领域，都是儒家经典一统天下。但其时历经战乱兵燹，先秦儒家的典籍，原本多佚，只是在民间通过师徒父子口授相传。如田何传《易经》，伏生传《书经》，申培传《诗经》，高堂生传《礼经》，公羊、穀梁两家传《春秋》。这些儒家经典皆是用当时流行的文字隶书记录整理而成的，故被称为“今文经”。当时盛行一时的“经学”也被称为“今文经学”。所谓“古文经”，即经各种途径发现的儒家经书，这些经书用古籀文写成。

“经”的“今古文之争”，不仅体现为文字、版本、篇目有别，而且有真伪之辨，更主要的是在学术观点和方法上有重大分歧。今文经学和古文经学，治经的立场、观点不尽相同，对经传的解释也有许多分歧，这主要表现在如下一些方面：

（1）今文经学家认为“六经”是孔子政治思想所托，是其关于政治之道的论述，“六经”中的古史资料，都是孔子的“托古改制”之作。因此，他们研究和传授“六经”，偏重于阐述微言大义，旨在从“六经”中寻求治国安邦之道。古文经学家则尊奉孔子为史学家，而且认为“六经皆史”，他们研究和传授“六经”，主张遵循孔子“信而好古，述而不作”的原则。

（2）今文经学家竭力迎合统治者的政治需要，在儒学中加入了大量阴阳五行思想，宣传并相信灾异、谶纬迷信。古文经学家则反对灾异之说，他们讲求“实学”，斥纬书为“诬妄”。

---

① 龚书铎总主编，黄朴民等著：《中国文化发展史》（秦汉卷），山东教育出版社2013年版，第133页。

（3）今文经学家认为孔子是政治教育家，传授“六经”有“普通科”（《诗》《书》《礼》《乐》）与“专门科”（《易》《春秋》）之分，他们也依这个顺序排列“六经”。古文经学家则把“六经”视为历史，因此，按他们考证“六经”产生的先后顺序加以排列，依次为《易》《书》《诗》《礼》《乐》《春秋》。

（4）它们各自所依学统也不同，今文经学以《公羊传》为主，古文经学以《周礼》为主。由于两派占有的材料不同、治经的观点不同，因此对“六经”的解释、对史实的看法也有许多分歧。

从总体上说，今文经学的视角是政治的，讲阴阳灾异，着重发掘经文背后的微言大义；古文经学的视角是历史的，讲文字训诂，究明典章制度，着重探讨经文本义。前者学风活泼，又往往流于空疏荒诞；后者学风朴实，却常常失之烦琐。

从汉武帝时期至西汉末，今文经学居“官学”正统地位，《春秋公羊传》为其代表经书。以董仲舒为代表的公羊学家，不仅在政治上通过阐发孔子“大一统”的精义，为汉武帝建立专制主义中央集权的、大一统的汉帝国提供了理论依据，而且在学术上通过吸收道家、阴阳家的思想资料，建构起了一个博大精深的经学思想体系。因此，汉武帝时的“儒学独尊”，实质上是今文经学独尊，是以董仲舒为代表的“春秋公羊学”的独尊。董仲舒正是据《春秋公羊传》构建起天人一统图式，对中华传统思想文化产生了至远至深的影响。

西汉末期的学者刘歆对西汉中叶以来盛极一时的今文经学进行过尖锐批评。他认为，今文经学“分文析字，烦言碎辞，学者罢老且不能究其一艺”，根本无法达到“用日少而畜德多”，以对人民进行道德教化的目的。因此，他要求“存其大体”，尽快结束那种“一经说至百余万言”的烦琐章句学风。除此之外，刘歆还对今文经学以家法传授的弊端进行了指责，认为他们“信口说而背传记，是末师而非往古”，他们这样做无非要达到“党同门，妒道真”的政治目的。

刘歆竭力提倡古文经学。他认为，当时太学中的博士们所传习的经典是在秦焚书之后、由汉初经师凭记忆口耳相传下来的，因此难免会有差错。所以这些用汉初文字记载下来的“今文经”是不完全的，不是全经，也不是真经，只有“古文经”才是真经、全经。而“古文经”又有三个来源：一是鲁恭王在孔宅坏壁中的发现，二是宫廷秘府藏书的公开，三是民间经师的传习。这三者比较起来，当然是从坏壁中和秘府中得到的经典更加可靠。他主张重新研究和整理诸子百家的著作与学说，并从中吸取思想营养以改善儒学。

冯友兰说，“古文学派是对今文学派的一种抗议性反应，或者也可以看作是一场思想革命”[①]。王莽摄政后，开始推崇古文经。古文经学盛极一时，到东汉时又获得了更大发展，尤其是东汉后期，出了马融、许慎、郑玄等几位著名的古文经学大师。他们深究经义，兼采今文之说，在学术上占有了压倒的优势。

东汉末年的郑玄，不拘泥于师承门户和学派壁垒，遍注古、今文群经，成为集两汉经学之大成的总结性人物。郑玄的注解成为此后一千多年儒家经典的权威解释。后来经过西晋末年的永嘉之乱，今文经典丧失殆尽，古文经学却流传不绝。事隔一千年之后，在清末时今文经学才重新出现。

“通经致用”是汉代经学的一条重要原则，它包括两个方面的内容：一是“通经”，要求学通经书；一是“致用”，要求以经学用世。今文经学注重学经义，经师说经也以“微言大义”为主，目的在于利用经说为现实的政治服务，具有崇尚功利的学风；古文经学是按经书的字义解释经文，不凭空臆说，具有朴实的学风，后世称之为“朴学”。

儒学应当致用，这是汉代儒师的共同主张，但是关于“如何致用”，今、古文两派有不同的主张。虽然今、古文两派都主张通过培养具有儒学修养的人才来为封建王朝服务，但如前文所述，今文经学大师更急于事功，甚至不惜以儒经附会政事，而古文经学大师在政治上有复古倾向，反对迎合世务。

经学在汉代还有很强的实用性。自汉武帝提倡经学以来，人们无论做什么事都要到经书中去找依据，上自朝廷的封禅、巡狩、郊祀、宗庙一类大事，下

---

① 冯友兰著：《中国哲学简史》，赵复三译，生活·读书·新知三联书店2009年版，第228页。

至庶民的冠婚吉凶终始制度，都以经典为准。官僚政客上朝言事、礼仪外宾，缙绅大夫待人接物、举措应对，都必须引经据典，就连帝王的诏书也充斥着经文典故。不少笃信儒家信仰的忠义之士，他们敢于为民请命，直言极谏，又以儒学律己，修身砺志，保持高尚的德操，这是汉代经学“通经致用”的又一重要表现。

二、谶纬神学

汉代经学在发展过程中，出现了经学的变种——谶纬神学。谶纬是汉代学术界所普遍热衷的话题，对两汉思想文化的演变曾产生过深刻而全面的影响，对当时的社会政治生活也打上了特殊的烙印。谶纬对社会的影响是全方位的，其具体表现形式也是多种多样的，但是概括起来，最具典型意义的是两个方面：一是政治上被一些人用以制造夺取政权或巩固统治的舆论，以论证君权神授天赋的天然合理性；二是学术上被儒生经师大量征引于自己的著述中，以进一步抬高儒家经典的地位，给当时的统治思想增添了神秘和神圣的光环。

谶纬作为一种社会思潮，兴起于西汉哀平之际，盛行于东汉，它是两汉学术思想的重要组成部分。“谶”具有应验、灵验之义，是一种“诡为隐语，预决吉凶”的神秘预言。这种预言被认为发自天帝，是符合天意的，所以又称“符命”；为显示谶书的神秘性，它往往被染上绿色，所以又称为“箓”；由于常附有图，故也称“图谶”。

谶的起源很早。以符谶为主要内容的天帝鬼神迷信思想，在秦汉时便已广为流传，在当时有着深厚的群众基础。但那时的“谶”与儒家的经义没有任何联系。随着儒家经学地位的确立和儒家经典被奉为神圣的圭臬，“谶”开始逐渐与儒家结合。

“纬”是方士化的儒生用神学观点对儒家经典进行解释和比附的著作，它相对于“经”而得名。“经”的本义是织布上的纵丝，“纬”是织布上的横丝。纬书依附于经书，正如布上的纬线与经线相配一样。因而，用神学观点来解释经书的书，被称作“纬书”。汉代儒学有“五经”“七经”之说，纬书也有“五纬”“七纬”之称。纬书托名孔子，说是孔子编成“六经”之后，深恐经文深奥，所以另立纬和谶，使它们变得通俗一些。纬书的基本内容和主要倾向都是把儒家经典神秘化和宗教化，它认为国家的治乱兴衰、帝王将相的出现，都是由天命安排好的。“其兴，必有祯祥；其亡，必有妖孽。”由此可见，纬与谶是有差别的。“纬”是在把儒家经典奉为圭臬以后才出现的。但由于纬书中也有谶语，所以后来往往把谶和纬混为一谈，通称为“谶纬”。

董仲舒热衷于符瑞与灾异。他认为，王者将兴，必先有符谶出现。如《书》中所说的“白鱼入于王舟，有火复于王屋，流为乌”，大概就是“受命之符也”。董仲舒还进一步认为，君主为政的好坏也有符瑞与灾异以应验之。如果君主勤政爱民，奉天行事，政绩斐然，则有“天瑞应诚而至”；相反，如果国家“将有失道之败”，则上天“先出灾害以谴告之，不知自省，又出怪异以警惧之，尚不知变，而伤败乃至”。因此，董仲舒说：“天人相与之际，甚可畏也。”董仲舒的这种王者将兴必有“受命之符”与“推灾异之象于前，然后图安危祸乱于后”的思想，与秦汉时以预言为主要内容的鬼神符谶极为相似。

汉儒进一步将今文经学中的神学因素扩大，开始在“经”之外制造出一些以迷信来解释、神化儒家之“经”的“纬书”。这些“纬书”在“经”的章句之外附会出一套迷信说教，制造了许多神话。这些神话不仅神化了封建皇帝，更重要的是把儒家的圣人孔子变成了“通天教主”。这样，原来以经学家个人名义作出的预言全都被附会到了神人孔子的名下。这就增加了预言的神圣性，也使其更容易被当权者采纳。

谶纬的内容十分庞杂，涉及自然、社会、人事各个方面，其中有解释儒家经典思想内容和文字训诂的，有讲天文、地理、历法的，有对古代历史、神话传说、典章制度加以记载的，它把当时人们所掌握的自然科学、社会科学的知识都纳入一个依附经学的神学体系中去。谶纬的内容虽然神秘、繁杂，但其仍然是以董仲舒为代表的今文经学的学术思想为基础的，尤其是对天人感应论作了进一步发展。

谶纬思想得到了汉朝皇帝们的信奉和支持。哀帝时，夏贺良根据谶纬劝皇帝更改年号，认为这样即可挽救社会危机。他说："汉家历运中衰，当再受命，宜改元易号。"哀帝听信此言，立刻改号为"陈圣刘太平皇帝"，改建平二年（前5）为"太初元将元年"，以应谶语。外戚王莽制造符命，对谶纬的发展起了推波助澜的作用。据《汉书·王莽传》记载，平帝元始元年（1），王莽因"风益州令塞外蛮夷献白雉"，被封为安汉公。元始四年（4），征天下通一艺教授11人以上，以及有逸《礼》、古《书》、《毛诗》、《周官》、《尔雅》、天文、图谶、钟律、月令、兵法、《史篇》文字，通过其意者，皆诣公车。此后，谶纬正式得到朝廷的承认，并取得了与今文经学、古文经学平等的地位。

刘秀当上皇帝以后，更加迷信谶纬，经常以图谶裁决政事，凡是一切制度、服色以至大臣的任命都假托图谶来决定。建武中元元年（56），刘秀"宣布图谶于天下"，把谶纬神学作为官方的统治思想。到明章二帝时，谶纬在皇帝的倡导下发展成为一种风靡一时的学问，臻于极盛。当时的儒者、士大夫争学图纬，致使谶纬渗透到意识形态各个领域，成为东汉重要的社会思潮。对谶纬的态度和掌握谶纬之学的水平高下，成为考察儒者、士大夫是否忠诚于朝廷、是否拥护国策的政治标准，成了衡量其思维能力、学术水平的主要尺度，成了决定其在仕途上能否加官晋爵的重要因素。谶纬之学对社会生活的影响的确巨大，令人窒息。它拥有绝对优势的力量，规范着当时几乎所有儒生的行为方式。

三、皇帝主持学术会议

汉朝实行"独尊儒术"的文化政策，把儒家思想作为王朝的指导思想，有一个逐步推广完善和不断强化的过程。

汉武帝采纳了董仲舒的建议，"罢黜百家"，褒显儒术，建立"五经"，置博士，使儒家成为封建思想的正统。这是汉代建立统一封建思想的第一步。

汉武帝时的“五经”博士所用的“经书”皆用“今文”写成，故当时的经学都是今文经学。但当时真正受到汉武帝赏识的主要是董仲舒在吸收道家、阴阳家思想资料基础上建立起来的“春秋公羊学”，因此汉武帝时的官方哲学只是公羊学派的一家之言。这种情况引起了其他经学派别的不满，尤其是随着以发挥《春秋》义理为己任的另一派“春秋梁学”势力的不断壮大，今文经学内部的矛盾便日益激化。经学是官学，是现实政治的指导思想，它不允许内部出现严重分化，因为经学内部的不统一必然导致政治指导思想的不统一，而这对于大一统帝国的政治稳定是极为不利的。这样，经学内部的学术分化与学术论争就不仅是学术上的问题，它更是现实政治上的一个大问题，所以政治权力干预学术发展就成为不可避免的事情。

在这种情况下，汉宣帝在甘露元年（前53）召开了一次平《公羊》《穀梁》同异的会议，结果在宣帝与“五经”名儒萧望之的扶植下，《穀梁》获得了与《公羊》并列的地位。

甘露三年（前51），由皇帝亲自出面来解决今文经学中存在的矛盾与分歧，形成了一些共同的结论，并在原有博士的基础上，增立“大、小夏侯《尚书》，后又立京氏《易》”为博士。由于这次会议是在中央殿北藏秘书的石渠阁召开的，故称“石渠阁会议”。这次会议讨论的议奏共155篇，被编成《石渠议奏》一书。白寿彝先生指出：“石渠阁奏议是汉代以皇权专制的儒学形式进一步控制学术思想的标志。”[①]

“石渠阁会议”是汉代经学发展史上一次非常重要的会议，它缓和了今文经学各派的矛盾，使今文经学由分歧走向统一，为建立统一的经学铺平了道路。

两汉之际，天下散乱，礼乐分崩，典文残落。东汉政权建立后，汉光武帝采取了兼收并蓄、普遍扶植、分别利用的政策。首先是“复置颜氏、严氏《春秋》，大、小戴《礼》”等今文经学博士；不久又决定增立古文《左传》为博

① 白至德编著：《白寿彝史学二十讲》之《中古时代·秦汉时期》，中国友谊出版公司2010年版，第6页。

士，同时“宣布图谶于天下”。这样，经学中三个各自独立的派别在东汉前期都得到了进一步发展的机会。但是到这时，经学本身所固有的致命性的弊端也全部暴露了出来。经学各派众说纷纭，没有一个统一的规范性的说法。“‘五经’章句烦多”，圣人的“微言大义”被淹没在烦琐支离的“碎语”之中，越来越模糊。针对这种情况，光武帝在“中元元年诏书”中便“议欲减省”。汉明帝时又欲“使诸儒共正经义”。

为克服经学的弊端，汉章帝于建初四年（79）亲自主持召开了一个经学会议，“讲议‘五经’同异”，以“使诸儒共正经义”，即所谓的“白虎观会议”。参加这次会议的有贾逵、丁鸿、杨终、班固、李育、楼望、成封、桓郁等数十位今文经学家、古文经学家，讲议“五经”同异。白虎观会议的根本目的是统一学术思想，对两汉之际的今、古文经学论争以及谶纬等学术思潮进行总结。在这次经学讨论会上，今文经学家以李育为代表，古文经学家以贾逵为代表，双方展开了激烈的辩论。

这次会议历时几个月，经学各派求同存异、互相协调，封建统治思想在儒家经学的形式下逐步走向统一，最后在皇帝亲自“称制临决”的基础上，由班固整理编辑成书，制定出了一部“汪汪乎丕天之大律”的经学理论法典——《白虎通义》。周桂钿、李祥俊所著《中国学术通史》（秦汉卷）指出：“《白虎通义》由朝廷颁布天下，在当时具有国家法典的性质，它集合了大批经学家有关经学的建议而最后由皇帝裁决，以儒家经学为依据制定出一套服务现实社会问题的统一的学术体系，它是汉武帝独尊儒术、确立经学统治地位的思想统一政策的继续。”①

《白虎通义》是在董仲舒及谶纬神学基础上发展起来的一种官方学说。就其主导思想而言，它全面阐述、应用了以董仲舒为代表的今文经学的观点，即大一统论、天人感应论、三统论等。它沿着董仲舒开辟的“天人感应”的思想路线，以至尊的“天神”和由“天神”派遣到地下的“五帝”“五神”“五精”

---

① 张立文主编，周桂钿、李祥俊著：《中国学术通史》（秦汉卷），人民出版社2004年版，第100页。

为基础，大量引用图谶纬书解释经义，建构起了一个庞大、完备的、以论证“君权神授”为目的的思想体系。它以阴阳五行学说为理论构架，全面论证传统宗法等级、社会三纲五常之类的伦常规范，打破了今、古文经学之间的界限，也打破了经学与谶纬之间的界限。

从汉武帝到汉章帝，经过二百余年的努力，皇帝亲自出面，主持御前会议，编纂统一儒学经典，最后完成了建立统一儒学的任务。所谓统一儒学，并非泯灭儒学内部的流派，而是指建立起符合统治者要求的、为儒家各派尊奉的统一的政治原则。在这一原则的指导下，汉王朝又将先秦原始儒学改造成为适应汉代统治需要的官方儒学。这种儒学以三纲五常为核心，以神学为形式，负有强化君父统治的职能。《白虎通义》就是官方儒学的典型代表。

四、儒学复兴与儒玄兼修

东汉末期，经学日趋没落，魏晋时又受到新兴玄学的冲击，“五经”作为儒家思想核心的地位受到削弱。到西晋后期，曾经在东汉后期和魏晋之际陷于困境的儒家学说，再次受到人们的重视。晋室东迁，儒学的地位进一步提高，玄学则向两极分化——一是与佛学开始合流，一是继续与儒学结合，表现在士大夫们身上，便是一种亦儒亦玄、儒玄双修的思想风貌。

东晋王朝建立之初，出现了一个新《尚书》本的学案。建武元年（317），豫章内史梅赜（一作梅颐）曾将一部用隶书写成的新《尚书》献于朝廷。不久，豫章太守范宁因感隶书传授不便，便改用当时流行的楷书写出，并撰成《尚书集解》十卷。稍后，谢沈注《尚书》十五卷，李颙注《尚书》十卷。于是，新本《尚书》在东晋一朝广泛流传。后来，南朝宋姜道盛、南朝梁费甝分别作《尚书集解》十卷、《尚书义疏》十卷，至唐孔颖达奉唐太宗诏命撰《尚书正义》时，仍然是以新《尚书》本为底本。这个新《尚书》本与两汉时期的今文本和古文本已多有不同，后经明人梅鷟、清人阎若璩等人认定，新《尚书》本为西晋皇甫谧所造。

在其他儒家经典方面，东晋时期的学者也做了许多注释工作。孙毓著《毛诗异同评》十卷，评毛公、郑玄、王肃三家注的优劣，而偏重于三国魏经学家王肃所注。干宝在贾逵、马融、郑玄、王肃等人遍注《周礼》的基础上，作《周礼注》十三卷。江熙在郑玄、何晏、卫瓘诸家遍注《论语》的基础上，撰成《论语集解》十卷。另一名训诂学家郭璞在樊光、李巡等注《尔雅》的基础上，旁征博引，作成《尔雅注》三卷。在《春秋左氏传》方面，东晋时流行的主要是西晋杜预撰成的《左氏经传集解》三十卷。为《春秋公羊传》作注者，则有王愆期注《春秋公羊经传》十三卷和孔衍撰成的《春秋公羊传集解》十四卷。为《春秋穀梁传》作注者，为孔衍《春秋穀梁传集解》十四卷，徐邈注《春秋穀梁传》十二卷，范宁《春秋穀梁传集解》十二卷等。另外，由于东晋时门阀大族重视门第阀阅，故为《仪礼·丧服》作注者亦不少，其中被誉为“当世儒宗”的太常、太子太傅贺循，就撰有《丧服要》六卷、《丧服要记》十卷、《丧服谱》一卷和《葬礼》一卷等。

孔衍是东晋儒家学者中一位值得注意的人物。孔衍，字舒元，鲁国人，为孔子22世孙。早年晋元帝司马睿还是琅邪王时，孔衍便被引为安东参军，专掌记室。及至司马睿即帝位，他出任中书郎，领太子中庶子。后为王敦所恶，被启出为广陵太守。孔衍是一位“经学深博，又练识旧典”的儒学大师，一生著述百余卷，几百余万言。

东晋儒家学者大都兼通玄（道）学，玄学之士亦兼综儒学。他们走的都是儒玄双修的道路，差别只是“以儒释道”或“以道释儒”。儒玄兼修是东晋士人的一大特色。如虞喜，“束脩立德”“博闻强识”，但他“高枕柴门，怡然自足”，颇得玄风的旨趣。一代“儒宗”徐苗，既“作《五经同异评》，又依道家著《玄微论》，前后所造数万言，皆有义味”。江惇“性好学，儒玄并综。每以为君子立行，应依礼而动，虽隐显殊途，未有不傍礼教者也。若乃放达不羁，以肆纵为贵者，非但动违礼法，亦道之所弃也。乃著《通道崇俭论》，世咸称之”。

当时不少有见识的士人，走的都是儒玄兼综之路。他们认为儒学有通六艺、重教化、定人伦、齐风俗的积极意义，是个人修身、齐家乃至治国、平天下的张本。对于道家学说，他们也并不排斥，强调要得老庄之学的自然情趣，主张依礼而动，而不应疏狂肆纵。这些儒玄双修、儒本道末的人生哲学，在当时士大夫的思想风貌中得到充分的表现。

北魏也是名儒辈出，而且名儒们还“弼谐庶绩”“兼达政术”，栖身于政坛。崔宏、崔浩、高允、卢玄、李灵、李顺、李孝伯、游雅、游明根、高闾和李冲等人，都以通晓儒学参与朝政。崔宏总裁官爵、礼仪，崔浩制定律令，高允审订刑律，李孝伯参与军国机密，高闾力主班禄，李冲议立三长，如此等等。名儒们对于巩固北魏政权和加速鲜卑族的封建化进程，都做出了贡献。

北魏儒士们的治经方法，虽然上承两汉，比较重视师承关系，却并无汉代那种严格的家法，不再专研一经，而是兼通诸经。比如，梁越“博通经传”，沈重“博览群书，学通诸经”等。北魏儒士们不但一改汉儒那种“白首穷经”的思路，而且在从师问道时，不再恪守“夫子步亦步，夫子趋亦趋”的藩篱，强调择师而从和自创新说。如当时儒学大师徐遵明，就先后师事王聪、张吾贵、孙买德和唐迁等人，由于他博采众家之言，自创新说，因而在著述和讲授《春秋义章》时，自成一家之言。

北朝儒家的讲经与注疏原则与两汉时期也多有不同。两汉注重文字训诂与章句之义，以合乎文本为阐释原则；北朝则以释滞去惑、追求圆通为目的。刘献之、孙灵晖、封伟伯、刁冲、徐伯珍、谢几卿、王元规等皆以善通疑滞而著名。释滞去惑、追求圆通的原则在儒经注疏中也得到了较好的实践。

五、唐代经学与《五经正义》

至隋唐，经学出现了新的局面。隋统一中国后，隋朝积极促进南北儒学的合流，使儒学中“南人简约，得其英华；北学深芜，穷其枝叶”的不同特点逐渐融合。这是经学的一个重大发展。

唐高祖在开国伊始，即“颇好儒臣”，武德二年（619）下诏兴仕崇儒，“学者慕响，儒教聿兴”。唐太宗更是“锐意经术”。唐太宗曾亲自著《帝范》

二十一篇，阐述儒家的帝王术。他选择了儒学作为其建立统治秩序的主要思想工具，力图从儒学中寻求制度、方针、政策的理论依据。他宣称："朕今所好者，惟在尧、舜之道，周、孔之教，以为如鸟有翼，如鱼依水，失之必死，不可暂无耳。"（《贞观政要》卷六）唐初宰相魏徵领修《隋书》，《经籍志》总序乃各部类小序，亦为魏徵亲撰，其中对儒学的评价，应是代表官方的看法。序中说：

> 儒之为教，大矣！其利物博矣！笃父子，正君臣，尚忠节，重仁义，贵廉让，贱贪鄙，开政化之本源，凿生民之耳目，百王损益，一以贯之。虽世或污隆，而斯文不坠；经邦致治，非一时也。涉其流者，无禄而富；怀其道者，无位而尊。

这段话明确指出了儒学对于国家政事与教化、对于君臣父子之人伦、对于仁义忠信之名节，甚至对于个人之富贫尊卑，都具有决定性的指导作用；无论世道或兴或衰，儒学统系都没有断绝，经受住了历史的检验；儒学之"经邦致治"的功能，是由来已久的；把握了儒学，就能对历代"百王"之"损益"得失，做到一以贯之的通达认识。

儒家经文是儒家全部政治、哲学、道德思想的集中体现。汉武帝"独尊儒术"，重点就是推崇"五经"。魏晋南北朝玄学兴起后，"五经"作为儒家思想核心的作用大大削弱了。唐太宗认为儒学多门、章句烦杂、异说纷纭，给学校教育和科举考试带来了一系列的困难，同时大大削弱了儒学的权威性。因此必须重振儒术，对儒经加以整理和统一。唐太宗认为，问题的症结在于"经籍去圣久远，文字讹谬"。于是，贞观四年（630），唐太宗命国子祭酒颜师古"于秘书省考定'五经'"。

颜师古（581—645）接受太宗交付的任务后，在秘书省对"五经""多所厘正"，即以一个较完备的传本为底本，取其他传本和古籍，参照进行考证校勘，最后确定一个定本。这"五经"是：《易》《诗》《书》《礼》《春秋》。颜师古用了约3年的时间，将"五经"文字校定完毕。唐太宗为慎重起见，又诏宰相房玄龄会集一些儒生“重加详议”，即予以评审鉴定。贞观七年（633）十一月，唐王朝正式将颜师古新校定的“五经”颁布天下，“令学者习之”，完成了统一经学的第一步。

唐初国子博士、经学家陆德明（约550—630），是为经学统一做出重要贡献的人物，他所撰《经典释文》是关于儒家经典之源流、版本、音韵的重要著作。

儒家经典历经千百年的流传，其文字的读音和含义渐渐积聚起不少疑问。而要读懂这些儒家经典，搞清楚经文的音义，是首先要越过的障碍。文字的发音并不是可以忽略的小事，音与义有着密切的联系。利用读音可以训释词义，利用读音的转变可以区别词义，利用不同字读音的相同或相近可以通假文字。历代学者为儒家经典注音的著作很多。从两汉开始，中经魏晋南北朝，迄于唐初，这类对儒家各部经典注音的著作可以说是相当繁复了。但是，一直缺少一部汇各家注音之书精华的集大成之作。前代注音之书，多数产生于分裂时期，写成于各个地区。时代的变迁、方言的隔阂致使音注说法纷纭、莫衷一是。显然，儒家经典不仅需要文字上的统一，也需要音训上的统一。陆德明广泛参考两汉以来的诸儒训诂音训著作，考辨同异，慎重去取，以音释为主，注儒家经典十二种，另外兼取玄学，注《老子》和《庄子》，共花费了二三十年的时间，终于写成了《经典释文》三十卷。此书开首是《序录》，阐说经学演变及传授源流，然后依次注释《周易》《尚书》《毛诗》《周礼》《仪礼》《礼记》《春秋左传》《公羊传》《穀梁传》《孝经》《论语》《老子》《庄子》《尔雅》十四部书。

陆德明的撰述主旨是重振儒学之权威，解决儒学经典流传中的积弊。他作此书不是官方交付的任务，完全是出于个人的责任感。陆德明熟悉儒、道、佛三家理论，但出入三家之后，他更觉儒学理论尤为切实致用，因而他在佛、道二家理论呈进攻态势，儒家理论趋于衰微之时，于《经典释文》中着意恢复儒家早期正宗的传统理论。这也是唐初儒家学者尝试振兴儒家思想的一个重要特征，就是力求恢复儒家思想早期的状貌，即较为质朴的人文色彩、笃实的治世安邦之道，同时力求摒弃汉代以降赋予儒学的神学色彩和魏晋以降赋予儒学的玄虚色彩。

至贞观中陆德明去世后，唐太宗见到《经典释文》大为赞赏，此书方大为流行。《经典释文》正符合唐初振兴儒学的需要，构成了唐初对儒家经典统一文字、音注、义疏三环节中的一个中间环节。

唐太宗还以“文学多门，章句繁杂”，诏颜师古与国子祭酒孔颖达等诸儒撰定“五经”疏义一百八十卷，名曰《五经正义》。“正义”，就是正前人之“义疏”，即针对前人关于儒经的种种繁杂的注疏，进行一番彻底的清理，不管是南学北学矛盾，也不管是今文古文之争，更不囿于哪种师传家法，将前人之注疏均一律作为资料看待，辨析各家之说的优劣短长，剪其烦冗，撮其机要，取文证详悉、义理精审之说，对“五经”的文字内容及思想观点作出了统一的标准解释。

孔颖达（574—648）主持撰定的《五经正义》，有的采纳了汉代的解释，有的采用了魏、晋的解释；既吸取了汉代的经学和谶纬神学的因素，也容纳了魏晋的玄学思想，表现了唐代儒学的开放性和多元化特征，体现了融合各家学术的趋向。孔颖达撰定《五经正义》的一个重要指导思想，即注疏要简明，使教者易教、学者易学。他注重经文的实质，反对追求文字的华丽，更反对牵强附会。唐太宗对孔颖达的这一工作十分赞赏，说：“卿等博综古今，义理该洽，考前儒之异说，符圣人之幽旨，实为不朽。”（《旧唐书·孔颖达传》）

《五经正义》撰定后，即于贞观九年（635）付国子监施行。这个“五经”定本颁行以后，使“五经”有了标准本，诸经文字完全统一，克服了以往因文字不同而理释各异的弊病。后又于贞观十六年（642）和永徽四年（653）颁行天下，令士子诵读。《五经正义》不仅作为学校教育的官定教材，而且科举考试也以之为依据。

《五经正义》的撰定与颁布，标志着儒家经典的统一和正统地位的确立。撰定《五经正义》对于教育和选士也有着重大的影响，由此，教育思想、教育内容又趋于统一，科举取士以儒经为准，有了准确、标准的要求。

孔颖达主持撰定的《五经正义》，是唐初诸儒协力合作而成的巨著，它对汉代以来的经学发展作了总结，结束了经学内部宗派的纷争，经学从此获得了空前的高度统一。《五经正义》成为广大士子生徒的必读书，成为朝廷选拔官员的试题库，因而极大地提高了儒经在社会各界的影响力。所谓“自《正义》定本颁之国胄，用以取士，天下奉为圭臬。唐至宋初数百年，士子皆谨守官书，莫敢异议矣。故论经学，为统一最久时代”。

撰定和颁行《五经正义》是唐代为政治上实现全国统一而开展的文化事业，促进了经学在唐代的发展。又由于“五经”有了文字、音训、义疏统一的标准定本，有了朝廷钦定的权威身份，因而在儒、道、佛三家中处于正宗地位，道、佛可以互相非议，儒可以非议道、佛，但道、佛不敢非议儒经。儒家思想无可争辩地成为官方的意识形态。这对儒学发展的影响，与汉武帝“罢黜百家，独尊儒术”有着同样重大的意义。

唐朝统一经学的工作，还表现在“开成石经”这一盛举上。这部石经是唐文宗开成二年（837）所立，共分十二经（只缺《孟子》即成为近世的十三经），另附张参的《五经文字》和唐元度的《九经字样》，共65万字，用石114方，两面刻字。这部石经至今仍保存在西安碑林博物馆。

这些统一经学的重大措施，使得南北朝时期形成的经学分南学、北学而终归于统一。这是唐朝在经学方面的重要贡献。

六、理学对儒学的革新

宋代出现了儒学发展的新形式——理学。理学又被称为“新儒学”。近年来从海外学术界传来的“新儒学”与我们这里所讲的新儒学不是一回事。现今所说的“新儒学”往往还要加上“现代”的限制词，称“现代新儒学”。现代新儒学家们自认为现代新儒学是儒学发展的第三期，而推宋代理学为儒学发展的第二期。

北宋初，学术界仍沿用唐代钦定的《五经正义》。庆历（1041—1048）以后，风气渐变，疑经、改经、删经成为学界时尚。宋代一些儒生、学者一方面“舍传求经”，直接面向儒家经典；另一方面，随着疑经、改经之风盛行，他们不再专注于经典文本和语句的字面，而是根据自己的思想观点去取舍儒经和解说经书，着重发挥经文“义理”。他们认为经典本身的作用只不过是“载道之具”，而其中所包含的成贤成圣、修齐治平的道理才是更根本的。将章句训诂改造成阐发义理，促使了儒学从章句注疏之学向义理之学的转变。

这种自由解经的方法，充满了革新精神，影响了一代学风。这种思想潮流，在一定程度上打破了儒家经典和注疏的权威地位，是对传统经学的某种否定和批判，也是当时学术界的一次思想解放。

义理之学的主要形式是理学。“理学是以儒学思想为主，汇通、熔铸了释道思想精华而形成的一个纳自然、社会、人生为一体的博大的思想文化体系，是宋元时期思想文化发展的主流，是学术文化史上具有划时代意义的标志。”[①]宋代理学体系的形成，标志着中国古代学术思想领域发生了一次新的变革，儒学进入了新的历史阶段，演化为哲学化、抽象化的新儒学，形成了一个内容包罗万象、形式严密完整的理论体系，是继先秦百家、两汉经学、魏晋玄学、隋唐佛学之后，于11—12世纪崛起在中国古代思想史上的又一座高峰。由于这一思潮将孔孟之道重铸成博大精深的学说，又使其贴近现实、易于实践，因而自宋代起，理学被历代立为正统思想，统领学术，规范人伦，指导社会，产生了广泛而深远的影响，并被视为影响中华文明七百年的正宗道统之学。

宋代学术思想非常活跃，各种学派纷纷设帐讲学，著书立说，各抒己见，其著述之丰、人才之盛、学派之多，远远超出先秦“百家争鸣”时期的诸子之学。仅就理学而论，宋代就有四个主要学派，一般称为“濂、洛、关、闽”四派。“濂”指原居濂溪的周敦颐，“洛”指洛阳的程颢、程颐兄弟，“关”指陕西的张载，“闽”指南宋时讲学于福建的朱熹。

关于这四个学派之间的传承关系，后世学人黄百家在《宋元学案·濂溪学案》的按语中认为，自孔孟之后，汉氏儒家只有传经之学，“性道微言之绝，久矣。元公（周敦颐）崛起，二程嗣之，又复横渠（张载）诸大儒辈出，圣学大昌”，又说，“若论阐发心性义理之精微，端数元公之破暗也”。这就是说，

---

① 龚书铎总主编，王育济等著：《中国文化发展史》（宋元卷），山东教育出版社2013年版，第130页。

宋儒的“心性义理”之学，由周敦颐首先阐发，而后才由于二程、张载诸儒辈出，方出现“圣学大昌”的局面，之后则又有朱熹集其大成。这便是后来所称“濂、洛、关、闽”的理学流派。

周敦颐（1017—1073）是理学的开山祖师和理学思想体系的奠基人。周敦颐的主要著作有《太极图说》、《易通》（又名《通书》）、《爱莲说》、《拙赋》等。周敦颐认为“太极”是最原初的、绝对的实体，太极肇分阴阳，阴阳派生五行，五行再派生四时、万物，万物又生生不已，遂成世界。世界是物候变化的体系，它们自有派生和化生的规律，这种规律的往来反复就是“道”。由此，它构造了一个纳自然、社会、人生为统一体系的宇宙生成模式，并且从宇宙本体论的高度对人性和道德伦理作了论述。这是以往儒学所不及的。他的《太极图说》和《易通》后来成为理学家的必读书籍。他所使用的范畴，如无极、太极、阴阳、五行、动静、性命、善恶、主静、礼乐、诚、无欲、几、中、和、顺化等，也都为后来的理学家反复引用和发挥，有的则构成理学范畴体系的重要内容。

程颢（1032—1085）、程颐（1033—1107）二兄弟师从周敦颐，他们开启了探究道学（即理学）的生涯。二程的学术理论，虽各有千秋，如程颢重内心体验而治理学，程颐重宇宙、社会而言理学，但是，他们的理本论思想则是一致的。二程留下的著作有《遗书》《外书》《文集》《易传》《经说》《粹言》等，后人把以上六书合辑为《二程全书》。

二程“洛学”，上承周敦颐“濂学”，中融于张载“关学”，下启于朱熹“闽学”，具有一以贯之的特征。二程“洛学”的主要特色，在于把“天理”作为宇宙本体和理学体系的最高范畴，这在宋代理学中具有开创性的意义。他们认为“天即是理”，“天理”是宇宙万物的本原，是最高实体。“天理”既超越万物之上而永恒存在，又产生和支配着万物。并且，“天理”还是社会伦理道德规范和社会等级制度的总和，把等级制度和与之相适应的社会伦理道德规范看作“天理”的重要内容，是“天理”在人间社会的具体表现形态。因此，忠君、孝亲、爱兄、尊祖等都是“天理”所赋予的人的本性。他们还把“天理”与“天命”联系起来，“言天之自然者，谓之天道。言天之付与万物者，谓之天命”。相信“天命”就是服从“天理”。二程认为人性是与“天理”等同的，是“天理”在人身上的体现。因而，道德修养的核心就是“存天理，灭人欲”，克制自己的“私欲”，通过自觉恪守礼仪而达到对“天理”的体认，达到“仁”的最高道德境界。

张载（1020—1077）所创的“关学”也是理学开创阶段的一个重要学派。张载“关学”气象博大，旨在“为天地立心，为生民立命，为往圣继绝学，为万世开太平”。“关学”的主要特点：一是提倡“学贵致用”，反对空谈，主张学术要与面临的政治、经济、军事等社会现实问题联系起来，从而使学术服务于现实；二是重视古礼，株守儒学，他非常重视恢复古代礼仪制度，对当时流行的不合古礼的礼仪竭力予以纠正。张载哲学思想的核心是“气本论”学说。他把以“气”为本体的世界看作一个充满生气的、有机的宇宙整体，处在永恒的变化之中。张载还进一步从“气本论”出发，探讨了人性和道德问题，提出“天地之性”与“气质之性”的区分，人要善于反省，改变气质，以体现“天地之性”，自然就会合乎道德标准而成为“君子”。气质不好也可以通过学习和提高道德修养来改变。

张载的“关学”和二程的“洛学”在北宋时皆为显学，各有传人，一时颇具声势。及至南宋，朱熹（1130—1200）在继承发展二程“洛学”的基础上，又博采周敦颐“濂学”、张载“关学”等理学学派的部分思想，集北宋理学之大成，并吸取了佛、道的某些思想资料，从而建立了“闽学”学派和丰富而完整的“朱子学”思想体系。

朱熹是中国思想史上最有建树者之一，在经学、史学、文学、考释古籍以至自然科学等方面，均有成就，后人称朱熹为中国古代最大的学问家和思想家。朱熹的著述宏富，门类甚多，有《朱文公文集》一百卷、《续集》十一卷、《别集》十卷，合称《朱子大全》，其中保存了他的若干学术论著、讲义、书信、题跋、奏章、诗词等。他的语录也被后人编为《朱子语类》一百四十卷。

朱熹理学思想体系的核心是“天理论”，认为“理”或“天理”是宇宙本体、天地万物的根源。“理”或“天理”不仅是宇宙的本体，还是社会道德规范的源泉，一切道德的准则和礼仪，都是“理”或“天理”的体现。他认为，作为道德规范与准则的“理”，是先于各种社会道德关系而存在的，“未有君臣，已先有君臣之理；未有父子，已先有父子之理”。朱熹对“天理”绝对性和实在性的论证，正是给“三纲”“五常”的道德规范和准则寻求形而上的根源。朱熹的“格物穷理”说，在于把握“天理”“要在明善”，从而把“仁义礼智信”的“五常之德”上升到“天理”的哲学高度，以提高自身道德的自觉性。他主张“格物穷理”要讲究先后缓急之序，首先应明人伦、讲圣言、求世故，进行道德践履与体验。

朱熹总结了北宋以来理学的成就，为理学集大成者，其理学体系更为严密、丰富。朱熹的思想学说不仅是理学的成熟形态，也是中国儒学发展的一个新阶段。“理学是对传统儒学进行变革而形成的一种新的儒学形态。”[①]理学思想文化体系的确立，“第一，使儒学一改玄学、佛学时代长达数百年的萎靡不振的局面，为儒学在新的历史条件下的复兴开辟了一片新的天地；第二，摆脱了以往儒学的那种质朴平淡的政论形态，使传统儒学‘直白浅近’的道德训诫，被赋予了一种透彻了悟的哲理意蕴，一个将儒家的入世有为和释、道的静泊空寂的旨趣融合为一体的人生哲学合乎时代需要地创立了出来。这样，宋代理学自身完成了由‘知天而知人’，即从宇宙观到社会观再到人生观的整体建构，儒学也完成了它在中国古代历史上一次最大的蜕变，从而对中华民族的思维结构、价值心态、精神观念等等，都产生了至大至深至远的影响”[②]。

朱熹的理学思想在当时和后世都产生了很大影响。南宋理宗宝庆三年(1227)，下诏赠朱熹为太师，追封信国公，并认为朱熹注“四书”，“发挥圣贤蕴奥，有补治道”，提倡习读朱熹著作。从此，以朱熹为代表的理学就成为正统思想，在学术思想领域确立了其统治地位。

宋代新儒学是中国古代思想史上最后一座高峰，其学术成就高于宋以前的汉、唐两代，也远为宋之后的元、明两代所不及。宋儒学堪称儒家传统思想的

---

① 龚书铎总主编，王育济等著：《中国文化发展史》(宋元卷)，山东教育出版社2013年版，第178页。

② 龚书铎总主编，王育济等著：《中国文化发展史》(宋元卷)，山东教育出版社2013年版，第131页。

一次大总结。

宋儒吸收了汉经学、唐佛学的精髓，扬弃了经学专事注疏的僵化和佛学追求虚幻的消极成分，把佛学养神修行、涅槃寂静、祈求来世的出世，引入儒学“齐家治国平天下”的入世，又把儒学简单的伦理纲常上升到“存天理，去人欲”的理论高度，完成了以儒学为主干，包容佛、老及诸子的理论创造。

宋代学术的这一成果，已经不是先秦儒学的单纯复兴，而是一种既继承传统又适应现实的全新建树。宋儒学的成就，达到了对汉、唐学术的超越，因此而被称作“新儒学”。

宋以后的元明两代，虽各有杰出的思想家、学问家立世，其学术成就对中国思想史各有不可磨灭的贡献，但就学术界整体而言，其水平远未超过宋儒学，也没有形成新的思想体系。在这个意义上，元、明学术是宋儒学的延续。

元代理学与宋代理学是一脉相承的。从总体上说，元代理学家继承了宋代理学最基本的思想原则，他们的天道观、心性论、知行观等，都是旨在论证封建伦理纲常的合理性，即合乎天理。元代理学家同样十分看中“四书”“五经”，讲求儒家经义，探究义理之学，坚持儒家传统的道德修养方法。元代的理学家重视对儒家经典的研读。在他们看来，圣人未出之前，道在天地；圣人在世之时，道在圣人；圣人既没之后，道在“六经”。因此，要知“道”，就得学圣人之言，而最能正确阐发圣人之道的，莫过于程、朱，因而他们提出了“由传以求经，由经以求道”的主张。元代理学对于两宋理学，不仅是继承，而且有所发展，弥补了宋代理学的某些不足，为理学在明清的进一步发展奠定了思想基础和社会基础。

明代确定了理学在思想文化领域的独尊地位，程朱理学被推崇为官方哲学，理学不仅成为思想界的独尊、钦定的正统，而且诸儒也为王佐之才。永乐年间，在皇帝的御临下，以程朱思想为标准，汇辑经传、集注，由胡广等人编出《五经大全》《四书大全》《性理大全》。三部“大全”共计二百六十卷，其中《五经大全》一百五十四卷、《四书大全》三十六卷、《性理大全》七十卷。三部“大全”摒 弃了古注疏及其他各家学说，独尊程朱学说。纂修完后，明成祖亲自作序，并命礼部刊赐天下。三部“大全”的出现，标志着程朱理学思想统治及独尊地位的确立。

明初儒学“笃践履，谨绳墨”的学风，只是忠实地信守程朱学说，笃行实践，在学术思想上并没有多少创新和贡献。他们所发表的言论，乃至于著述，也是蹈袭前人的陈说，附以自己的体会。这种学风在思想史上直接产生了两个后果：一个是满足于习熟先儒之成说，未尝反身理会，推见至隐，所谓“此亦一述朱，彼亦一述朱”耳；另一个是“一时学风，可见人知向道，求为正人君子者多，而英挺不欲自卑之士大夫，即不必尽及诸儒之门，亦皆思以名节自见。故阉宦贵戚，混浊于朝，趋附者固自有人；论劾蒙祸，濒死而不悔者，在当时实极盛，即被祸至死，时论以为荣，不似后来清代士大夫，以帝王之是非为是非，帝以为罪人，无人敢道其非罪。故清议二字，独存于明代”①。

程朱理学独尊的局面持续了一百余年，直至正德年间以后，学术思想界才有了新的声音。陈献章及其弟子湛若水，王阳明及其弟子王畿、钱德弘等人，不满于学术思想的僵化状况，打破理学一统天下的局面，开拓了学术思想的新局面。

陈献章以“随处体认天理”为宗，在儒学范围内提出了新的观点。他继承和发展了陆九渊的心学，修正和补充程朱理学。他的学说，经弟子湛若水的大力提倡、到处讲学、开办书院，产生了广泛的影响，成为当时有名的“江门学派”。

王守仁心学异军突起，以“致良知”的学说对程朱理学提出挑战，为蹈常袭故的思想学术领域带来了清新的空气，具有开一代学术风气之先的积极作用，在冲破传统观念的束缚和促进人们思想解放方面产生了深远的影响。

① 孟森著：《明清史讲义》（上册），商务印书馆2017年版，第192页。

| 第四章 |

儒学传承的制度安排

一、走上神坛的孔子

我国古代非常重视祭祀，有所谓“国之大事，在祀与戎”之说。这句话出自《左传·成公十三年》，是人们时常引用的一句话，意思是说，祭祀和战争是国家最重大的两件事情。

远在商周时代，祭祀就是十分重要的国事活动。商周祭祀鬼神，祭祀祖先，是国家重要的仪式。而自汉武帝提倡“独尊儒术”后，孔子就从一个民间私学的教师，开始逐步走上神坛，成为人们崇拜和祭祀的对象。他的封号也不断加码，成为“至圣先师”。建孔庙，祭祀孔子，是中国古代重大的礼仪活动，是儒家文化代代相传的一项重要的制度性安排。绵延两千余年的孔庙祭祀，是中国文化史上非常独特的一种文化现象。顾炎武在《日知录》中说：“古人每事必祭其始之人，耕之祭先农也，桑之祭先蚕也，学之祭先师也，一也。”有学者指出，历代孔庙从祀制无疑均是一部钦定官修儒学史，充分体现了历史上儒学的正统观。

孔子去世后，孔子的弟子为了纪念老师，将孔子所居旧宅改造为庙，即阙里孔庙（后世孔庙的雏形），开启了孔庙祭祀的历史。最初立庙是为了追慕悼念孔子，将孔子生前所穿过的衣物、乘过的车、用过的琴等遗物收集于孔子生前故居内，以作纪念。孔门师生之间的这种“祭祀”活动，尚属于民间的祭祀活动。司马迁说，汉代之前，鲁国人已经有了对孔庙的持续祭祀。《礼记》说：“凡始立学者，必释奠于先圣先师。”

汉高祖十二年（前195）十一月，高祖刘邦自淮南还京，经过阙里，以太牢祭祀孔子，开皇帝亲祭孔子之先。汉武帝实行“独尊儒术”的文化政策后，就有了国家对孔子的祭祀活动。此后一直延续到清末，绵延不绝。汉代祀孔都是在阙里孔庙。东汉以后，人们已在太学举行对孔子的释奠之礼，但尚无庙宇的建筑。元始元年（1），汉平帝追谥孔子为“褒成宣尼公”，孔子后人孔均为褒成侯，奉其祀。自此，孔庙愈受重视。东汉建武五年（29），光武帝过阙里，命祭孔子。明帝、章帝、安帝均曾到曲阜祭祀。永兴元年（153），汉桓帝下诏重修孔庙，任命孔和为守庙官，并立碑以记。

汉代以后的魏晋南北朝时期，历朝都推崇儒学，把儒学列为官方教育的主要内容。这一点在十六国时期的“五胡”政权时期也是一样的。北魏王朝的统治者不但主动吸收儒学，自觉儒化，而且积极推行儒家礼仪制度，多次祭奠孔子，公开举起儒家的旗帜。北魏建立后，道武帝告令天下，收集经书，作为治国的方略；又立太学，置“五经博士”，以儒学作为他立国的理论根据。明元帝本人“非礼不动”“礼爱儒生”，首次“祀孔子于国学”。皇兴二年（468），献文帝“以青、徐既平，遣中书令兼太常高允奉玉币祀于东岳，以太牢祀孔子”。

北魏崇儒之风，在孝文帝拓跋宏时达到了高峰。中央官学之内建置孔庙，始于孝文帝之际，是当时推崇儒学的重要举措。如太和十三年（489），立孔子庙于京师。太和十六年（492），“改谥宣尼曰文圣尼父，告谥孔庙”。太和十九年（495），孝文帝南下鲁城时，亲祀孔庙。不久，“诏拜孔氏四人、颜氏二人为官”，又诏选诸孔宗子一人，封崇圣侯，邑一百户，以奉孔子之祀。

到了隋代，隋文帝一面崇儒，一面兴学，自京都至州县均设学校。文帝还亲至国子学参加释奠礼，奖励国子生，考选国子生为官。唐朝建立后，明确提出“守成以文”的文教政策，推崇儒学，整理儒家经典，进一步提高儒家学者的社会地位。有唐一代，孔子的地位不断提高，荣衔、封号接踵而来。唐朝诸帝都很重视弘扬儒学，从高祖到昭宗，皆亲临国子监释奠，皇太子释奠则更为经常。唐高祖于武德二年（619）下诏兴仕崇儒，以周公为先圣、孔子为先师，于国子监各立庙一所，四时致祭；又于武德七年（624）亲自到国子学参加“释奠”礼。唐太宗于贞观元年（627）下令取消周公祠，专立孔子庙，升孔子为先圣，以颜回配享。这是中国历史上国家教育机构第一次专祭孔子之始，以后成为一项制度。自此，全国学校遍设孔子牌位，官学祭孔沿袭成习。唐玄宗于开元二十七年（739），追谥孔子为“文宣王”。孔庙称为文宣王庙。

唐朝对曲阜孔庙进行了大规模的整修和扩建。贞观十一年（637），唐太宗诏兖州建阙里孔子庙。乾封元年（666），因旧庙简陋，唐高宗令兖州都督霍王李元轨“改制神宇”，对孔庙进行史上第一次大规模的扩建。这次扩建，扩大了孔庙的范围，虽仍以“庙屋三间”为制，但庭院及外观大有改观。建筑采用多层斗棋，墙壁开窗，环以步廊于其四周。孔庙殿堂建于灵光殿旧址。唐玄宗开元七年（719），孔庙又“树缭垣以设防”。孔子塑像居中坐北朝南，着王者服，外罩儒者衣。唐代宗大历八年（773）新建庙门。

唐代的孔庙已初具规模。唐代以后，历代都对曲阜孔庙进行过扩建和维修。千年以来，孔庙总共经历过大修15次，中修31次，小修数百次，终于达到现如今九进庭院的宏大规模。

贞观四年（630），朝廷诏各州县学皆立孔子庙。从此后，除曲阜孔庙以外，孔庙不但成为学校不可分割的一部分，而且是学校的中心地。学校孔庙的建筑属于宫殿式，庙宇朝南，基本上仿自曲阜孔庙。南方式建筑，以木材为主，装饰复杂，屋脊两端翘起；北方式建筑较为朴素，水平式屋脊，斗拱变化少。主要的建筑物包括大成殿、崇圣祠、东西庑、明伦堂、棂星门、泮池等。

唐太宗时，孔庙开始建立从祀制。在此之前，若以孔子为先圣，只以颜渊为先师配享。贞观二十一年（647），诏以历史上著名的儒家、经学家左丘明、卜子夏、公羊高、穀梁赤、伏胜、高堂生、戴德、戴胜、毛苌、孔安国、刘向、郑众、杜子春、马融、卢植、郑玄、服虔、何休、王肃、王弼、杜预、范宁等22人配享孔子庙庭。玄宗时从祀者增为“十哲”“七十二子”“二十一贤”。宋以后到明清，从祀制定为配位（有四配）、哲位、先贤、先儒；哲位以下的人数，随时代而递增，分列在东西两庑。从祀的标准，依清代的规定是“阐明圣学，传授道统”。明代儒家学者王世贞说：“太庙之有从祀者，谓能佐其主，衍斯世之治统也，以报功也。文庙之有从祀者，谓能佐其师，衍斯世之道统也，亦以报功也。”

孔庙祭祀孔子，乃为尊祀其教、尊祀其道。孔庙以后儒配享、从祀，乃为衍续儒学道统。自唐以后，从祀孔庙之制，成为文人学者最高的荣誉。

孔庙的祭祀仪式，唐宋以后逐渐形成一套专用于孔庙的祭礼——“释奠礼”。“释奠”又称“丁祭”，这种祭仪规定在每季度的仲月（二月、五月、八月、十一月）上丁日举行，届时孔庙供奉的历代圣贤大儒都会与孔子一起受到祭祀。

各地各级的孔庙分为礼制性庙宇和非礼制性庙宇，但凡列入国家祭典的孔庙都是礼制庙宇，孔子后代的家庙、孔子活动过的地方所建的纪念性庙宇以及书院内的祭祀庙宇等，都是非礼制庙宇。所谓礼制庙宇，就是以国家的力量进行倡导和推行，它的建筑模式、体量、色调以及祭祀的内容、等级等，都必须遵循国家认可的规范和准则。在孔庙系列中，太学国庙和曲阜祖庙处于最高等级，而府之庙学又高于县之庙学，但同为孔庙，无论级别高低，其精神如一，在建筑构成和祭祀活动上大体都依循一套共同遵守的原则。

宋初各地的孔庙，经唐末五代长期战乱的破坏，大多毁为废墟，就连一向被奉为圣地的曲阜孔庙，也只残剩“触目荒凉，荆榛勿剪；阶序有妨于函丈，屋壁不可以藏书”的景况（清王昶辑：《金石萃编》卷一二五）。宋太祖在即位的当年（960），即诏令增葺开封文宣王庙祠宇，塑绘先圣、亚圣、十哲、七十二贤及先儒二十一人的像，又亲自撰写孔子、颜回真赞。京兆长安孔庙的重修也开始进行。王彦起任京兆府尹时，主持整修文宣王庙，自出俸银，修饰、扩建庙内讲学黉舍及安置“开成石经”与藏书的库府、堂宇，并刊石《重修文宣王庙记》，以昭示天下与后世。

太平兴国八年（983），太宗诏谕大臣，自谓嗣位以来，虽遍修群祀，而以鲁国夫子庙堂未加修葺为憾，命令大臣着手重修曲阜孔庙，并指出，若孔庙无大壮之观，则民无所观化。宰相吕蒙正亲撰碑铭，盛称："夫子无位立教，化人以文行忠信，敦俗以冠婚丧祭，为民立防，与世垂范。是以上达君，下至民，用之则昌，不用则亡。"（《金石萃编》卷一二五）

重建东京开封、京兆长安及兖州曲阜的文宣王庙，对于全国各地孔庙的修复工作和文教活动，具有政策导向和示范性的作用，为恢复儒学的正宗统治、进一步实施尊孔崇儒的文教政策，奠定了象征性的物质基础。太宗还打破科举常例，诏赐孔子后裔孔士基同本科出身，以此作为褒奖先圣后裔的象征。又正式赐封孔子后裔孔宜袭文宣公爵位，官拜右赞善大夫。恢复以前历朝优待孔氏的惯例，免除孔宜家族租税。

大中祥符元年（1008），宋真宗泰山封禅归途，又前往曲阜，亲临孔庙祭奠，诏封孔子为"至圣文宣王"，孔子以下七十二子也列次封谥公侯伯爵。同时，赐孔子46代孙同学究出身。宋真宗御制《至圣文宣王赞》，表达了崇儒尊道，志在易俗化民、仰师彝训的意图，称孔子为"亿载之师表"："立言不朽，垂教无疆……人伦之表，帝道之纲。"不久，赐曲阜元圣文宣庙"九经""三史"，诏令兖州选儒生讲说，以此重振孔庙庙学。宋末学者熊鉌说："尊道有祠，为道统设也。"

在元朝建立之前，元太宗窝阔台占领燕京，即接受宣抚使王檝的建议，将全国的枢密院改成宣圣（孔子）庙；后又诏令各路、州、府、县复修孔庙；并诏以孔子51代孙孔元措袭封衍圣公，付以林、庙地。中统二年（1261）元月，元世祖诏令各地"宣圣庙，国家岁时致祭，诸儒月朔释奠，宜恒令洒扫修洁。今后禁约：诸官员、使臣、军马毋得于庙宇内安下，或聚集理问词讼及亵渎饮宴，管工匠官不得于其中营造，违者治罪"。并对在孔庙中孔子及先哲的位置排列和祭祀的礼仪作出明确的规定。同年八月，"命开平守臣释奠于宣圣庙"。至元四年（1267）正月，"敕修曲阜宣圣庙"；五月，"敕上都重建孔子庙"。在祭孔时，孔子与三皇、社稷、风雨雷师的祭祀相同，春秋两祭，享受最高的礼遇。元成宗即位之初（1294），尚未改元，即诏令中外百司官吏人等，"孔子之道，垂宪万世，有国家者，所当崇奉。曲阜林庙，上都、大都，诸路、府、州、县、邑，应设庙学、书院，照依世祖皇帝圣旨……施行……"

元武宗即位后（1307），加封孔子为“大成至圣文宣王”，为其立碑碣，颂扬“先孔子而圣者，非孔子无以明；后孔子而圣者，非孔子无以法”。

明清两代继承了传统的统治经验，大力提倡儒学，极力尊崇孔子，规定诸生必须学习儒家经典，同时坚持祭孔活动。清朝建立之初，就在京师国子监立文庙，内有大成殿，专门举行一年一度的祭孔大典，并尊孔子为“大成至圣文宣先师”，祀礼规格又进化为上祀、奠帛、读祝文、三献、行三拜九叩大礼。

至明清时代，遍布全国的孔庙已有1500多座，尚不计海外为数众多的孔庙。孔庙又被称作文庙、夫子庙、文宣王庙等，尤以文庙之名更为普遍。其中南京夫子庙、曲阜孔庙、北京孔庙和吉林文庙并称为中国“四大文庙”。孔庙的数量之多、规制之高，技术之精湛、艺术之精美，在我国古代建筑中堪称经典，是我国古代文化遗产中极其重要的组成部分。

孔庙祭祀制度存在并延续了两千多年，是古代中国尊崇孔子最为直接的方式。历代王朝对于孔子的褒封和祭祀，起到了引导士子、推动文化、弘扬教化等方面的作用。孔庙祭祀制度对东亚国家如朝鲜、日本、越南也都产生了影响。这些国家也都仿照中国制度建立孔庙，并进行祭祀活动。朝鲜、越南的孔庙布局形式、建筑制度、奉祀人物、祭祀制度等也与中国非常接近。

二、以儒学为核心的官学教育

自汉武帝提倡“独尊儒术”以后，一直到清代末期，这近两千年中，无论是官学还是私学，无论是书院还是乡学，都把儒家经典作为主要的课程。作为选官制度的科举制，也把儒学作为主要的考试科目。这是儒家思想得以传承的一项非常重要的制度性安排。儒学的“独尊”，首先是在教育领域获得了独尊的地位，历代读书人都成为“儒生”。

有了人类的生产生活活动，就有了最初的教育和文化传承。原始社会已出现了教育的最初形式。西周时，教育体制初具规模。西周已经出现了相对独立的学校教育机构，并有了从王室到诸侯列国大体连贯的学校教育网络。在此基础上，西周还形成了以礼乐为核心的教育内容。这些内容逐步扩展深化，最终形成了较完整的“六艺”教育的课程体制，奠定了中国古代教育的基础，其后又经过以孔子为代表的先秦儒家学派的继承和发展，对中国几千年的古代社会教育产生了深远的影响。

汉代教育确立了中国封建教育的雏形，特别是官学和私学的设施、教育的内容、教育的组织形式和教学方法等，均为后世封建时代的教育奠定了坚实的基础。中国封建教育的一些主要特点，如教育为封建政治服务，培养官吏和实行教化，道德教育处于支配与主宰地位，以儒家经典为主要教学内容，办学途径多样化，学校教育是整个社会的组成部分，养士与取士相结合，“学而优则仕”的制度化，精读专攻的教学方法等，在汉代教育中都已显见端倪。

汉代提倡“独尊儒术”，专以儒家经术和儒家倡导的伦理道德作为选拔人才的主要标准。董仲舒向汉武帝建议的三大文教政策，即“罢黜百家，独尊儒术”“兴太学，置明师”“重选举，广取士”，建构出一个“教育—选士—尊儒”的利用学校教育来为官方正统的意识形态服务的有效模式。这一教育政策起到了借儒术独尊来保证政治法纪、思想意识的“大一统”的作用。“教育—选士—尊儒”，一方面，它使先秦儒家“学而优则仕”的思想有了制度化的保证；另一方面，学校成了儒学传播的专门场所，士人变成了儒生。

西汉时期形成了我国封建官学制度的基本格局：分中央官学与地方官学两类；有初等教育（庠、序）、中等教育（学、校）、高等教育（太学）三级；以儒学为主体、官立学校为主干，兼有其他专业教育和职官教育。

汉武帝元朔五年（前124）创建太学，标志着我国封建官立大学制度的确立。汉代太学初建时规模很小，只有几个经学博士和50个博士弟子。至汉代中期昭帝、宣帝时，太学得到一定的发展。东汉质帝时，太学生多至3万人，这种情况一直延续到东汉末年。“相距不到三百年，学员增加至六百倍，那种惊人的发展，可以想到这一个制度在当时所发生的影响。”[①]

汉代太学创立了我国古代传统的教学形式和管理方式，即以经师讲学为

---

① 钱穆著：《中国文化史导论》，商务印书馆1994年版，第103页。

主、学生互教为辅，注重考试和自学。太学的教授称博士，其主要职责是“掌教弟子”，以教学为主，学生称“博士弟子”。博士必须德才兼备，要有“明于古今”“通达国体”的广博学识，具有温故知新的治学能力，应当为人师表，使学者有所“述”，又可以尊为道德的风范。太学博士多为一代名儒，对儒经有专门的研究，他们说经，具有讲学的性质，使得太学在其初创阶段就有了学术性。两汉以来，凡国家所设立的学校都是以学习儒家经典为主。汉代中央官学除鸿都门学外，太学、宫邸学以及地方官学，其中包括郡县道邑所设立的学、校、庠、序，都是以学习儒家经书为主的经学学校。

汉代文具虽然已有缣帛、纸、笔，但是使用并不普遍。在书写、出版相当困难的汉代，大师们的“经说”难于书诸简牍，多是师师相传，学习儒学就必须从师，经师讲学也就成为汉代大学的主要教学形式。经师讲学有专门的讲堂，据说洛阳太学的讲堂“长十丈，广三丈”，还有内外之分，称“内外讲堂”，可以想见当时讲学的规模非常宏大。

为了确保师师相传的经说不致走样，汉代规定传授经书必须信守“师法”与“家法”。所谓“师法”，指传经时以汉初立为博士的经师的经说为准绳，例如《公羊春秋》就以董仲舒所传的经说为师法。师法强调的是学术的师承关系。后来，大师的弟子们在传经时又有所发展，形成一家之言，并得到学术界的认可，具备了独立授徒的资格。这些新形成的经说，就叫“家法”，例如后汉就有“颜氏公羊”与“严氏公羊”两大家。朝廷对信守“师法”和“家法”的要求很严格。

东汉熹平四年（175）发生了镌刻石经立于太学门外的盛举，初步解决了统一经书的问题。《熹平石经》是我国古代由政府统一颁布的第一套标准教材，是经学发展史上第一部公之于世的官定经书。以印刷术尚未发明、人们读书学习专靠手抄传写的汉代来说，刻石树碑于都城街头，供人们自由阅读、传抄，这不仅给当时人们学习提供了方便，而且对“五经”典籍的校正流传有深远的影响。

到曹魏时期，太学的标准教材是正始年间（240—249）刊刻的“正始石经”，因碑文每字皆用古、篆、隶三种字体并列写刻，故名“三体石经”。石经刻有《尚书》《春秋》和部分《左传》，共28碑，是继东汉“熹平石经”后建立的第二部石经，于正始二年（241）立。刊刻石经的主要目的是“台省有宗庙太府金墉故事，太学有石经古文先儒典训”，以弘儒训，以重儒教。此外，石经文字有校正文献内容与文字、书体之功用。碑文刻成后，全国各地学生纷纷前来校拓，对其时文化的保存和发展起到了很大的作用。“三体石经”刻成后，与汉“熹平石经”并立于洛阳太学。

汉代的地方官学与行政区划是一致的，分别是学、校、庠、序。由课程设置可知，学与校程度相当，有经师之设；庠与序程度相当，有《孝经》师之设，比学、校低一级。汉元帝时，由于郡国学有所发展，朝廷下令“郡国置‘五经’”。东汉时期，郡国学设置比较普遍，边陲僻壤都建了学校，例如西北的武威、东北的辽东、西南的九真等地都设立了郡国学。

汉代之后，官学的教育体制得以延续和发展。十六国时期，各个政权也都建立了自己的官学教育。如前赵“立太学于长乐宫东，小学于未央宫西……选朝贤宿儒明经笃学以教之”。太学的教师为“宿儒”。后赵立太学于襄国，“简明经善书吏，署为文学掾，选将佐子弟三百人教之”。前秦的苻坚于即位之初即大兴学校，创办太学，并召郡国学生通一经者和公卿以下子孙入校学习。苻坚的教育思想是进行正统的儒家经典教育，玄学和佛学一概被视为“非正道”，禁止讲授。汉代的部分教育选举措施在前秦也得到恢复。前秦学校教育是十六国时期北方教育发展的一个高峰，史称“永嘉之乱，庠序无闻，及坚之僭，颇留心儒学，王猛整齐风俗，政理称举，学校渐兴。关陇清晏，百姓丰乐”。整个十六国时期，学校教育的持续性被打乱，各国的教育状况参差不齐，但是以儒学为核心的传统教育并未断绝，无论各少数民族国家还是汉族政权，均视儒学为教化的重心，并且都继承了两汉以来的办学传统，以儒家思想特别是经学为主要教学内容。北方诸族所创立的政权，坚持以中华传统文化的核心内容——儒家文化为教育的主要内容，是这一时期中华传统文化得以传承的一个重要原因。

北魏建立以后，学校教育从体制上可分为中央国学（太学）和地方乡学。太学置“五经”博士生员千余人，征北方名流范阳卢玄、博陵崔绰、赵郡李灵、河间邢颖、渤海高允、广平游雅、太原张伟等为博士，并令各州郡荐举才学之士，儒学由此兴旺起来。北魏中央官学的课程以儒家经学为主，给予经学以高度重视。

在南方，东晋时，王导在晋元帝即位后不久即上书主张“建明学业”“以训后生”“择朝之子弟并入于学，选明博修礼之士而为之师”。稍后不久，散骑常侍戴邈也上书兴学。王导和戴邈均以儒家思想来匡正时俗，笃道崇儒，反映了中国传统教育的核心始终未离开经学。建武元年（317），元帝“置史官，立太学”。大兴二年（319），又置博士员五人，并使皇太子于太学讲经行释奠礼。东晋太学或国子学的教学仍采取设博士教学的方法。博士不复分掌“五经”，而总称为太学博士，在博士下设助教以教生徒，课程设置为古文经学。

南朝的历代政权，都以儒学教育为核心。宋文帝元嘉十九年（442），下诏“大启庠序”“广训胄子”，并要求鲁郡修学舍，采召生徒，重新整修孔子坟墓，可蠲墓侧数户，以掌洒扫，种松柏六百株。次年，国子学正式开学。著名儒家学者何承天“以本官领国子博士”，太子于国子学讲《孝经》。元嘉兴学，如沈约所评，“亦一代之盛也”。齐朝建元四年（482）下诏，具体规定国学“置学生百五十人”。永明三年（485）正月又下诏立学。齐武帝对国子学十分关注，永明四年（486）三月，他亲临国子学讲《孝经》。通过君臣的共同努力，南齐“由是衣冠翕然，并尚经学，儒教于此大兴”。

至隋唐时，学校教育得到了较快的发展。特别是到了唐代，从中央到地方都设立了各级各类的官学，已形成一个较完整的学校教育体系。

国子学、太学、四门学、书学、算学、律学，统称“六学”，直属国子监领导。《旧唐书》卷一八九《儒学上》说到当时“六学”的兴盛：“四方儒士，多抱负典籍，云会京师。俄而高丽及百济、新罗、高昌、吐蕃等诸国酋长，亦遣子弟请入于国学之内。鼓箧而升讲筵者，八千余人，济济洋洋焉。儒学之盛，古昔未之有也。”这一时代里，“国学的繁荣也反映了盛世的光耀”[①]。

六学中，主体是以国子学、太学、四门学为核心的儒家经学教育的学校。

① 孙昌武著：《隋唐五代文化史》，东方出版中心2007年版，第65页。

所谓经学学校，就是以研习儒家经典为主要教育内容的学校。儒学在唐代整个教育体系中居主导地位。古代官学从一产生便是专门研究经学的学校。这种经学教育到了唐代，由于统治者确立了尊崇儒术的文教政策，选拔各级官吏均以精通儒术作为取舍升降的标准，士子亦皆以钻研经书为入仕的途径，所以得以迅速发展。

国子监中的国子学、太学、四门学，以及地方府、州、县的经学，均是修习儒家经典的学校，其课程设置体现在教学计划中，分为必修课、选修课和专业课三类。据《唐令拾遗》《大唐六典》等记载，必修课为《孝经》和《论语》；选修课有《史记》《汉书》《后汉书》《三国志》《国语》《说文解字》《字林》《仪礼》《周易》《尚书》《春秋公羊传》《春秋穀梁传》，修习时间各为三年。《毛诗》《周礼》《仪礼》，称为“中经”，修习时间各为两年。《周易》《公羊传》《穀梁传》《尚书》，称为“小经”，《周易》修习两年，《公羊传》修习一年半，《穀梁传》修习一年半，《尚书》修习一年半。

唐朝的地方学校设置适应当时中央集权和科举制的需要，较前代更为周详。各级地方学校也都以经学教育为主。

唐朝采取各种措施设馆兴学，推动了学校数量的迅速增加。唐朝教育的发达程度在当时世界上无以媲美，开创了中华民族古代学校教育的新局面。

北宋在继承唐代教育体制的基础上，开展了三次兴学运动，宋代的官学教育体制逐步定形。太学一直是中央官学实际的最高学府，教学内容大体以儒经为主，兼习诗赋及策论。熙宁兴学之前，朝廷虽未明确规定太学的经学教材，但官定的《九经义疏》为较权威的经学读本。端拱年间（988—989），宋太宗诏令国子监刻印唐代孔颖达《五经正义》，并颁行天下。宋真宗尤其重视经学教育，曾自称在东京讲《尚书》七遍，《论语》《孝经》各四遍，并强调：“宗室诸王所习，唯在经籍。”咸平三年至四年（1000—1001），宋真宗又诏令国子监祭酒邢昺等校定《周礼》《仪礼》《公羊传》《穀梁传》正义，加以《礼记》《孝经》《论语》《尔雅》，以及孙奭《孟子正义》，合唐人经注，为《十三经正义》，颁行天下，成为法定教材。并诏州县学校及聚徒讲诵之所，赐“九经”。熙宁兴学至北宋末年，大多数时间都以王安石的《三经新义》及《字说》为主要经学课本。宋代州县官学形成了遍布全国各地的学校网络，其规模之广、数量之多，远远超过汉唐诸朝。州县学校的教学内容大体与太学相同，内容的取舍及侧重概随科举或太学舍试的内容而定。

宋代以后的元明清历代，官学教育都有所发展，并且在机构设置上有所变动，但以儒学为核心的教育内容一直没有变，历代各级学校教育都以儒家学说为主要内容。从汉代一直到清末，儒学都是官学教育的基础，但不同时期对儒家经典的解释也有所不同。例如明永乐时表彰程朱理学，程、朱等宋儒对儒家经典的解释成为学校教育的法定内容。这些规定形成了明代学校教育的基本内容。

三、私学与书院

春秋战国时期，随着剧烈的社会变动，贵族对文化教育的垄断被打破了，出现学术、文化下移的趋势。官学逐渐解体，私学取而代之，出现了“学在四夷”的局面。“私学的兴起是中国文化史、教育史上开天辟地的大事件”[①]，是中国古代教育史上一次划时代的革命。

战国时期私学大为发展，为百家争鸣奠定了基础。秦始皇采取了禁私学、焚书坑儒等措施，但私学并未被禁绝，一批儒生学者隐匿民间，继续以私学教育私相传授，尤其是齐鲁一带仍保留着私人讲学的传统。在秦末战乱之时，私人教学仍在继续。汉初，统治者尚无暇顾及兴学设教，文化教育事业更依赖私人教学得以维持，而汉初在文教事业的恢复和建设中做出重要贡献的许多名儒学者，有不少就是秦朝以来隐匿民间的私人讲学大师及其弟子门徒。这时的私学教育承担了几乎全部的教育任务，使得中国古代教育从未中断，而且有相当的发展。古代的文化典籍、科学知识主要通过私学教育得以保存和传承。参与汉代政治、经济、文化建设的人才，也大都是私人教学锻炼和培养出来的。私

① 吕文郁著：《春秋战国文化史》，东方出版中心2007年版，第49页。

学师生成为汉初朝廷中官吏的重要来源之一。

汉武帝时期，朝廷开始兴办和发展官学，但私学并未因此而停顿，反而在官学发展的影响下得到进一步发展，成为官学教育的重要补充和汉代教育制度的有机组成部分。官学和私学相互补充，相互促进。汉武帝之后，私人教学相当发达，一些硕学名儒在未从政或任博士之前一直从事私人教学。未立为博士的经学大师，仍坚持私人传授，从而促进了私学的发展。有些人一面做官，一面收徒讲学，致仕后仍然继续从事私人讲学。

和官学一样，汉代私学教育的基本内容也是经学教育。私人讲学大师都是精一经或数经的学者，他们以自己的专长传授弟子，吸收大批生徒于门下。东汉时专经讲授更盛，名师众多，收徒甚多。东汉专经阶段的私人教学，逐渐确立了稳定的组织形式，建立了治学、讲学的基地，多取名为“精舍”或“精庐”。精舍的建立，或在大师家乡，或选山水胜地，均带有避世隐居的性质。精舍讲学已初具学术讨论与研究的性质，经师边讲边说，边著述。这与后世的书院很类似，有人直接把“精舍”或“精庐”视为最早的学院。

南北朝时，私学呈现出较为繁荣的局面。私学的教学内容十分丰富，从总体上来看，经学在私学教育中仍占据重要地位，但已不拘于烦琐章句。儒学在社会上的影响仍然是最大的，博通“五经”者在社会上享有较高的地位。但是南北朝经学并没有沿两汉的老路走下去，而是在经学传授上重思考、重创新。南朝的诸多私学家既通经典，又习玄风，甚至集佛、道于一身。

唐初曾对私学有所限制，但开元中以后，则不做任何限制，而且鼓励私学发展，官学与私学教材相对一致，官学和私学学生学成后均可经过考试得到承认，使得私学成为一种重要的教育形式。办私学的有在职官吏，有无意仕宦的及政治上失意的儒士，也有借此换取斗筲之资的知识分子。他们精于经学，通晓文史，在地方上被奉为名师大儒，自行在民间聚徒讲学。有些名流学者，涉猎经史，不交世务，创立了儒宫，开设学馆，从事著述和讲学活动。唐代不少名儒显宦，幼时就是在这种学校接受启蒙教育的。

在中国教育史上，唐代另一项突出的贡献是书院的创立。“书院”之名始于唐代，较早的是集贤殿书院。它是官立书院，主要职能是为政府修书。作为真正教育机构的书院，起源于私人的著书讲学。起初，多数将个人读书治学之所称为书院，后来逐步发展成聚书建屋、授徒讲学的书院。《全唐诗》中提到的书院有11处，如李宽中秀才书院、沈彬进士书院和杜中丞书院等。宋初的著名书院大都是由唐末五代的私人读书讲学之地发展而来的。

宋代的文人书院十分兴盛，这是与理学的蓬勃发展相适应的。“宋代书院集前代书院之大成，匡定以学术讲习为主旨，为此后近千载所宗续。书院具有敦隆教化、繁荣学术、培育人才等功能，阐扬中国文化中尊师重教、勤学好问、教学相长等优良传统，在文化教育史上有着特殊的地位，也是中华文化发展史中重要的时代内容。”①

宋代书院创制了中国书院的基本模式，其中著名的当推白鹿洞书院、岳麓书院、嵩阳书院和睢阳书院，号称“天下四大书院”。这四大书院都有过聚书数千卷、学徒逾千的盛况，尤其以白鹿洞书院、岳麓书院影响最大。四大书院在当时声名颇旺，皇帝均赐有匾额，以肯定其以仁义纲常育化人才的功绩。它们对发展宋代文化教育起了重要作用。

书院的兴起，使讲学之风盛行，促进了学术的发展。宋代许多大儒，都自设书院，主持讲学，广收弟子，形成派别。理学家们为了专研学术，讲明义理之学，并广泛传播自己的思想，扩大影响，积极发展书院教育，创办书院，宣讲性理，并以书院为论坛，争鸣学术，指论朝政。朱熹、陆九渊、陈亮、叶适、吕祖谦、真德秀、魏了翁、胡宏、张栻等著名的理学家，都是积极创办和推进书院教育的代表人物。理学的一些重要著作，如朱熹及其弟子的《朱子语类》、陆九渊的《书堂讲义》等，都是在他们的讲学活动中孕育出来的。

四、科举制与儒家文化传承

作为官方的制度性安排，儒家文化的世代传承，除了历代教育都是以儒家

① 叶坦、蒋松岩著：《宋辽夏金元文化史》，东方出版中心2007年版，第181页。

经典为核心内容外，还有一项也特别重要，就是选官任官制度。隋唐以后发展起来并且实行了上千年的科举制，使得儒家文化的传承获得了强大的社会心理动力。科举制成了一个“指挥棒”，指引文人们学习儒学，走上“学而优则仕”的道路。

汉代的太学实行了养士与选才相结合的办法。与此同时，汉代又改革了文官的补官与晋级规定，使之与太学的选才原则一致起来。“文学礼义”“通一艺以上”被列为补官、晋级的条件，而且优先使用“诵多者”。官吏的文化程度受到高度的重视，造成汉代“公卿大夫士吏彬彬多文学之士”（《汉书·儒林传》）的局面，即从皇帝、丞相一直到地方官，都会讲经学。儒学和仕途完全结合起来，读书人都变成了儒生。

养士育才和职官制度的一致性，是汉代政治思想统一的重要原因，也是贯彻“独尊儒术”文教政策的关键一环。“汉武帝时期建立的太学、博士官制度，使儒家学说制度化，把人才的教育、考察、任用结合起来，实践了孔子所提倡的‘学而优则仕’主张，奠定了中国古代文官制度的基础。”[①]学儒学成为进入官场的主要途径，这驱使文人学士都走向了这条道路。正如《汉书·儒林传》说的那样：“自武帝立五经博士，开弟子员，设科射策，劝以官禄，讫于元始，百有余年，传业者浸盛，支叶蕃滋，一经说至百余万言，大师众至千余人。盖禄利之路然也。”

科举制是中国古代社会最具独创性的通过分科考试选拔官吏的制度。这一制度在隋唐时期正式形成并完备起来。

科举制开始于隋朝。开皇七年（587），隋文帝设立了诸州岁贡三人的常贡，有秀才、明经等科。隋炀帝大业二年（606）设立了进士科，这是科举制度的正式创立。秀才试方略，进士试时务策，明经试经术。这样，就形成了一个层次不同、要求各异，有一套完整体系的、国家按才学标准选拔文人担任官吏的分科考试制度。

---

① 张立文主编，周桂钿、李祥俊著：《中国学术通史》（秦汉卷），人民出版社2004年版，第89页。

唐代继续实行隋代创立的科举制，并使之更加完善。科举制度就是按照不同的科目来选举人才的。考试的科目，分为常科与制科两类。常科每年都举行，科目有秀才、明经、进士、明法、明书、明算六科。应试者以明经、进士二科最多，唐高宗以后进士科尤为时人所重视。制科是皇帝临时诏令设置的科目，名目很多，随时不同，不是每年都考，有一定的随意性。

唐代对科举考试内容、评价标准及多种形式的考试方法都有明确规定，并且十分完备。考试的内容、形式和录取的标准，各科不同。秀才科：试方略策五道，及第分上上、上中、上下、中上四等。明经科：先帖文，然后口试，经文大义十条，答时务策三道。所谓“帖文”，又称“帖经”，主要考经文的记忆，及第亦分四等。进士科：试时务策五道，帖一大经，经、策全通为甲第，策通四、帖过四以上为乙第。高宗时，加试杂文。杂文就是诗、赋。此后，试诗、赋各一篇，成为定制。

科举制的推行，对隋唐教育事业的发展有很大的推动作用。唐朝很注重加强学校教育与科举制的联系，到唐玄宗时期，学校被完全纳入科举制的体系。科举对学校教育的培养目标、教学内容、教学方法有很明显的影响。学校的培养目标就是参加科举考试，科举考试的内容，也就成为学校的教学内容。唐代的国子、太学和四门学的教学计划，都是按照科举九经取士的要求安排的，把经书分为大、中、小三类，而《论语》《孝经》是共同的必修课。在科举制的影响下，唐代的私学、村学逐渐兴盛。

科举考试主要以儒家经典为主要内容，这对于结束魏晋以来学校教育所流行的清谈学风和玄虚思想，对于学校教育教学内容的统一和标准的一致，以及形成全社会的读书风气，都有着积极的意义。

宋初因袭唐制，科举也以诗赋取士为主。但与此同时，朝廷十分重视经学教育，并在科举制度的一系列改革调整措施中提高了经学的比重。宋真宗诏令群臣子弟荫补京官或京官出身者，并试读一经，精熟方为合格，从而加重了经学在仕途中的作用，为宋初儒家经学教育的普及和振兴发挥了重要的促进作用。

宋初科举考试，除诗赋外，经义占有重要的比重。宋太宗曾明确强调：科举取士，“须通经义，遵周孔之礼”。科举诸科考试中，除进士科外，九经科也为士人重视。宋太祖乾德元年（963），为了拓宽经学之士的仕进之途，又废除“九经”“一举不第而止”的旧制，允许依诸科例再试，这对诸生慕心于经学无疑起到了奖励的作用。在这一政策的保障下，许多优秀的学者通过九经科跻入仕途，并成为著名的经学大师，主持宋初国子监的教学与研究，如先后担任太宗、真宗二朝国子监祭酒的邢昺、孙奭、孔维，均为“九经”及第，其经学文章与人品，也堪为后进师表。

仁宗庆历年间，在儒学复兴思潮的推动下，科举改为试策、试论和试诗赋三场，不再考帖经、墨义，重点转向对经典的策论和大义。熙宁年间，义理思潮兴起，在王安石的主持下，科举内容进一步改革，罢试诗赋、帖经和墨义，专考策论和大义。考生须在《易》《诗》《书》《周礼》《礼记》中选治一经，兼治《论语》《孟子》。共考四场，全是经义，答卷要求通晓经义，有文采。司马光执政后，虽然废除王安石新法，但是在科举内容上仅恢复了诗赋，策论仍是主要考察内容。哲宗亲政后，又全改回去，“进士罢诗赋，专习经义”。

科举以义理之学取士、引导学界重义理的倾向，也推进了政界的新儒学化，影响着整个宋代的政治决策。

以后元明清历代，科举考试制度始终不变。明代的科学考试，以“四书”“五经”为出题范围，尤其重视“四书”，以程朱理学为答卷标准。成化、弘治以后，文章已形成了定格，即“八股文”。这时的科举考试，出题范围极窄，所作之文又只能以古人语气陈说经义。这样，科举制度逐步完全支配了学校教育，而儒家文化在科举指挥棒的指挥下，又完全支配了学子们的价值取向。

｜第五章｜
儒学传统与理想人格

一、圣人气象

孔子思想的核心是关于“仁”的学说，他把“仁”看作人的本性的最高表现，是人的美德的最高概括。他以把自己培养成为仁人君子看作人生最有价值和意义的事，认为只有这种修身行仁的人，才能体味人生的乐趣，并把“天下为公”的“大同”世界看作彻底实现了“仁”的美好社会的最高理想。“仁”不仅是处理人与人关系的道德准则，而且是个人修身立命的根本。所以，历代儒家学者都非常重视“修身”，重视自身的人格修养，重视对人生理想的追求。

孔子的人生理想是“君子之风”，是“圣人气象”。这就把中国文化设计的理想人格分出了两个层次：一个是最高理想的层次，是“圣人”人格；一个是现实的属于典范的层次，是“君子”人格。无论是圣人还是君子，都是中华民族的文化理想，是中华传统文化核心价值观的体现，是中华民族对于生活和人生境界的美好想象。

代表中华传统文化主体的历代儒学典籍，都把“圣人先王”作为理想中的伟大人物。例如《论语》中，就有多处以崇敬思慕的情感谈到古代先王。它所构想的理想人格就是“圣人”的人格境界，这种圣人境界表达了中华传统文化的超越意识。《易经・乾卦・文言》说：

> 夫大人者，与天地合其德，与日月合其明，与四时合其序，与鬼神合其吉凶。先天而天弗违，后天而奉天时。

这种“与天地合其德”的境界是一种极高的境界。在儒学的典籍中，圣人如尧、舜、禹等，都被赋予了极高尚的道德品质，成为人们仰止行止的“圣人气象”或“圣人范式”。《礼记・中庸》说：

> 唯天下至圣，为能聪明睿知，足以有临也；宽裕温柔，足以有容也；发强刚毅，足以有执也；齐庄中正，足以有敬也；文理密察，足以有别也。
>
> 溥博渊泉，而时出之。溥博如天，渊泉如渊。见而民莫不敬，言而民莫不信，行而民莫不说。是以声名洋溢乎中国，施及蛮貊。舟车所至，人力所通，天之所覆，地之所载，日月所照，霜露所队。凡有血气者，莫不尊亲，故曰配天。

《孔子家语・五仪解》说：

> 所谓圣者，德合于天地，变通无方，穷万事之终始，协庶品之自然，敷其大道而遂成情性。明并日月，化行若神。下民不知其德，睹者不识其邻。此谓圣人也。

儒家把这种“圣人范式”的实质归结为“仁”。孔子认为这是本于天理的至理、至德、至善。所谓“圣人”，就是“仁者”。《论语》中说：

> 子贡曰：“如有博施于民而能济众，何如？可谓仁乎？”子曰：

“何事于仁，必也圣乎！尧舜其犹病诸！夫仁者，己欲立而立人，己欲达而达人。能近取譬，可谓仁之方也已。”

这样的仁者，“博施于民，而能济众”，正是一种圣人的境界。或如孟子所说：“圣人，人伦之至也。”

“圣人”是达到了人生最高境界的人，是“仁”的道德理想的体现者。他们爱仁以德，立人达人，忠孝信义，宽信敏惠，智勇刚朴，心胸坦荡，有浩然之气。这种以“仁”为核心的理想人格设计，强调个体对道德秩序的社会关怀，强调自我与他人的伦理关系以及个人对社会的责任，集中体现了人格的道德力量。

二、君子之道

“圣人乃是千百年来由中国人所塑造、又为中国人所企慕的最高理想人格。相当于救世主的圣人，其非凡的智慧以及崇高的品德，早已成为中国人在生命繁衍和文明创造过程中赖以汲取的力量源泉以及加以奉行的规范准则，甚至圣人的存在本身就是一面具有巨大精神号召力和情感凝聚力的伟大旗帜。”① 但是，这种“圣人”人格太高了，是可望不可即的。《论语·述而》说：“圣人，吾不得而见之矣；得见君子者，斯可矣。”孔子的这句话有两层意思：一是把君子的境界规定得比较高，仅次于可望而不可即的内圣外王式的圣人；二是君子就在我们的生活中，就在我们身边，是可以“得见”的。

“君子”是先秦文献中出现的概念。西周时，“君子”是贵族的通称。在孔子等先秦思想家的论述中，“君子”还有贵族的意思。如《论语·颜渊》说：“君子之德风，小人之德草。”《礼记·礼运》记载，孔子曾喟然而叹，弟子言偃问“君子何叹”，孔子回答称禹、汤、文、武、成王、周公为“六君子”。君

① 王文亮著：《中国圣人论》，中国社会科学出版社1993年版，第4页。

子在上古是最高领袖，是圣人。

但在《诗经》中，有的“君子”概念已经表示了“有德”的意思。如“弗问弗仕，勿罔君子”“君子如届，俾民心阕”“君子如夷，恶怒是违”，这里的君子就是“好人”的意思。

西周以来的君子与小人是凝固的等级阶层的区分，是两种截然不同的社会身份。到了春秋时代，这种泾渭分明的身份界限不断变得模糊和淡化，“君子”一词开始具有道德品质的属性，具有德性上的意义，并逐渐开始以道德品性的高下来区分君子与小人，如“君子成人之美，不成人之恶，小人反是”。这样一来，君子的身份性特征逐渐被忽视，而在君子的内涵中融入了道德品性的成分，使“君子”这个概念向一个新的方向发展，更多指“立德、立功、立言”的杰出人士，即指那些才德出众和有特异节操的人。判断一个人是否是“君子”，主要是看他是否具备君子的道德品格。后来《白虎通义》中明确说：“或称君子者何？道德之称也。”

“君子”概念的这种变化，是因为这个时代变化的原因。在春秋时代的社会大变动中，新的价值观念不断涌现并逐渐流行。晋国的张老推荐魏绛为卿，因为他具有“智、仁、勇、学”四种新品格。这种新品格的细目不断增多，如“仁德正直”“敬、忠、信、仁、义、知、勇、教、孝、惠、让”等。这些品格逐渐被确立为人的基本品格。先秦思想家们在此基础上，从理论上完成了新价值观的建树，创立了新的君子人格。

所以，在春秋时代，“君子”是一个被广泛讨论和论述的概念。论述“君子”最多也最全面完整的是孔子及其儒家学派。有人做过统计，在《论语》中，“君子”一词出现107次，其中有10余处指执政者，其余主要指向道德人格。《论语》里的“君子”一般是指道德修养达到完美境界的人。

君子作为一种理想的道德人格，在言行举止、为人处世等方面都有具体要求与体现。孔子在《论语》中为我们展现了无忧无惧、修己安人、忧道不忧贫的君子形象。一个人若能做到这些，就内心充盈饱满，胸怀坦荡、睿智机敏、谦虚有礼、言必忠信、行则笃敬，所以千百年来，“君子”一直受到人们的推崇。

总之，孔子多侧重于在人品和操行上来讨论君子。孔子心仪的诸种优异人格中，君子居于“有德者”的重要地位。由于孔子的提倡，君子品格德性之意成为社会认知的共识，庶几成为优秀人品的代名词。君子作为孔子心目中的崇德向善之人格，不是高不可攀，而是可学可做的人格范式。实际上，君子到了孔子那里，才正式成为一种理想人格。他对君子所要达到的人格境界规定得比较高，仅次于可望而不可即的内圣外王式的“圣人”。[①]晚清学者辜鸿铭说：“孔子全部的哲学体系和道德教诲可以归纳为一句，即‘君子之道’。”

孔子塑造的君子人格，儒家学派的诸多后继者也竭力张扬申说，道家、墨家、法家也颇为认同和肯定。孔子之后，孟子更注重君子的内在心性特质，荀子更注重从外在礼义方面规定君子。《中庸》说：

> 君子尊德性而道问学，致广大而尽精微，极高明而道中庸。温故而知新，敦厚以崇礼。是故居上不骄，为下不倍。国有道，其言足以兴；国无道，其默足以容。

这是对君子相当高、相当全面的要求。

君子文化在中华传统文化中具有极其重要的地位和影响。儒家学说乃至整个中华传统文化中，很重要的内容是阐扬仁、义、礼、智、信，以及忠、孝、廉、悌等众多为人处世的伦理规范。这些伦理规范最终都聚集、沉淀、融入和升华到一个理想人格即“君子”身上。君子是人格养成的目标。从社会责任与担当的意义上理解时，“君子”一词与“小人”相对，“君子”被赋予了社会引领者、示范者的意涵，有时则成为“社会精英”的代名词。

三、内圣外王

关于圣人理想观照下的君子人格，中国典籍中有许多极为纷繁而丰富的论

① 朱义禄著：《儒家理想人格与中国文化》，辽宁教育出版社1991年版，第51页。

说，几乎涉及人生的各个方面。这些论说的核心内容就是“内圣外王”，就是“修齐治平”。这就是君子人格的核心，是走向圣人理想人格的必由之路。

《大学》这部重要文献的一开头就说道：

> 古之欲明明德于天下者，先治其国；欲治其国者，先齐其家；欲齐其家者，先修其身；欲修其身者，先正其心；欲正其心者，先诚其意；欲正其意者，先致其知；致知在格物。
>
> 物格而后知至；知至而后意诚；意诚而后心正；心正而后身修；身修而后家齐；家齐而后国治；国治而后天下平。
>
> 自天子以至庶人，壹是皆以修身为本。其本乱而末治者，否矣；其所厚者薄，而其所薄者厚，未之有也！

《大学》中的这些论述十分重要，它系统地阐释了“修齐治平”的关系和顺序，也就是君子对于自己和社会、国家的责任。

孟子也明确地阐述了“修身”与“家”“国”的关系，他说：“天下之本在国，国之本在家，家之本在身。”由此，孟子做出结论：“君子之守，修其身而天下平。”

荀子指出：“故君子务修其内而让之于外，务积德于身而处之以遵道，如是则贵名起如日月，天下应之如雷霆。”荀子认为理想人物圣人和大儒，都具备道德上最高的品格。若一个人能实践道德，便会像圣贤般留下美好的名声，天下百姓就会如雷霆般拥护他。

现代儒家学者熊十力在《读经示要》一书中提出过：

> 君子尊其身，而内外交修。格致诚正，内修之目的也，齐治平，外修之目的也。家国天下，皆吾一身。故齐治平，皆修身之事。

君子自身必备的德行和外部成就，就是中国传统文化所设计的走向圣人理想人格的基本道路。君子的道路，就是君子之道。梁启超说，“内圣外王之道”一语，包举中国学术之全体，其旨在于内足以资修养，外足以经世。

所谓“内圣”，就是通过不断的内心反省和修炼，达到圣人所具有的那些品格和德行。因为这种圣人境界是建立在那种认为人通过自身的努力可以成为完美的人这样的信念上的，那么，达到圣人境界的主要方法就是自我修养，从而展现出潜藏于自身的“仁”性。

儒家极讲究自我修养和内心修炼。如杜维明指出，“儒家思想把自我发展看作是一种毕生的追求，这种追求贯穿于永无止境的学习过程中。儒家所谓的学习，不仅是指书本上的学习，而且还包括礼仪上的实践活动，即人对于身心的修炼。只有通过人的身心修炼，才能达到儒家所谓的生活目的”[①]。例如孔子曾提出，有了智慧、廉洁、勇敢和才艺，还须加上礼乐的修饰，才可造就完美的君子人格。荀子在《劝学》中明确提出，为了达到真正完美的君子人格，就要读书、思考以求融会贯通，还要注意自我修养，排除那些有害于道的思想感情。这样日积月累地养成非道不欲见、非道不欲虑的习惯，经过持久不懈的努力，达到极致之时，好学乐道就像目好色、耳好听、口好味、心好利那样也出于自然，毫不勉强。这样，一个人意志坚定，非威胁利诱所能动摇，非人多势众所能改移，终生由之，至死不变，这才是真正的德性。有操守，有德操，才能坚定；能定能应，才能真正造就完美的君子人格。就像天表现高明、地表现广大一样，对君子来说贵重的就是这样完全、纯粹的人格。

因此，儒家学者主张“固其志”。如孔子说：“三军可夺帅也，匹夫不可夺其志也。”他赞美伯夷、叔齐“不降其志，不辱其身”。他们主张“动心忍性”，就是排除杂念，坚毅其性情。传说中先古圣王尧、舜、禹、汤都曾首先由于有“忍”的功夫而最终成就大业。他们主张学习“孔颜乐处”，即《论语》上所说：“饭疏食饮水，曲肱而枕之，乐亦在其中矣。不义而富且贵，于我如浮云。”“贤哉，回也！一箪食，一瓢饮，在陋巷，人不堪其忧，回不改其乐。贤哉，回也！”在儒家学者看来，这种“孔颜乐处”正是达到了“与天地

---

① ［美］A. 马塞勒等著：《文化与自我——东西方人的透视》，任鹰等译，浙江人民出版社1988年版，第243页。

合其德”的最高人格境界。宋代二程指出：“人须当学颜子，便入圣人气象。”他们自信只要有如此功夫，自然会成为“仁人”，而“仁者以天地万物为一体”，天地万物备于一身，反身而诚，体之而实，则“道在我而乐有余”。

达到这种人格境界，该是多么潇洒、多么超脱、多么飘逸。林语堂曾这样写道：“观测了中国的文学和哲学之后，我得到一个结论：中国文化的最高理想人物，是一个对人生有一种建于明慧悟性上的达观者。这种达观产生宽宏的怀抱，能使人带着温和的讥评心理度过一生，丢开功名利禄，乐天知命地过生活。这种达观也产生了自由意识，放荡不羁的爱好，傲骨和漠然的态度。一个人有了这种自由的意识及淡漠的态度，才能深切热烈地享受快乐的人生。”[①]

然而，“内圣”，即自我的内心修养，只是走向圣人人格境界的一个方面。个人还必须亲身参与“外王”的事功致用，从中真正领悟到个人在现实社会中的人生价值。因为，“儒家不是把人的生活看成是孤立的或个体的，而是把人的生活看成是对于社会生活——家事、国事、天下事——的积极参与”[②]。所以，儒家学者主张积极入世，主张沉入现世生活，参与社会政治，主张“齐、治、平”。儒家学者们致力于高扬一种理想主义的精神，要求人们能够超越个体的和群体的利害得失，而发展对整个社会的深厚关怀。也就是说，怀着强烈的社会使命感、责任感和义务感，“以天下为己任”，“美国家、利百姓，功施当时，泽及后世”。他们主张“天下兴亡，匹夫有责”；主张“先天下之忧而忧，后天下之乐而乐”；主张“笃信好学，死守善道”，以“道”为价值取向的最后依据。为了“道”的践行，可以将个人荣辱生死置之度外，具有不惜一切的牺牲精神。

但是，他们的“齐、治、平”主张并非总是能顺利实现。因此，他们又主张在现实生活中要有所节制，可屈可伸，可进可退。“天下有道则见，无道则隐”，“邦有道，则仕；邦无道，则可卷而怀之”。“得志，泽加于民；不得志，修身见于世。穷则独善其身，达则兼善天下。”

---

① 林语堂著：《生活的艺术》，长江文艺出版社2015年版，第7页。

② 林维明语。见［美］A. 马塞勒等著：《文化与自我——东西方人的透视》，任鹰等译，浙江人民出版社1988年版，第243页。

所以，入仕与退隐，一直是中国古代知识分子生活道路的两极选择。然而，即使是在退隐之时，他们也深深地眷恋着现实社会，因为所谓退隐，亦不过是对天下无“道”的一种无言的抗议。

总之，按照中国传统文化的设计，“修身、齐家、治国、平天下”，是一个个人人格完成的过程，也就是走向圣人人格的理想境界的过程。这个过程的核心内容是个人的自我修养，是个人“仁”性的展开、发挥和实现。这是一个内心转化的过程，也是一个道德实践的过程。通过这样一个过程，个人的精神得到充实、扩展和升华，个人的人格得到完善、成长和超越。如果按照这种理想人格的设计来教化、培养和塑造人，那么这样的人应该是品德高尚、谦虚好学、心胸坦荡、虚怀若谷、胸怀大志，无分外之想，无身外之求，勇于进取、自强不息、脚踏实地，穷通有方、进退有序，立人达人而又克己修身、积极入世而又善于自保的荡荡君子。在中国几千年的历史上，也确实培养、教化出一批体现着这种理想人格特质的杰出人物，他们的人格、风格、品格，至今令人仰止行止，崇敬之至。

他们，就是君子。

四、君子的境界

君子是中国传统文人的人格理想。中国历代学者都推崇君子的典范和榜样，是因为君子达到了很高的人生境界。

“境界”是指人的觉悟和精神修养，即修为，也就是人生所能达到的精神高度。追求崇高的境界，是人生修养的价值追求，是对自我人格的肯定。

君子崇高的人生境界，源自他们高尚的人生理想。这个理想，就是广为人知的“三不朽”说。

“三不朽”是春秋时鲁国大夫叔孙豹提出来的。《左传·襄公二十四年》记载，春秋时鲁国的叔孙豹与晋国的范宣子曾就何为“死而不朽”展开讨论。范宣子认为，他的祖先从虞、夏、商、周以来世代为贵族，家世显赫，香火不绝，这就是“不朽”。叔孙豹则以为不然，他认为这只能叫作“世禄”而非“不朽”。在他看来，真正的不朽是，“太上有立德，其次有立功，其次有立言，虽久不废，此之谓三不朽”。他的意思是最高的不朽是树立德行。首先，创建完美的政治制度和法律，使天下世代受益；其次，树立功业，能救民族于危亡，济社会于动乱；再次，树立言论，说出富于哲理的格言，使人们永远得到启迪。能做到这些，虽然死了，也久久不会被废弃，就叫作“三不朽”。如果只是保住自己显赫的姓氏，世世受禄及宗庙的香火不断，这样的宗族哪一个国家都有，俸禄再大，也不能算是不朽。

唐人孔颖达在《春秋左传正义》中对德、功、言三者分别做了界定：“立德谓创制垂法，博施济众。”“立功谓拯厄除难，功济于时。”“立言谓言得其要，理足可传。”在后人对“三不朽”的解读中，“立德”是就道德操守而言的，“立功”乃指事功业绩，而“立言”指的是把真知灼见形诸语言文字，著书立说，传于后世。

对身后不朽之名的追求，正是古代君子超越个体生命而追求永生不朽、超越物质欲求而追求精神满足的独特形式。“三不朽”是古代君子的崇高理想。正是由于这样崇高的理想，他们的人格才达到了极高的境界。

当代学者赵敏俐指出：“（从“三不朽”的提出）可以看出，周代的志士仁人们在探讨人生价值的时候已经有了多么深刻的理性自觉，多么高的思想境界。他们并不满足于现世的富贵名利，而要在自己的有生之年获得一种万世长存的永恒，那就是‘立德’‘立功’‘立言’。在这三者当中，‘立德’又是第一位的。这种对于人生价值的思考，实在是人类关于自我个体生命的一次伟大觉醒，认识史上的飞跃。正是这种人生观的产生，改变了中国人的历史命运。从此以后，他们才有了崇高的人生价值观，知道了人究竟为什么而活着才有意义，并自觉地去追求它，甚至不惜以生命为代价来换取它。这对于我中华民族文化精神的自觉塑造，在指导人生方面具有着长久而深远的历史意义。所以我们看到，西周春秋社会中有那么多的人就是为了追求一种个体道德价值，为了一个‘忠’字、一个‘信’字而宁可舍弃自己的生命。这真是一种伟大的人生！”①

也正为如此，他们的人格才达到了这么高的境界啊！

五、家国情怀

儒家的君子境界，本质上还是积极入世和进取的精神。家国情怀是君子精神世界中最重要的价值追求。

在中国儒家传统中，家国情怀是一种生命自觉和文化承续。国与家紧密联系、休戚与共，家是缩小的国，国是放大的家，个人命运与民族存亡息息相关。关怀社会、心忧天下是儒家的核心价值。《礼记》把修身、齐家、治国、平天下作为君子的基本价值追求。《礼记·儒行》教导儒生“苟利国家，不求富贵”。“与天下同乐，与天下同忧”的价值追求，是中国士人情怀高远的志向和优良的传统。以天下为己任，是中国士人与生俱来的天性。孟子说：“天下之本在于国，国之本在于家，家之本在于身。”

孟子与齐宣王有一段对话。宣王问：“贤人也有这样的快乐吗？”孟子回答：“有啊。如果人民得不到快乐，就会抱怨他们的君主。因为不快活，就对自己的君主说三道四。当然，说三道四是不对的，但作为君主，而不能与他的子民同乐，肯定也是不对的。以人民的快乐为快乐的君主，人民也会以他的快乐为快乐；以人民的忧愁为忧愁的君主，人民也会以他的忧愁为忧愁。能与天下同乐，与天下同忧，这样的君主不能称霸天下的，从来也没有见过。”

中国的读书人历来具有“经世致用”的传统。他们对于终极的宇宙真理远不如对人生、对社会的伦理政治更感兴趣。他们更关心民族的命运、国家的命运，更关心现实的社会生活。顾炎武说：“文之不可绝于天地间者，曰明道也，纪政事也，察民隐也，乐道人之善也。若此者有益于天下，有益于将来，多一篇多一篇之益也。”所以中国的学术具有鲜明的入世特征。孔子很少讨论

① 赵敏俐著：《先秦君子风范》，现代出版社2016年版，第20页。

天道或世界的本质等形而上学问题，而是毕生以“仁”为己任。《易传·系辞下》云：“作《易》者，其有忧患乎！”这种忧患就是张载所谓的“为天地立心，为生民立命，为往圣继绝学，为万世开太平”。

经世致用，齐家治国，继往开来，这是中国读书人的基本价值观。这是一种极强烈的社会使命感，是一种包容天地、慷慨恢宏的人生观。中国的读书人承担着传承民族传统、维护礼治秩序的社会责任。这是一种自觉的承担。不是谁把这个使命强加到读书人的头上，而是他们自己赋予自己的使命，是自己给予自己的责任。孔子说：“士志于道。”曾参发挥师教，说得更明白：“士不可以不弘毅，任重而道远。仁以为己任，不亦重乎？死而后已，不亦远乎？”

唐诗中有大量体现家国情怀的诗作，有高适“汉家烟尘在东北，汉将辞家破残贼”的愤激峻切，有杜甫“挽弓当挽强，用箭当用长”的自信从容，有李贺“报君黄金台上意，提携玉龙为君死”的慷慨悲壮，有王翰“醉卧沙场君莫笑，古来征战几人回”的洒脱坚毅，有张为“向北望星提剑立，一生长为国家忧”的激奋昂扬，有令狐楚“未收天子河湟地，不拟回头望故乡”的深沉凄婉。

家国情怀在宋代儒家思想中得到了大力的张扬。在宋儒眼中具“圣贤气象”的士大夫，必须能够关怀社会、心忧天下，拥有“民胞物与”的博大胸怀，以社会和谐、国家富强、天下安泰为己任，积极参加治国平天下的经世济民的活动。宋代士大夫普遍具有“以天下为己任”的社会志向，具有“名节相高”的“忠义之气”。《宋史》对宋初士风描述说：

> 士大夫忠义之气，至于五季，变化殆尽。……真、仁之世，田锡、王禹偁、范仲淹、欧阳修、唐介诸贤，以直言谠论倡于朝，于是中外搢绅知以名节相高，廉耻相尚，尽去五季之陋矣。

两宋时期士大夫群体中这种心忧天下、名节相高的士林风习，促成了他们对“圣贤气象”的执着追求。在先秦儒学那里，尧、舜、文、武、周公等圣人均具有以天下为己任的胸怀，以及能够完成博施济众事业的理想人格，而宋代士大夫就明确以这些圣贤为自己效法的榜样。范仲淹开心忧天下、名节相高风气之先，“言政教之源流，议风俗之厚薄，陈圣贤之事业，论文武之得失”。

古代的仁人君子具有坚定的意志，不为外界条件的变化所动摇。无论是“居庙堂之高”还是“处江湖之远”，忧国忧民之心不改。范仲淹在这里也寄托着自己以天下为己任的政治抱负。“先天下之忧而忧，后天下之乐而乐”，成为历代所吟咏的名句。

朱熹深为范仲淹的胸襟与气象所感染，衷心赞扬道：“范公平日胸襟豁达，毅然以天下国家为己任。”特别是范仲淹后来在不畏权势、大胆进谏、重招贬责之事时所体现的精神，更在当时及后世产生了矫厉名节、救时行道的深远影响。

宋儒在追求和标榜“圣贤气象”时，所倡导的就是这种能够“以天下为己任”“以名节相高”的人格精神。

苏轼仰慕古代君子的风范，“贤人君子之遗迹，与凡耳目之所接者，杂然有触于中，而发于咏叹”。他认为君子应该是明“大义”之人，“夫数君子之言，或主社稷，或勤于道德，或训其子孙，虽所趣不同，然皆笃于大义，不私其躬也如是”。在他看来，君子也应该报效国家，“君子之所以大过人者，非以其智能知之，强能行之也。以其功兴而民劳，与之同劳；功成而民乐，与之同乐，如是而已矣”。

家国情怀是宋代诗词的基调和主旋律，如苏轼在词里怀古伤今、论史谈玄，发思乡之情、抒报国之志。在陆游诸多诗词作品中，浓郁的家国情怀像一根主线贯穿始终。“早岁那知世事艰，中原北望气如山”，概括了陆游平生的心愿和志向；“夜阑卧听风吹雨，铁马冰河入梦来”，承载着他收复山河的心愿和梦想，涌动着诗人驰骋疆场的激情与豪情；“当年万里觅封侯，匹马戍梁州。关河梦断何处？尘暗旧貂裘。胡未灭，鬓先秋，泪空流。此生谁料，心在天山，身老沧洲”，诉说着爱国之情与报国之志，反映了陆游壮志未酬的悲愤与不甘；“王师北定中原日，家祭无忘告乃翁”，临终前陆游仍然魂牵梦系复兴大业和国家安危，耿耿忠心与天地同昭、与日月争辉，家国情怀和民族精神已内化为陆游的一种生存方式。陆游的名句“位卑未敢忘忧国”，更是为世代传颂。

晚明思想家们面对着严重的政治危机和社会危机，表现出强烈的使命感和责任感。晚明思想家顾炎武在《日知录》卷十三《正始》篇中写道：

> 有亡国，有亡天下，亡国与亡天下奚辨？曰：易姓改号，谓之亡国；仁义充塞，而至于率兽食人，人将相食，谓之亡天下……保国者，其君其臣、肉食者谋之；保天下者，匹夫之贱，与有责焉耳矣！

梁启超在《变法通议·论幼学》一书中对顾炎武的上述观点进行了发挥："夫以数千年文明之中国，人民之众甲大地，而不免近于禽兽，其谁之耻欤？顾亭林曰：天下兴亡，匹夫之贱，与有责焉已耳！"此后，"天下兴亡，匹夫有责"就成为一句极有感召力的口号。

第六章
大传统与小传统

一、中华传统文化的“大传统”与“小传统”

和其他民族文化一样，中华传统文化也可以区分为“大传统”和“小传统”两个部分。所谓“大传统”，指的是知识阶层的规范性文化，在中国主要是孔子儒家学说塑造的文化模式和文化精神；“小传统”指的是在人民群众中流传的非规范性的文化。

在中国传统社会，农民是全国人口中最大的一部分，“小传统”主要是在广大乡村中产生和传承的，以民间风俗、口头文学、方言俚语等形式存在，是农民日常生活的文化。“小传统”文化是自发地产生和流传的，它渗透在人们的日常生活中，通过潜移默化的方式世代相传。“大传统”则是历代知识阶层自觉的文化创造，是被有意识地培养并流传下来并经过严格选择或认真锤炼和改进的传统。就是说，它是有意识、有目的并经过理性思考而创造的文化，代表着中华传统文化的基本精神，规定着中华传统文化的基本发展方向。

“大传统”文化以学派思潮、历史典籍、文物制度、艺术创作等形式存在，并在官方和民间得到认真的保存和传播。“大传统”和“小传统”是两种不同的文化，它们是互相独立的，但它们又不是各自封闭的，它们之间有着一种相互交流、相互影响的关系。“大传统和小传统可以看作是思考和行为的两条河流，它们彼此区别，但又曾经汇在一起，超出自身的范围之外。”[①]中国历史上的大多数知识分子都来自农村，是在家庭“私塾”教育制度下培养起来的，他们与农民和农村有着千丝万缕的联系，在他们的思考和文化活动中，不可避免地受到“小传统”文化因素的熏陶和影响。“大传统”中，许多伟大的思想和优秀作品往往起源于民间，脱胎于“小传统”文化。因而，在中国传统文化中，始终包含着一种明显的农民精神气质，始终具有农业文明的性质。另一方面，“大传统”形成后又通过种种渠道再回到民间，进入“小传统”文化中，并且在意义上发生种种始料所不及的改变。同时，由于中国知识分子历来尊奉“经世治用”“齐家治国”的价值取向，自觉地担当起社会教化的职能，往往有意识地把“大传统”的儒家思想文化规范成民俗，给民俗文化赋予“大传统”的文化意义，这就使中国文化中“大传统”与“小传统”之间的传播具有自觉的性质，使它们在基本精神和价值取向上趋于一致。这是中华传统文化的重要特点之一。

在中世纪的欧洲，“大传统”和一般人民比较隔阂，成为一种“封闭的传统”。因为欧洲的“雅言”是拉丁文，其传授则在学校，是上层贵族的文化。各地的人民则都采用方言，可以和拉丁文互不相涉。中国文化很早就有“雅”和“俗”两个层次的区分。但中国的“雅言”是本国语文的标准化或雅化，因而中国的“大传统”与“小传统”也易于交流。

在中华传统文化中，作为“大传统”的儒家思想文化塑造着我们民族的文化精神，作为“小传统”的民俗文化也发挥着传承儒家思想文化的重要作用。传统文化的传承，不仅在教育层面和精神文化层面，而且就在我们的日常生活之中，体现在日常的风俗、礼俗中。它们和主流文化精神一起构筑了我们的生活环境、生活空间，也一起传承着中华文明的精神。

---

① 引自［美］P. K. 博克著：《多元文化与社会进步》，余兴安、彭振云、童奇志译，辽宁人民出版社1988年版，第230页。

二、尊礼制度化

被尊为儒家始祖的周公，“制礼作乐”，建立了以礼治为主要特征的社会制度。孔子弘扬周公的思想，主张恢复周礼，“克己复礼”。尊礼思想是孔子儒家思想的重要内容之一。在汉代的“独尊儒术”政策提出之后，孔子的这种尊礼思想在民间文化中得到了进一步的制度化和规范化。

中华民族的习俗文化丰富多彩，源远流长。早在《毛诗序》中便有了“美教化，移风俗”的提法。有人认为《诗经·国风》堪称中国习俗史的权舆，其中的每一首诗都是一幅习俗画，一部《国风》就是一部上古风情录。早期形成的中华民族的文化风俗，对于中华传统文化的传承与发扬发挥了重要作用。

汉定天下，国力渐强，风俗文化也有不同程度的创造和定型，展现出一副崭新的面貌。“秦汉社会风俗文化不仅是一派时移俗易的新风貌，而且对后世产生了深刻而广泛的重大影响”[①]。

民俗文化主要体现在人们的衣食住行等日常生活方面。中国的服饰习俗丰富多彩，向以“衣冠王国”著称于世。在远古时代，服饰主要是为了御寒、防暑、护体和遮羞。进入文明时代后，服饰常被用来区分等级、职业、民族、年龄和性别，并出现了服饰的审美价值日益上升的趋向。秦汉时，对服饰美的追求已达到了相当高的境界。不同阶层、不同民族、不同场合、不同环境的服饰，风格各异，服饰的等级性、民族性、时代性等有机结合、融为一体。

在婚姻和丧葬习俗方面，汉代也已经基本定型。等级性是秦汉时期婚姻的特点之一。婚姻礼仪并非与“六礼”完全契合，大致要经过8个重要的环节。除了注重父母之命、媒妁之言的聘娶婚外，还可列举9种其他的婚姻形式。婚嫁消费相当巨大，主要有媒人的报酬、占卜的费用、聘金和嫁妆、婚宴的花费

---

① 龚书铎总主编，黄朴民等著：《中国文化发展史》（秦汉卷），山东教育出版社2013年版，第441页。

等四项。在丧葬方面，西汉前期，沿用旧的丧葬礼仪，讲究棺椁、礼器制度，墓中多以珍宝与实用器皿等随葬；后一阶段随着儒家思想对人们日常生活的影响，象征性的墓室、器物、俑开始涌现。但总体来看，厚葬之风盛行仍是这一时期值得注意的特点。

中国的风俗文化与礼治文化是密切联系的。中国历来被称为“礼仪之邦”，礼仪在中国社会的政治文化生活中占有极为重要的地位。礼治文化属于大传统的范畴，但又通过日常生活的礼仪规范，通过小传统的风俗文化而具体化。所谓“礼”，简单地说，就是社会生活中的礼仪、制度、规范。古代的“礼”包含的范围极为广泛，礼既是“立国经常之大法”，又是“揖让周旋之节文”，具有社会政治规范和行为道德规范两个方面的内涵，几乎囊括了国家政治、经济、军事、文化一切典章制度以及个人的伦理道德修养、行为准则规范。西周以“礼”治天下，形成了比较完备的礼制。春秋战国社会动荡，“礼崩乐坏”。孔子一生所致力的，就是恢复周代的礼治秩序，他认为恢复了礼治，天下就太平了。

汉代对“礼”文化进行了系统的总结，使其更加制度化、规范化，并使之成为社会各阶层共同遵循的行为规范。

汉初，文景之时便有制定礼仪制度的议论。到武帝时，则有了大规模制定礼仪的举措。其中，儒家学者发挥了重要作用。《史记·礼书》记载：

> 今上即位，招致儒术之士，令共定仪，十余年不就。或言古者太平，万民和喜，瑞应辨至，乃采风俗，定制作。上闻之，制诏御史曰：“盖受命而王，各有所由兴，殊路而同归，谓因民而作，追俗为制也。议者咸称太古，百姓何望？汉亦一家之事，典法不传，谓子孙何？化隆者闳博，治浅者褊狭，可不勉与！”乃以太初之元改正朔，易服色，封太山，定宗庙百官之仪，以为典常，垂之于后云。

《汉书·礼乐志》强调礼俗的作用：

> 人性有男女之情，妒忌之别，为制婚姻之礼；有交接长幼之序，为制乡饮之礼；有哀死思远之情，为制丧祭之礼；有尊尊敬上之心，为制朝觐之礼……故婚姻之礼废，则夫妇之道苦，而淫辟之罪多；乡饮之礼废，则长幼之序乱，而争斗之狱蕃；丧祭之礼废，则骨肉之恩薄，而背死忘先者众；朝聘之礼废，则君臣之位失，而侵陵之渐起。

礼文化是中华文化的核心，礼仪分为“吉礼、凶礼、军礼、宾礼、嘉礼”五种类型。《礼记·昏义》说：“夫礼始于冠，本于昏，重于丧、祭，尊于朝、聘，和于乡、射，此礼之大体也。”

《礼记·王制》中列举了汉代的礼制。汉代的礼制包括六礼、七教、八政。“六礼”即社会典仪，包括冠、婚、丧、祭、乡、相见；“七教”即人伦关系，包括父子、兄弟、夫妇、君臣、长幼、朋友、宾客；“八政”即生活制式，包括饮食、衣服、事为、异别、度、量、数、制。

“礼”几乎包括社会生活的各个方面，社会所有成员的行为都能从这里找到依据和评价标准。这些细致入微的礼制，不仅促进了全社会的“行同伦”，约束着社会成员的行为方式，而且具有强烈的道德教化功能，培育了中华民族的整体道德传统和精神风貌。

三、家的“本位”

家是人生的基本单位，是人生的出发点和归宿。中国的民间文化、民俗文化主要是家文化，是家庭的礼俗和规范。在中华文化“大传统”与“小传统”的同构中，最突出的表现是，儒家思想文化渗透到家庭文化中，或者说中国的家文化是按照儒家思想的要求来建构的。

中国是世界上农耕发展最早的国家之一，农业社会经历的时间特别长，农民在总人口中占的比重特别高。直到近代以前，几千年里，中国经济始终以农业为主体，农村一直是中国人经济活动的重心。中华传统文化主要是一种以乡村文化（农业文化）为特征的文化。春秋战国以后，土地私有、个体劳作的自然经济形成。这种经济形态，虽然历史上曾多有起伏变化，但基本格局一直沿袭到明清，从而构成了中国古代生产方式的基础。自给自足的小农业与家庭手工业结合的经济结构，决定了家庭在社会生活中所具有的特别重要的功能。家庭不仅是一个生活共同体，而且是一个生产共同体。一家一户就是一个生产单位。家庭经济不但是整个社会经济的支撑点，而且是家庭成员凝聚的物质基础。中国人的主要活动场所是家庭。或者说，家庭构成了中国人基本的“生活世界”，家庭生活是中国人第一重要的社会生活，中国人就是在家庭的生产生活中寻求和确立人生意义的。

“家”是中国人安身立命和精神寄托的基础或“根”。这里所说的“家”，不仅指一般意义上的“家庭”，而且包括“家族”或“宗族”。它们以血缘关系为纽带，以其成员的经济利益和文化心态的一致，形成中国传统社会中特别重要的组织网络或共同体，成为社会机体生生不息的细胞。中国人的生命活动，主要是在“家”的范围内展开的。个人以“家”为依托，在家庭成员中获得无条件的支持，同时在“家”中获得生命活动的价值和意义。“家族就像一个个无形的人为堡垒，也是每个人最安全的避风港。”①

所以，在中国人的生活观念中，对家族的倚重是理所当然的。个人不能离开家庭或家族，人生的幸福首先应当在家里找到，而“无家可归”一直被认为是人生的最大不幸。对家的依赖决定了个人对家的义务。以家族为本位也就是以义务为本位。

实际上，中国人对于家庭总有一种近乎神圣的义务感。一方面，个人似乎不是为自己而存在，而仿佛是为家庭、为家族而存在。这种义务感也就是人生的精神支柱。个人没有自己的特殊利益，有的只是家族的整体利益。一个人所为之努力奋斗的，并不是一己之事，而是为了全家老少，乃至为了先人、为了后代。个人的成功并不仅仅是个人的成功，而是全家的成功。另一方面，当人失意或身处逆境而厌倦人生时，总是在对家庭的义务感中重新找到动力，从而

① 韦政通著：《儒家与现代中国》，上海人民出版社1990年版，第72页。

奋勉下去。比如在家贫业薄、孤儿寡母的境遇下，人们往往更自觉地担负起他们对家族的责任。而不能够很好地履行对家庭的义务、不能对家族的兴盛有所贡献的人，则被斥为“败家子”“不肖子孙”“有辱门风”，他自己也会因失去家族的信任和支持而“无颜见家乡父老”，觉得对不起“列祖列宗”。

这样，整个人生的意义和价值都在“家”的范围内，人生的要旨就在于对“家”的义务。而所谓“义务”，就是自觉意识到的道德责任。应当说，中国人对于家族的道德责任是相当自觉的。在中华传统文化中，家族制度受到特别强调，所谓“家为邦本，本固邦宁”，仰“国”的存在，也寄托于“家”的基础之上。家族观念是中国人最基本的生活观念和立身处世的出发点，家族观念无时无刻不在中国人的生命活动中发挥作用。

林语堂先生认为，“家”是中国人文主义的象征。家族制度是中国传统社会的根基，家族本位、家族中心主义是中国人最根本的生活观念。中国人以家为本位，以家为中心展开其生命活动。他还认为，中国的家庭制度“给我们的孩子们上的第一课就是人与人之间的社会责任，相互调整的必要，自制、谦恭，明确的义务感，对父母感恩图报和对师长谦逊尊敬。这种制度几乎取代了宗教的地位，给人一种社会生存与家族延续的感觉，从而满足人们永生不灭的愿望。通过对祖先的崇拜，这种制度使得人们永生的愿望看起来是那么切实，那么生动”[①]。

直到今天，家依旧是维系所有中国人的地方。中国人一生都会受到家庭教育、家庭文化的影响，家对中国人的成长影响巨大，每个人的成长都离不开家的影子。家是中国人的精神信仰，是中国人内心最深处的根。

在中国传统社会，家庭在功能、结构、规模等方面都有一些显著的特征。其中最重要或最根本的是父系家长制度。中国传统家庭模式是在父系氏族公社时期演化形成的。这种家庭模式强调的是父系传承和父家长的绝对权威。父家长是“一家之主”，对外是整个家庭的代表，对内是生产经营活动的组织领导者和一切家庭事务的管理者。这种父权是无所不包的和至高无上的，其统治形

① 林语堂著:《中国人》(全译本)，郝志东、沈益洪译，学林出版社2000年版，第181页。

式是独裁的和专制主义的，任何家庭成员都必须无条件地服从。个人没有独立的意愿和意志，没有自己选择生活方式的自由，对家长的顺从与服从，是作为家庭成员的最基本的义务。

在中国人的生活观念中，家长是要为子女“做主”的，即对子女有主宰、支配、控制的权力。家长不仅有权决定子女的教育、婚姻、职业，而且有权决定子女的思想观念和行为方式。子女要以父家长的意志意愿为自己的意志意愿，即《论语·学而篇》中所谓“父在，观其志；父没，观其行；三年无改于父之道，可谓孝矣”。

所以，中国人特别重视“长幼有序”。人不是生而平等的，而是始终处在家族严密的等级身份关系中。中国人的亲属称谓最为复杂，每一种称谓都是一种身份关系。这种身份是人生来就已经确定了的，人必须时刻自觉于自己的身份和身份关系，恪守自己在等级结构中的位置。在人际交往中，首先要明确双方的身份关系，否则便是“目无尊长”“没大没小”“忤逆不孝”。

家庭伦理是中国人的基本伦理观念，这在儒家典籍中有充分的论述。儒家伦理首先是家庭伦理。古代有所谓“五伦”，也就是《中庸》里说的“五达道”：君臣、父子、夫妇、兄弟、朋友。其中的三项，父子、夫妇、兄弟，都属于家庭。父母子女之间的关系又是家庭的基础，如果父子之间不能够做到“孝”，夫妇、兄弟的关系也不容易相处得很好。把家庭里的这三种关系推到外面，才有朋友之间的交往；再进一步推到社会上，才有君臣之间的关系。

家庭成员要扮演好各个角色，父子有亲，夫妇有别，长幼有序。“父慈子孝、兄爱弟敬、夫和妻柔、姑慈妇听。”家庭和谐，始于孝悌。家文化就是在家庭内部人与人之间所形成的仁爱文化：纵向是父慈子孝，横向是兄友弟恭，核心是夫敬妻柔。如果自己没有履行应有的伦理规范，则其他家庭成员也不会遵守。父亲做不到慈爱，儿子也就做不到孝顺；兄长做不到友爱，弟弟也就不见得对哥哥恭敬；丈夫做不到义，妻子也就不会顺从。所谓“父不慈则子不孝，兄不友则弟不恭，夫不义则妇不顺”。

《论语》说，子女如果发现父母的过错，要温和地劝导，他们若不听从，仍当恭敬，不可冒犯。父母发现子女有错，也要分场合批评。《呻吟语》中提出了“七不责”：对众不责，愧悔不责，暮夜不责，正饮食不责，正欢庆不责，正悲忧不责，疾病不责。无论是子女劝导父母还是父母批评子女，都要照顾对方的情绪，使之心平气和。

“家和万事兴”，在多数中国人的眼中，居家过日子就是生活的全部内容，人生的价值和意义也都体现在过日子、过光景之中。孔子问他的学生们有什么志向。其中一位叫曾点的回答说，暮春三月时，春天的衣服早就穿上了，我陪同家里五六个大人、六七个小孩子，到沂水边洗洗澡，在舞雩台上吹吹风，然后一路唱着歌回家。孔子听完他的话，喟然而叹曰“吾与点也”，意思是我欣赏曾点的志向啊！

孟子对“小康社会”的憧憬就是一幅温馨的家庭生活图像：一家八口人，五亩大的房屋院落，围绕院落栽满桑树，百亩田地，五十岁能穿上帛，七十岁能吃上肉，全家温饱有余，劳作有时。林语堂也说，人生幸福，无非四件事：一是睡在自家床上，二是吃父母做的饭菜，三是听爱人讲情话，四是跟孩子做游戏。

这是普通中国人的生活理想。这个人生理想是实实在在的，而且都是在家里实现的，也是为了家实现的。

四、传统伦理的秩序建构

中国是一个有着深厚伦理道德基础的国家，道德文化是中华传统文化中最重要并且是最成功的一部分。在漫长的历史演变中，中国传统社会逐渐形成了一整套严密而具体的、世代相传的伦理道德规范体系。在道德文化的两大层面中，其上层是以孔子儒学为代表的并为历代思想家所承续和发挥着的形式完备的道德哲学，设定了中国人的道德理想、道德关系、人伦秩序和行为规范，并通过制度的或非制度的形式渗透和影响着下层的道德文化，执行着对中国人进行道德教化的功能。在道德文化的下层，是潜藏到人们深层心理结构的道德意识、道德信念、道德思维和道德心态，并进而形成世代沿袭的道德行为方式。

所以，我们说中华文化“大传统”与“小传统”的同构，首先是在伦理价值观上的同构，它们的价值取向是一致的，它们共同塑造着中国人的伦理世界。

中国传统伦理价值观主要有这样一些特征：

（1）强调以家族血缘关系为主体的人伦关系。家族或家庭是中国传统社会组织的基础，家庭人伦关系是中国人最主要的人际关系。中国传统伦理以“孝”为核心，讲“三纲五常”“三从四德”，对家庭中的父子、长幼、夫妻等人伦关系都有明确的规范，特别重视人伦价值，在家族人伦关系的基础上，又进一步发展出社会等级关系次序。这样的人伦关系和社会等级关系就是对个人“身份”的确定，个人认同于自己的身份，按照自己的地位身份活动，就是讲人伦、守道德。每一个社会成员首先考虑的也是如何在错综复杂的人际关系中履行自己的伦理义务，即“父慈、子孝、兄良、弟悌，夫义、妇听，长惠、幼顺，君仁、臣忠”，否则就是不道德。

（2）遵守以社会为本位的道德原则。把社会集体利益（皇权利益、家族利益）作为个人一切行为的出发点和归宿，以集体主义作为基本的价值取向。因为在传统社会中，中国人只能作为家族的成员而获得“存在”，生命的意义在于，在家族这个集体中，是以社会取向而不是以个人取向为成就的动机。个人的取舍选择要以家族集体的利益为最终标准。在道德评价上，只肯定那些对家族集体、社会和他人有益的言行。

（3）注重人际关系、社会关系和谐的道德心态。钱穆先生指出，中国文化主张“和谐”，中国人更多看重“和谐”。在传统中国人的深层心理结构中，一直把“和谐”当作最高目标，以自然之和谐（道、理）为真，以人人之和谐（仁、义）为善，以天人之和谐（天人合一）为美。特别是在人际关系、社会关系领域，中国人历来主张“和为贵”“和气生财”“家和万事兴”等。“和”是中国传统伦理价值观的一项重要原则。

（4）以“成圣成贤”为社会的道德理想或理想人格，强调个人的修养践履，即“独善其身”。理想人格是对一种人格模式的理想化的设计，是人们在自己的心目中塑造出来的、最值得追求和向往的、最完美的人格典范，集中体现了特定文化的伦理价值观。中华传统文化所设计的理想人格是一种在伦理道德关系上至善至美的典范和楷模，是一种体现“仁”的道德理想的“圣人”。任何个人都应该按照“圣人”的理想人格模式约束和反省自己，通过自我修养和内心修炼，展现潜藏于自身的“仁”性，实现个人人格的完善和成长。

总之，中国传统伦理价值观的主要特征，在于强调家族人伦关系和社会等级次序，以集体主义为主要价值取向，以人伦和谐为最高价值原则，并以体现这种道德关系的“圣人”作为道德理想和理想人格。中国传统伦理价值观的这些特点，体现了中国传统社会和传统文化的基本精神蕴涵，形成了中国人特有的道德品质和道德风尚，形成了中国传统社会稳定的道德关系，成为整合社会力量、协调社会利益关系和人际关系的重要纽带。

伦理价值观反映着现实社会生活中的道德关系。由于中国传统社会是以家族为本位的宗法社会，血缘人伦关系是宗法社会中最基本的人际关系。在这种宗法社会中，道德的威力始终被看得比法律更有效，这种情况决定了中华传统文化是一种以家族伦理为中心价值取向的伦理型文化，而伦理价值观则成了中华传统文化的核心。儒家对中国宗法制度下的人际关系进行了理论上的概括和总结，形成了一套完整的伦理道德观念和理论体系，构成中华传统文化意识形态系统的核心，在建构传统中国人的伦理价值观上发挥了突出的作用。我们现在所指称的“中国传统伦理价值观”，实际上是历代儒家思想家们理论化系统化了的、关于伦理价值和意义的总的看法和态度。

中国传统伦理价值观是中国传统社会生产方式和生活方式的反映，是中国传统社会宗法制度下道德关系的反映，但它作为一种社会意识，作为一种观念文化形态，又在传统社会中发挥着极其重要的作用。中国传统伦理价值观为传统中国人的道德活动以及整个生命活动提供了基本的价值取向，是维护、促进中国传统社会和中华传统文化体系的精神力量。

五、家训与蒙学

家庭、家族的本质在于传承，在于“薪火相传”。古语云：“道德传家，十代以上；耕读传家次之；诗书传家又次之；富贵传家，不过三代。”也就是说，从家庭和家族的延续来看，道德能够传承十代以上，其次是耕读和诗书，而富贵传承不过三代而已。为了后世福泽和家族传承，人们特别注重对后代的道德教化，注重对子孙后代品德的培养和砥砺。中国古代社会是以家族为核心的宗法社会，家族在传统文化传承中占据重要地位，“家学”是中华传统文化传承的主要形式之一，“家训”则是家庭教育的重要文本。历史上出现了许多内容丰富的“家训”读本（著名的有《颜氏家训》《朱子家训》《曾国藩家书》等），以及在家谱中记录治家教子的名言警句，成为人们倾心企慕的治家良策，成为“修身”“齐家”的典范。

魏晋南北朝时期，各大世家大族都十分重视门第家族的教育，出现了不少家训、戒子之书。这些家训类读本是世家大族进行门第教育的基本读本，也是文化传承的家族读本。在这一时期的家训类读本中，最有代表性的是颜之推（531—约590以后）所作的《颜氏家训》。

《颜氏家训》直接开后世“家训”的先河，被誉为“古今家训之祖”，成为垂训子孙以及家庭教育的典范。《颜氏家训》各篇内容涉及的范围相当广泛，但主要是以传统儒家思想教育子弟，讲如何修身、治家、处世、为学等。颜之推把读书做人作为家训的核心。他把圣贤之书的主旨归纳为“诚孝、慎言、检迹”六个字，认为读书问学的目的，是“开心明目，利于行耳”，“若能常保数百卷书，千载终不为小人也”。他还说，“圣贤之书，教人诚孝”，又说，“吾每读圣人之书，未尝不肃敬对之。其故纸有‘五经’词义及贤达姓名，不敢秽用也”。

《颜氏家训》对后世影响很大。历代学者都对该书推崇备至，称它“篇篇药石，言言龟鉴，凡为子弟者，可家置一册，奉为明训，不独颜氏”。

中国历史上另一部著名的家训是明末清初理学家、教育家朱柏庐

（1617—1688）所作的《朱子家训》。《朱子家训》以“修身”“齐家”为宗旨，集儒家做人处世方法之大成，思想植根深厚，含义博大精深，通篇意在劝人要勤俭持家、安分守己。《朱子家训》成为有清一代家喻户晓、脍炙人口的教子治家的经典家训。

人生是在家庭起步的，家庭承担着最初的教育责任。中国古代的蒙养教育，是指连接于小学与学前幼童之间的一种启蒙教育形式，相当于普通小学教育的初级阶段，但比一般小学教育的含义更为广泛，也包括一般幼童在入学之前和学校之外，通过各种形式所受到的启蒙教育，是特指在乡校、家庭和社会教育中那部分经过一定的组织过程，利用特定的方法和手段所进行的文化、道德启蒙教育。中国教育体制的根本思想，也通过蒙学教育的形式，贯彻到儿童教育当中，使儿童从幼年起就受到儒家思想文化的熏陶。

汉代启蒙教育阶段的私学已经有了比较稳定的通用教材，教学内容和要求趋向统一。中国很早就有识字、习字教材，通称字书。学童学完字书后，接着进入初读一般经书阶段，主要学习《孝经》《论语》，有的还学《尚书》或《诗经》，个别有学《春秋》的，但《孝经》《论语》为必读。这个阶段既是为了巩固识字、习字的成果，又是进入更高学习阶段的准备和过渡，也是进一步深化品德教育的需要。在识字、习字教育完成后，诵读《论语》《孝经》等一般经书已成为一个相对独立的教育阶段，出现了专门教授一般经书的私学，也有比较固定的教师。这个阶段的教学要求是对经书粗知文意或“略通大义”，不要求对其有精深的理解，所以主要方式是“诵读”。

中国古代学者十分重视蒙学教材建设。蒙学教材注重博学和道德启蒙。中国古代蒙养教材在后世流传最广、影响最大的是南朝周兴嗣编纂的《千字文》，还有相传宋代王应麟编写的《三字经》和轶名作者所撰的《百家姓》，号称中国“三大蒙学读本”。

《千字文》是由一千个汉字组成的韵文。全文为四字句，对仗工整，条理清晰，是中国影响很大的儿童启蒙读物。《千字文》第一部分从天地开辟讲起。有了天地，就有了日月、星辰、云雨、霜雾和四时寒暑的变化；也就有了孕生于大地的金玉、铁器（剑）、珍宝、果品、菜蔬，以及江河湖海、飞鸟游鱼；天地之间也就出现了人和时代的变迁。第二部分重在讲述人的修养标准和原则，也就是修身工夫。它指出人要孝亲，珍惜父母传给的身体，“恭惟鞠养，岂敢毁伤”，做人要“知过必改”，讲信用，保持纯真本色，树立良好的形象和信誉，对忠、孝和人的言谈举止、交友、保真等方面进行了深入的阐述。第三部分重在叙述上层社会的豪华生活和他们的文治武功，描述了国家疆域的广阔和风景的秀美。第四部分主要描述恬淡的田园生活，赞美了那些甘于寂寞、不为名利羁绊的人们，对民间温馨的人情向往之至。

《千字文》在内容上熔各种知识于一炉，并通篇贯穿以统一的思想，脉络清晰，语言洗练。明代文学家王世贞称此书为“绝妙文章”。清代褚人获赞其“局于有限之字而能条理贯穿，毫无舛错，如舞霓裳于寸木，抽长绪于乱丝”。

《三字经》是一部进行博物性知识教育的蒙学书籍，采用三言韵语的方式，内容涉及古代历史、典故、名言、人物等方面的知识，上述历朝兴废，下至宋代史实，后由明清人补续了辽金以下的部分。该书编次顺序或按知识门类，或按时序；先举方名事类，次及经史诸子，不相杂厕。虽字有重复，辞无藻采，但有关名物的知识容量过之数倍，且行文句式更为简洁明了，易读易记。所谓“熟读《三字经》，可知千古事”。

《三字经》的内容分为六个部分，每一部分有一个中心。从“人之初，性本善”到“人不学，不知义”，讲述的是教育和学习对儿童成长的重要性，后天教育及时、方法正确，可以使儿童成为有用之才。从“为人子，方少时”至“首孝悌，次见闻”，强调儿童要懂礼仪，要孝敬父母、尊敬兄长，并举了黄香和孔融的例子。从“知某数，识某文”到“此十义，人所同”，介绍的是生活中的一些名物常识，有数字、三才、三光、三纲、四时、四方、五行、五常、六谷、六畜、七情、八音、九族、十义等方方面面。从“凡训蒙，须讲究”到“文中子，及老庄”，介绍中国古代的重要典籍和儿童读书的程序，这部分列举的书籍有“四书”“六经”“三易”“四诗”“三传”“五子”，基本包括了儒家的典籍和部分先秦诸子的著作。从“经子通，读诸史”到“通古今，若亲目”，讲述的是从三皇至清代的朝代变革。从“口而诵，心而维”至“戒之哉，宜勉力”，强调学习要勤奋刻苦、孜孜不倦，只有从小打下良好的学习基础，长大才能有所作为，“上致君，下泽民”。

《三字经》的核心思想体现了仁、义、诚、敬、孝的儒家观念。作者认为，教育儿童要重在礼仪孝悌，端正他们的思想，知识的传授则在其次，即“首孝悌，次见闻”。训导儿童要先从小学入手，即先识字，然后读经、子两类的典籍。经部、子部书读过后，再学习史书，即“经子通，读诸史”。

《百家姓》是一部典型的启蒙识字教材。它集古今姓氏为四言韵语，因“尊国姓”，而以“赵”字为首。内容虽无义理可言，但字韵舒畅、便于诵读，且篇幅简短、切于实用，因而深受民间乡塾和家长的欢迎，成为宋代以后流传最广、家喻户晓的蒙养教材。

类似《三字经》《百家姓》之类的蒙学读本，内容丰富，深入浅出，通俗易懂，容易被儿童理解，对于没有机会或资格上学的贫家子弟，也可以通过邻居或长辈的帮助，从小诵习这些读本，从中获得一些粗浅的历史文化知识和社会、伦理常识。

第二编

孔子与古代世界

Part II

Confucius and the Ancient World

费正清等："东亚文明的大部分依赖中国文明，对汉字的喜爱和敬仰是东亚不同国家之间联系的最有力的纽带。"

简野道明："《论语》传入日本，也就是日本儒学的发轫。此书对于日本国风俗的陶冶，实有极大的影响。自古以来，《论语》被尊为至高无上的圣典，上自历代天皇，下至市井的庶人，始终讲究不倦。"

韦伯："时至今日，存在于公元前500年的孔子仍然深受爱戴，这在除了中国以外的任何国家和任何民族群体中都是闻所未闻的。"

| 第七章 |

孔子在朝鲜

一、东亚国家与儒学传统

中华文明是在与其他民族文明的交流与互鉴中发展的。在漫长的历史发展中，中华文明不断地接受和吸收其他民族的文明成果，也将自己的文明成果持续地向其他民族传播，与其他民族共享。

文化传播有一条基本的规律，就是由近及远。中华文化最先传播到的地区、最先受到中华文化影响的地区，首先是那些与中国地域比较接近、交通往来比较便利的地区。这样的地方首先是朝鲜、日本和越南等。朝鲜和越南与中国接壤，陆路交通方便。而日本与朝鲜仅有一海峡之隔，与中国大陆隔海相望，号称“一衣带水”。这就为这些国家相互的交往、文化交流提供了便利的地理条件。

“东亚”概念除了包含地理和人种含义外，更包含文化的含义，主要指源于古代中国的文明圈。东亚各国都是传统的农耕文明区域。中国古代的生活方式、观念礼俗、政治制度乃至以儒家为代表的思想体系，都反映了当时的农业生产方式。而朝鲜、日本、越南也是长期以农业生产方式为主，是进行农耕的民族，因而对于反映农业生产方式的中华文化比较容易接受和认同。这个地区高度发达的文明及基本的文字体系都源于古代中国，从这个意义上说，东亚就是“中华文化区”。这个共同体是以内在的一些相互确认的基本因素连接在一起的。文字系统、宗教信仰、观念意识、生产方式等联系在一起，构成了古代东亚文明共同体。

一般说来，世界范围的文化交流是个别地区的交流活动扩展而成的。在某一比较广阔的地区内，某一国家或民族的文化，由于内部的和外部的原因，发展水平比较高，因而对周围的一些国家和地区产生较大的影响，逐渐形成了特定的文化圈。东亚文化圈的范围包括朝鲜、日本和越南等。在19世纪西方殖民主义势力进入该地区以前，日本、朝鲜、越南以中国为文化母国，大规模地吸收和融合中华文化，并在此基础上构建起符合本民族特性的文化体系。当时的东亚世界，在地理上以中国本土为中心，在文化上以中华文化为轴心，从而形成了区别于其他文化圈或文明区的东亚文化圈。

东亚文化圈的形成经过了长期的历史过程。在文化发生期，东亚诸国的先民们就有所往来和交流。在唐末以前，越南一直是中原王朝直接控制的地区，汉朝在朝鲜半岛北部设置郡县，实行直接统治和控制，以及后来中国王朝与朝鲜三国、日本的通使往来，都加大了中华文化传播的力度，为东亚文化圈的形成奠定了基础。东亚文化圈的总体形成，是在7—9世纪的唐代。在这一时期，中华文化显示出一种阶段性的集大成的灿烂风采和恢宏气度，具有极大的文化辐射力和感召力。另一方面，这一时期的朝鲜半岛和日本列岛先后形成了较为强大的封建中央集权国家，其社会文化系统具有向中华文化学习的需要以及吸收、兼容中华文化的有效机制。正是在这样的总体背景下，盛唐文化以前所未有的规模和力度在东亚各国传播，朝鲜、日本等国以前所未有的热情学习、吸收和兼容中华文明，从而深刻影响和改变了东亚的文化面貌。

朝鲜、日本和越南三国都曾长期沿用汉字、汉文。至迟在5世纪时，诸国的贵族阶层已能熟练地使用汉字。在古代，汉字是该地区唯一的通用国际文字，各国之间的外交文书都是用汉文书写的。汉字不仅是外交文书的通用文字，而且是各国国内唯一的通用文字。在这些国家中，通晓汉文不仅是贵族阶层应有的素养，而且是有教养的象征。随着汉字的普及推广，这些国家都发展起各自的汉文文学，其史籍也多是用汉字撰写的。同时，通过学习和使用汉文、汉字，这些国家获得了学习中华文化的便利条件，从而得以大量引进中国汉文典籍，包括历史、哲学、文学作品和佛教经籍等，并使其在社会上广为流传。“汉字既然成为东亚世界相互沟通的文字，其作用与汉字在中国一样，是东亚世界得以维持长久而不亡的主因。”[①]汉字是维系东亚文化圈的纽带。正如费正清所说：“东亚文明的大部分依赖中国文明，对汉字的喜爱和敬仰是东亚不同国家之间联系的最有力的纽带。”[②]

韩国学者柳承国在其著作《韩国儒学史》一书中指出：“不只在中国，凡属汉字文化圈的所有亚洲民族的古代学术思想，都有共同的理念，相同的制度。”儒学是古代中国精神文化的核心。儒学的精神底蕴体现了中华传统文化的内在规定性，集中表达了中国传统社会的文化主题，因而在中华传统文化中居主体地位。早在3—5世纪，儒学便传到东亚国家。儒家思想极大地影响并规定了这些国家的思想内涵及发展进程。儒学在这些国家中曾是长期居于统治地位的意识形态，成为国家统治原理的指导方针以及社会生活的行为准则，受到官方的推崇和支持。不仅如此，儒学在中国本土的发展演变，也都会在东亚诸国引起反应。此外，后世的阳明学、实学等，也很快传播过去，并产生了不小的影响。这些国家哲学思想的发展，直到近代以前，都是在中国学术思想的影响下，始终没有脱离儒学的传统。

另一方面，儒家思想传播到各东亚国家后，这些国家的学者又根据本国家、本地区的民族文化传统，对儒学的内容进行适当的选择和吸收，并与本民族固有的思想文化相融合，做出进一步的发挥，使儒学“民族化”和“本土化”，形成了自己的学术派别。这些学术派别都是广义的儒家思想文化的一部

---

① 高明士著：《光被四表——中国文化与东亚世界》，载刘岱主编《永恒的巨流》，生活·读书·新知三联书店1991年版，第491页。

② ［美］费正清、赖肖尔、克雷格著：《东亚文明：传统与变革》，黎鸣等译，天津人民出版社1992年版，第26页。

分。就是说，他们都为儒家思想文化的丰富和发展做出了贡献。

中国的社会制度是在儒家思想指导下形成和完善的，是儒家思想礼治秩序思想的体现。东亚各国都以中国为蓝本创建本国的文教制度和典章制度。例如今天日本政府的“省”和朝鲜地方行政区划名的“道”，都源自唐代。日本在646年实行大化改新，即以“中华化”为最高理想。新政推行的班田制和租庸调制以及中央集权的政治制度，都是以唐制为蓝本的。朝鲜亦以唐制为立国轨范，在中央职官制度、地方行政制度等方面仿唐而设。越南立国后，其典章制度亦仿效中国。朝鲜和越南都实行科举制度，并将其作为朝廷选拔官吏的主要手段。在法律方面，中国的律、令、格、式法律体系到唐朝时已较完备，是国家统治体制在法律方面的主要依据。朝、日、越三国的法律制度也多仿照中国律令。

二、孔子儒学在朝鲜的传播

早在商末周初，商朝贵族箕子带领一个庞大的移民集团移民到朝鲜，在朝鲜积极推行文明开发，以《洪范》为指导思想，以“八条之教”为律法，实现了对朝鲜政治和伦理文化的原初设计，在朝鲜政治和思想文化史上都有很重要的影响。据说，《洪范》是周武王与箕子的谈话记录。这篇《洪范》，包含着中国古人对人生、社会的现实关怀和经验知识，是商代治国理政经验的总结，也是被后代儒家学者奉为最早的经典文献。“八条之教”是古朝鲜受中华文化影响而形成的最早的成文法，而成文法是社会达到较高程度的文明的标志之一。

朝鲜李朝时代学者李珥说：“朝鲜被仁贤之化，为诗书礼乐之邦，朝野无事，人民欢悦，以大同江比黄河，作歌以颂其德。”正是箕子的东来，把中华文明带给了朝鲜半岛，从而奠定其以后文化发展的基础。箕子的“八条之教”是朝鲜教化之本，所以箕子被视同“朝鲜的孔子”。

箕子作为教化之君，把中华文化传播到朝鲜半岛，将朝鲜由“夷”带入“华”的文明圈。春秋时代，当时所认识的文化基本上分作华夏与夷狄两大类。这种分类成为中华世界评判文明程度高低的标准。朝鲜原本处于“华夏”边缘，属于“东夷”的一支，但朝鲜是一个积极向“华”学习的“夷”。朝鲜时代的学者普遍认为箕子是使朝鲜由“夷”入“华”的关键人物，纷纷称颂箕子的教化之功。朝鲜之所以被称为礼义之国，是因为有箕子的教化。因为箕子的东来，朝鲜由“夷”变“华”，成了“小中华”。

韩国学者柳承国认为：“与燕昭王（前311—前279年在位）同时的古朝鲜社会已习得中国儒教思想，并活用于解决国际间之难题。由此可见，孔孟思想于公元前4世纪左右，已经在韩国社会起了机能性的作用。”[①]另一位韩国学者金忠烈也认为：“将中国儒教之传来的时期，换言之，儒教普及朝鲜半岛的渊源视为公元前4世纪顷，而儒学的受容则以三韩时代为起点。”“儒教传来期之后有儒学受容期。若是，儒教的传来至少可追溯到公元前4世纪左右，儒学的受容则在汉四郡时代，即公元前100年左右。”[②]

到了汉代，在公元前后的时候，孔子的儒家学说开始传入朝鲜半岛。汉武帝的时候，汉朝将朝鲜半岛北部地区改为直属政区，设置乐浪、玄菟、真番、临屯四郡，历史上称其为“汉四郡”。从那时起，儒家学说在朝鲜逐渐传播、扎根，并日益朝鲜化，形成具有民族特色的朝鲜儒学，成为朝鲜民族传统文化的主流。在一定意义上说，朝鲜思想文化史也就是朝鲜儒家文化的发展史。

儒家文化在朝鲜半岛的传播，对于朝鲜民族文化的发展发挥了巨大的作用。据说，早在1世纪初，就有一些朝鲜人能背诵《诗经》《书经》《春秋》等，可见当时儒学经书已经传入朝鲜。秦末燕国旧臣卫满到达朝鲜，古朝鲜王曾封他为“博士”。博士一职源于战国时代的秦国，直到汉初，博士所掌实为古今史事侍问及书籍典守，可见这时的博士尚不能与儒者等同。至西汉中叶设“五经博士”后，博士才专掌儒家经学的传授。所以，卫满所任之博士，实为“史官”的异称，他虽了解孔子的著述和思想，但还不是一个纯粹的孔子学说

---

① 李甦平著：《韩国儒学史》，人民出版社2009年版，第47页。
② ［韩］金忠烈著：《高丽儒学思想史》，台北东大图书公司1992年版，第24页。

的传入者。汉朝在朝鲜半岛置郡四百余年，当时中国已确立了儒家思想的统治地位，朝鲜四郡官府也以汉朝的统治思想为治理地方的指导思想。韩国哲学会编《韩国哲学史》中指出，“至少在汉四郡时代，儒家的经典和其他典籍一起被有识者所熟读。其中，作为伦理性的典籍可举出《论语》《孟子》《孝经》，此外还有《礼记》等”[①]。

朝鲜三国时代，儒家思想在朝鲜半岛的传播有了进一步的发展。儒家思想的传播对高句丽社会文化的发展产生了重大影响。高句丽以《周礼》为依据，仿效中国法制，制订各种律令，建立社会统治体制。据现存最古的碑刻资料“广开土大王碑”的记述，从高句丽开国君主东明王的治国遗训“以道与治”中，可以窥见儒教的影响，而从碑文赞扬广开土王的治绩中，更可以看到儒教政治原理的实践。

中国史书中多有关于高句丽用儒学经典教育子弟的记载。《旧唐书》记载，高句丽“俗爱书籍，至于衡门厮养之家，各于街衢造大屋，谓之扃堂，子弟未婚之前，昼夜于此读书、习射。其书有‘五经’及《史记》、《汉书》、范晔《后汉书》、《三国志》、孙盛《晋春秋》、《玉篇》、《字统》、《字林》；又有《文选》，尤爱重之”。

百济受儒学“五经”思想的影响也是很早的，而且十分深远。《南史》记载，元嘉二十七年（450），百济遣使朝宋，“表求《易林》、《式占》、腰弩，文帝并与之”，直接从中国引进汉文典籍。另据记载，百济“有文籍，纪时月如华人”，“其书籍有‘五经’、子、史”。百济也和高句丽、新罗一样，派遣贵族子弟入唐留学。百济很早就有“博士”的称谓，他们是一批精通儒学“五经”的“博士”。据日本《古事记》等史书记载，日本最早接触到中国思想文化是通过百济的王仁博士。由此可见儒学在百济时代的兴盛情况。

新罗是三国中接受儒学最晚的国家，但影响至深。新罗真兴王大昌元年（568）立的“黄草岭碑”中说：“纯风不扇，则世道乖真；玄化不敷，则邪

① 韩国哲学会编：《韩国哲学史》（上卷），白锐等译，社会科学文献出版社1996年版，第100页。

伪交竞。是以帝王建号，莫不修己以安百姓。”“修己以安百姓”一语出自《论语·宪问篇》，是儒学的一个重要政治理念，可见当时新罗受儒学影响已相当之深。据《三国史记》记载，迟至善德王七年（640），新罗始遣子弟入“唐国学”学习。但在此之前，新罗国内已有儒学传播，且有造诣较深者。582年，新罗文人朴某到中国游学，后来在南朝陈出家为僧，成为著名高僧圆光。来华前，他在儒学典籍及子史篇章方面已经具有一定的修养，只是“博赡犹愧于中原”，才毅然西渡求学。入华后，他又继续“咨考先疑，询猷了义”，在儒学上有了更深的功底。

及至新罗统一三国前后，新罗的学术文化和教育事业已有了很大发展，出现了不少精通儒学经典和汉学的著名儒学家，如编纂新罗国史的居柒夫，创制“吏读”的任强首、薛聪等人。对于新罗儒学的兴盛，当时唐王朝也有所了解。开元二十五年（737），唐玄宗派邢璹出使新罗，临行前，玄宗对邢璹说：“新罗号君子国，知《诗》《书》。以卿惇儒，故持节往，宜演经谊，使知大国之盛。”

由于政府的大力提倡，儒学在朝鲜三国都有比较广泛的传播，学习儒学经典成为一时风气，儒家思想也产生了比较普遍的社会影响。韩国哲学会编的《韩国哲学史》指出：到三国时代的中期，儒学“和我国的固有文化密切结合，并融会到我国文化的血脉中去”[①]。

朝鲜至迟到三国时代已经比较全面、完整地引进了孔子及儒家思想体系，使其在社会意识形态上占主要地位，并涌现出一批儒学思想家。对于儒家学说，朝鲜儒学家们特别重视孝的思想，认为孝是先天的，是人人都需要遵守的绝对准则，并主张家国一致、孝忠一致，把国家看作扩大了的家庭，主张以孝的精神忠于国王。朝鲜学者们还接受了儒家的天命论思想。如《三国史记》和《三国遗事》中均反映了中国儒家的天命论，指出“国之兴亡在天，若天未厌高丽，则我何敢望焉”等；吸取了董仲舒的“天人感应”的神学目的

---

① 韩国哲学会编：《韩国哲学史》（上卷），白锐等译，社会科学文献出版社1996年版，第74页。

论，《三国史记》常常以“神雀集”“白狐出”“黑蛙斗”等灾异现象作为国家兴衰、君死臣亡、战争胜败的先兆。

总之，在三国时代，儒学已被朝鲜比较完整地接受下来，并被奉为治国之本，成为社会意识形态的主流。

三、模仿中国的教育制度

自汉代以来，中国官方的教育制度是以传承孔子儒家思想为宗旨的，教育机构的设立和课程的安排，都是以儒家经典为中心。朝鲜半岛对儒学的接受，突出表现在模仿中国的教育制度，作为传授儒学思想的主要措施。三国中，高句丽是首先接受儒家学说的国家。高句丽于小兽林王二年（372）正式设立儒学的最高学府——太学。这是朝鲜模仿中国制度建立国立大学的开始。太学是培养贵族子弟，使其成为国家官吏的教育机关。据高句丽的职制，称将要出仕的人为“皂衣仙人”，实指太学的学生；称监督、管理“皂衣仙人”的官吏为“皂衣头”，实为太学负责人。“博士”是承担“教学之任”、负责讲论的教授。太学中的教学内容，主要是“五经”“三史”。那么，可以得知，至此，孔子所修之《诗》《书》《易》《礼》《春秋》，即“五经”，已全部传至高句丽。据说，高句丽学者几乎无人不通“五经”。“三史”一般指《史记》《汉书》和东汉刘珍等撰写的《东观汉记》。《后汉书》撰成并流行后，始取代《东观汉记》而成为“三史”之一。

太学之外，高句丽在城镇又设有扃堂。据记载，高句丽人喜学，至穷里厮家亦相矜勉。衢侧悉构大屋，号“扃堂”，是私立大学，为训练、教育平民子弟的机关。扃堂中的教科内容为经学、史学、文学，以学习汉字与汉文。因此，不管是太学还是扃堂，皆以教授儒学经典为主。

太学和扃堂的设立，为广泛传播儒学思想提供了极大的便利。高句丽政府还采取了一些措施，大力吸收中国文化，以进一步发展自己的文化。640年，高句丽“遣子弟入唐，请入国学”，即向唐派遣留学生，以直接学习中国文化。

据《周书》记载，百济的青年学子“俗重骑射，兼爱坟史。其秀异者，颇解属文，又解阴阳五行”，“亦解医药卜筮占相之术”。这表明当时以中国经史为主要内容的百济教育事业已有所发展。3世纪中叶以后，百济建立儒学教育制度，出现了王仁、高兴这样的儒家学者。6世纪初又相继出现了段杨尔、高安茂等儒家学者。这四个人中有三人前往日本传授学问。

新罗统一三国之后，与唐朝的往来日益密切，大批入唐留学人员归国，从而进一步加强了新罗对儒家学术文化的引进和吸收，儒家思想在新罗社会中产生了越来越重要的影响。对于这种情况，当时中国的统治者也有所了解，并把向朝鲜半岛推广儒学作为两国政治往来和经济文化交流的一项重要内容。

新罗统一时代也移植了中国的教育制度，推广以儒家经典为主要内容的教育。新罗神文王二年（682），新罗仿唐建置，在中央立国学。在国学中学习的内容主要是儒家经典，包括儒家经籍、史学、文学、医学、数学、律令学等。“若能兼通‘五经’、‘三史’、诸子百家书者，超擢用之。”（《三国史记》卷三八《职官》）

747年，新罗景德王把“国学”改称为“大学监”（惠恭王时复故），并扩充它的内容，“置国学诸业博士、助教”，讲授医学、天文学等科技方面的课程。不过，虽然“国学”中的主要教育科目包括多方面的学问，但儒家经典的经学是更重要的科目，其中尤以《论语》《孝经》为基本。韩国学者柳承国在《韩国儒学史》一书中指出，如此的教育之制与理念，乃根源于儒教思想，在教育制度与人才起用上，彼此亦有相辅相成的作用。

新罗国学教授的是儒家典籍，读书出身科的考试以汉文试“五经”“三史”，同时新罗通过多种渠道引进汉籍，这些措施不仅使汉籍在朝鲜半岛广为流传，中国儒家的敬天、修德、尊贤、正名的政治思想以及君仁、臣忠、父慈、子孝的社会伦理也得以广泛传播。

高丽时期，朝廷视儒学为“齐家治国”之学，并对其进行大力倡导和推广。推广儒学的一项根本性措施，就是加强儒学教育。上至国王贵族，下至闾巷儿童，所受正式教育，都以儒家经典为主。高丽王朝的官学，从办学宗旨、教育内容、课程设置、教材选定到师资的选拔和晋升，处处都体现了崇尚儒学的特征。历代高丽国王都把儒学教育放在首位，并多次下诏强调儒学教育的重要性。

992年，高丽创办国子监。高丽的国子监是仿唐制设立的国家最高教育机构。第二年，高丽国王致书宋太宗，“愿赐板本《九经》，用敦儒教”。太宗“许之”。以儒学“九经”为教，学者达六千人。

高丽的国子监是仿唐制设立的国家最高教育机构。高丽睿宗时代（1105—1122）振兴官学，扩充国学，设置“七斋”：《周易》《尚书》《毛诗》《周礼》《戴礼》《春秋》和武学。其中一至六斋统称“儒学斋”，实际上是六项儒学专题讲座。睿宗又令国学立“养贤库”以养士，“选名儒为学官博士，讲论经史”。仁宗时（1122—1146），国子学、太学、四门学皆置博士助教，学生定员四百人，教学的内容以儒学典籍为主。《诗经》《论语》为必修，限修一年，其他各经分修，《尚书》《公羊传》《穀梁传》各限一年半，《周易》《毛诗》《周礼》《仪礼》各二年，《礼记》《春秋左氏传》各三年。国子监内设有文庙和明伦堂，作为祭祀孔子和讲学的场所。高丽还在地方设置乡校，乡校相当于中等程度的地方教育机构。从国子监到乡校，构成了高丽国家的教育体系。

除官办儒学教育外，10世纪末高丽还出现了私人办学的新形式。名儒崔冲（984—1068）是高丽开办私人讲学的代表人物。当时慕名而来的学生很多，乃至“填溢门巷”，崔冲于是分设“九斋”，即建造九个学舍，以容纳这些学生，分别命名为乐圣、大中、诚明、敬业、造道、率性、进德、大和、待聘，分九个班进行教育，乃为九斋学堂。学习内容为《周礼》等九经和《史记》等三史。那时凡应举子弟都必须先到这里学习，所以赴举者都自称“九斋籍”。崔冲行谊有似孔子，因而被尊称为“海东孔子”。文宗称他为“累代儒宗，三韩耆德”“人中威凤，朝右元龟”。崔冲去世后，被誉为文宗朝太师，谥“文宪”，所以他的学生被称为“侍中崔公徒”或“文宪公徒”。

除崔冲外，高丽还有郑倍杰、卢旦、金尚宾等十一位名儒聚徒讲学，与官学国子监并行，为国家培养了大量人才。“十二公徒不仅于当时之教育有贡献，对东方教化亦堪称建大功勋者。”[①]

李朝的学校教育也以儒学为主。李朝的学校教育体系是，中央有成均馆，成均馆原则上是招收生员和进士的大学，分设“四书五经”斋、“大学”斋、“论语”斋、“中庸”斋、“礼记”斋、“春秋诗书易”斋。六斋即六级，生徒读完一斋，升一级到另一斋，从“四书五经”斋直至“春秋诗书易”斋结业。在地方，每个道和邑都设有一所乡校。除乡校外，各地还有一些教育平民子弟的书堂。

李朝时期不仅官学有所发展，而且由各儒学家创办的私塾或书堂也有显著发展。书堂的课程与官学相同，主要是儒学。李朝私学的创始者是高丽末期的官僚吉再。李朝建立后，吉再返回故乡庆尚道善山，创办书堂，致力于儒学特别是性理学教育，成为李朝时期私学教育的先驱。1407年，经儒学家权近提倡，李朝的书堂逐渐兴盛起来。朝廷采取积极的鼓励措施，使书堂教育迅速发展。有不少书堂招收50—100名学生。书堂教育在李朝教育体系中占有重要地位，对普及儒学和发展文化起了很大作用。[②]

16世纪以后，书堂发展成书院形式。书院的名称和形式模仿中国宋朝时期的书院。书院师生祭祀中国以往的儒学者和朝鲜的著名学者，并学习儒学。第一家书院创立于中宗三十八年（1543）。庆尚道丰基郡郡守周世鹏，为在其管辖地区奖励儒教，在高丽著名儒学者和教育家安珦的故居白云洞建立晦轩祠以示纪念。1543年，又在其附近创办书院，作为教育儒生的场所。1550年，根据当时丰基郡郡守李滉（号退溪）的请求，国王命名白云洞书院为“绍修”，并赐以匾额。“绍修书院”赐额后，很多书院相继建立[③]，到16世纪末，已达一百多家。书院的创立，对于普及儒学教育、巩固儒家思想的地位起到了很大作用。

① ［韩］金台俊著：《朝鲜汉文学史》，张琏瑰译，社会科学文献出版社1996年版，第46页。

② 参见朝鲜民主主义人民共和国科学院历史研究所著：《朝鲜通史》（上卷），吉林省延边朝鲜族自治州《朝鲜通史》翻译组译，吉林人民出版社1973年版，第676—680页。

③ 朝鲜民主主义人民共和国科学院历史研究所著：《朝鲜通史》（上卷），吉林省延边朝鲜族自治州《朝鲜通史》翻译组译，吉林人民出版社1973年版，第709页。

四、以儒学为核心的科举制度

在中国，科举制度是儒学传承的重要制度，是封建国家选人用人的重要措施，而科举考试的内容都是以儒家经典为标准。新罗仿唐科举考试制度，制定了“读书三品出身法”，依学生结业成绩分上、中、下三等录为各品官吏，规定：“读《春秋左氏传》，若《礼记》，若《文选》，而能通其义，兼明《论语》《孝经》者为上；读《曲礼》《论语》《孝经》者为中；读《曲礼》《孝经》者为下。若博通‘五经’、‘三史’、诸子百家书者，超擢用之。前只以弓箭选人，至是改之。”（《三国史记》卷十《新罗本纪第十》）

“读书三品出身法”以法律形式固定了以学习儒学经典和汉学来选拔人才的新制度，不仅提高了“国学”的地位，而且为大规模吸收和推广盛唐文化开辟了道路。

高丽于958年始行科举制。后周使臣双翼赴高丽，因病留居不归。据《高丽史》记载，双翼向高丽光宗建议仿唐制定科举制度，光宗采纳了双翼的建议，“自此文风始兴”。双翼做主考官，所试分制述（进士）科、明经科两大业，以诗赋颂策取进士。

高丽始设科举试时，大抵采用唐制，其科举科目、策试内容、命题教材等多“拟诸中华”，仿效宋朝，主要“以诗、赋、颂及时务策，取进士，兼取明经、医、卜等业”。科举考试科目主要包括进士科、明经科、杂科。进士科试以诗、赋、颂等，以文章选才；明经科试以儒学经典，按其理解程度取士；杂科则设有律令、医、卜等考试科目，选拔具有特殊技能的人才。仁宗十七年（1139），礼部贡院还奏明按照北宋范仲淹对科举考试的主张，“先策论以观其大要，次诗赋以观其全才。以大要定其去留，以全才升其等级。斯择才之本，致理之基也”；又对科举法作了详细规定，设制述业、明经业、明法业、明算业、明书业、医业、地理业、何论业、三礼业等考试科目，使试举科目更为全面、系统。不久又仿北宋之制，行弥封誊录之法。

恭愍王十六年（1367），成均馆大司成李穑与同僚知贡举李仁复一起上书，请求在高丽朝实行元朝的科举法。据《高丽史》载，时隔两年之后（1369），恭愍王下令用元朝乡试、会试、殿试之制，而此时已是明太祖洪武二年了。同年，明太祖遣使向高丽朝通报灭元建国情况。又次年（1370年，明洪武三年，高丽恭愍王十九年），明朝颁布科举制度。同年，明朝遣使赴高丽朝颁布科举程式，其中规定第一场试“五经义”，所指定阅读的经书传注，也是以程朱学为主。

李朝建立之后，整顿了高丽末期科举制度的混乱状态，制定了相应的规范，把科举制度作为选拔和任用官吏的主要制度。

李朝的科举考试主要分文武两科。武科是为录用武官进行的考试，文科则是为了录用文官进行的考试。文科必须经过三次考试，第一次是在地方，第二、三次则在中央。三次考试合格者称及第，及第者大都被录为相应的文官。文科考试科目主要有儒家经典的解释（讲经）、有关现行政策问题的论文（对策）以及各种形式的汉诗文。《李朝太祖实录》载：

> 试讲所通经书，自“四书”、“五经”、《通鉴》已上通者，以其通经多少，见理精粗，第其高下为第一场；入格者送于礼曹，试表、章、古赋为中场；试策问为终场。通三场相考入格者三十三人，送于吏曹，量才擢用。

除文科外，还有生员试和进士试，同样把儒学当作主要考试科目，也要经过两次考试。生员试是以解释儒家经典为主的考试，进士试是以作汉诗文为主的考试。合格者，前者称为生员，后者称为进士。生员和进士虽然不能马上被录为官吏，但可随时参加文科考试，是一支将被录为官吏的官僚后备队。

实行以儒学典籍为主要考试内容的科举制度，对于推动形成学习儒学的社会风气起到了很大作用。如美国学者赖肖尔说的那样：“李朝极端重视汉人文科学，统治阶级全都致力于儒家经典的研究。”他还指出：

特别是这一时期完全效法了汉式科举制度后，使得整个统治阶级对为他们的统治辩护的儒学概念和经文更加感兴趣。既然精通儒家思想和哲学为他们的成功和成名铺平了道路，那么，新一代朝鲜人因此而萌发的雄心便是刻苦研读儒家经典，以期将来能够成名和捞取一官半职，荣宗耀祖。[①]

五、崇儒之风

朝鲜自三国时代就推崇孔子儒家思想，自此历代，社会上下都流行崇儒之风。新罗王朝把儒家思想作为治国理念。新罗朝廷对传播儒家思想、推广儒学教育十分重视，甚至国王也时常到“国学”听讲。为倡导对儒学的效仿，入唐宿卫、新罗王子金守忠归国时，曾携回文宣王、十哲、七十二弟子图，置于“国学”奉供。

高丽时代，儒教治国的理念有相当广泛的影响。高丽王朝创建者王建的“训要”第三条：“传国以嫡，虽曰常礼，然丹朱不肖，尧禅于舜，实为公心。若元子不肖，与其次子，又不肖，与其兄弟之众所推戴者，俾承大统。”第四条：“惟我东方，旧慕唐风，文物礼乐，悉遵其制。……”第七条：“人君得臣民之心为甚难。欲得其心，要在从谏远谗而已。……又使民以时，轻徭薄赋，知稼穑之艰难，则自得民心，国富民安。……”第九条：“百辟群僚之禄，视国大小以为定制，不可增减。且古典云，以庸制禄，官不以私。若以无功人及亲戚私昵，虚受天禄，则不止下民怨谤，其人亦不得长享福禄，切宜戒之。……”第十条：“有国有家，儆戒无虞，博观经史，鉴古戒今。周公大圣，《无逸》一篇，进戒成王，宜当图揭，出入观省。”（《高丽史》卷二《太祖世家》）以上诸条都体现了儒学的治国理念。

---

① ［美］费正清、赖肖尔、克雷格著：《东亚文明：传统与变革》，黎鸣等译，天津人民出版社1992年版，第304页。

在高丽历代君主中，成宗（982—997年在位）是最重儒崇学的一位。他认为，自古以来，君王治国都要用“五常”之义去教育臣民，以“六经”所载为制度规范。他还说：“凡理国家，必先务本，务本莫过于孝。”于是，他要求“取则‘六经’，依规三礼，庶使一邦之俗，咸归五孝之门”，同时下令于全国“求访孝子顺孙，义夫节妇”。而其时名臣崔承老（927—989）亦上书强调“行儒教者，理国之源”，主张“其礼乐诗书之教，君臣父子之道，宜法中华，以革卑陋”。

高丽朝廷模仿唐宋制度，设立御前经筵，定期讲述儒家经典。一次经筵讲解儒经的一两个篇目，讲完后还要进行讨论。所以，一次经筵就相当于朝廷的一次高级儒学研讨会。

高丽实行以儒学为主要内容的教育制度和科举制度，儒学与仕途相结合，使儒学具有特殊的地位，从而吸引众多学子埋头攻读。当时朝野上下，直至卒伍童稚，都在学习儒家经典。徐兢在《宣和奉使高丽图经》中说，高丽科举取士，“以经术、时务策，较其程试优劣，以为高下。故今业儒者尤多，盖有所向慕而然耳”。

高丽朝廷采取多种措施推广儒学，提高孔子和儒学的地位。992年建国子监时，在其中特建文庙以祀孔。1091年在国子监里挂起七十二贤人的画像，之后，还将孔子像由新罗时期的画像改为塑像，并仿中国尊孔子为“文宣王”，加谥“玄圣”“至圣”“大成”。高丽文宗亲临国子监，称孔子为“百王之师”。1267年又将颜渊、曾子、子思、孟子的画像改为塑像，供奉于文庙。同时，民间也开始了祀孔活动。历代国王多有亲临国子监听讲儒学的。

由于朝廷的大力提倡和儒学教育的发达，儒学思想在高丽广泛传播，产生了深刻的社会影响，同时促进了高丽学术文化的发展。当时“所研究的学术，几乎全部是儒教经书和贯穿儒教名分思想的历史以及诗和文章技巧”[①]。高丽时代涌现出不少对这些深有研究的有名的儒学者。在高丽前期，有郑沆、郭

---

① 朝鲜民主主义人民共和国科学院历史研究所著：《朝鲜通史》（上卷），吉林省延边朝鲜族自治州《朝鲜通史》翻译组译，吉林人民出版社1973年版，第403—404页。

舆、崔沆、崔冲、黄周亮、金富轼和金宽毅等人；在高丽后期，有安珦、白颐正、禹倬、权溥、李齐贤、李穑、郑梦周、郑传道等人。他们都是高丽时代著名的儒学大家，同时也都以文章著称于世。

李朝以儒学立国。在李氏朝鲜时期，"儒家思想在朝鲜达到鼎盛"[①]，被宣布为国家的正统思想。李朝五百年间，儒家思想在社会思想领域里占据着统治地位，孔子被称为"素王"，儒学无异于"国教"，儒家思想得到空前的普及。因此，李氏朝鲜有"儒教王朝"之称。李朝太宗九年（1409）立于京畿道京城府崇三洞经学院的文庙碑，记述了孔子思想在朝鲜的作用以及李朝君臣对孔子的尊崇。碑文中写道：

> 圣莫如夫子，师莫如夫子。大而国学以至庠序皆有夫子庙。夫子巍然当坐，门人弟子列配左右，历代群贤从享两庑。天子以下，北面跪拜，礼视师生……自生民以来未有盛于夫子也，于是有三老五更之礼，于是有成均造士之法，学校之制始如大备，而君臣父子夫妇长幼朋友之大伦，修身齐家治国平天下之大经，皆由此出。夫子之道益尊于万世，夫子之泽益流于无穷，如天地之无不覆载，如日月之无不照临……（《朝鲜金石总览》）

李朝统治者推崇儒学，主要是为了引进中国的"礼治秩序"，维护和加强他们的统治，因为他们在中国儒学那里，找到了"兴一代之规模，以为万世之准则"。新王朝建立之始，司宪府便上疏提出"合行事宜"的具体条目，包括"立纪纲""明赏罚""亲君子，远小人""纳谏净""杜谗言""戒逸欲""崇节俭""反宦官""汰僧民"，几乎都是根据儒家经典及中国历史或者儒家的历史观来议论的。主要精神是每个人在他的位置上，非礼勿言，非礼勿视，非礼勿听，非礼勿行，以形成社会等级的礼治秩序，便于王朝对整个社会的有效

① ［美］费正清、赖肖尔、克雷格著：《东亚文明：传统与变革》，黎鸣等译，天津人民出版社1992年版，第303页。

统治。

因此，李朝特别注重用儒家伦理和礼仪对人们进行礼俗教育。进行这种教育，不仅是为了培养掌握儒家治术的官吏，也是使社会上出现更多的忠臣孝子、义夫节妇，从而以儒家思想来移风易俗，以维护社会稳定。朝鲜科学院历史研究所著的《朝鲜通史》指出，李朝时代，“在礼俗教育中，《小学》是基本课程，还有《孝经》《明心宝鉴》等补充教材。除这些中国教材外，结合我国现实情况自编的有《礼记浅见录》《国朝五礼仪》等，并且广泛使用借实际模范进行伦理教育的教材《三纲行实图》。整个李朝封建时期都实行了这种礼俗教育，在这一期间编著的礼书就有四五十种”[①]。

从1573年开始，李朝在全国各地推行“乡约”，包括四条原则，即德业相劝、过失相规、礼俗相交、患难相恤[②]，完全用儒家的伦理规范来约束、教化民众。因此，正如赖肖尔指出的那样：朝鲜人“对儒家礼仪的崇拜达到狂热的程度。如提倡子女孝顺，为死去的双亲服丧三年被视为本分，妻子必须从一而终，寡妇改嫁被指责为大逆不道等等”。“实际上，李朝在许多方面都几乎变成了儒家社会的典型。”[③]

李朝历代国王都把学习儒家典籍作为重要一课，一方面是为了从中国儒家思想和中国历史中学习治国之术，一方面也是将其作为提倡儒学的一种姿态。朝鲜史籍中多有关于国王学习儒学的记载。如说李成桂，“太祖素重儒术，虽在军旅，每投戈之隙，引儒士刘德等商榷经史；尤乐观真德秀《大学衍义》，或至夜分不寐……”李朝第二代国王定宗即位伊始，即“御经筵”，试图读《四书疑节》《论语》《大学》等书。不过，太祖和定宗信佛远甚于信儒，他们对儒学的喜好只是一种政治姿态。到第三代国王太宗，李朝开始全面展开“儒化政治”。太宗对中国的儒学经史著作都很熟悉。早在年轻时便阅读了大量儒

① 朝鲜民主主义人民共和国科学院历史研究所著：《朝鲜通史》（上卷），吉林省延边朝鲜族自治州《朝鲜通史》翻译组译，吉林人民出版社1973年版，第677页。

② 朝鲜民主主义人民共和国科学院历史研究所著：《朝鲜通史》（上卷），吉林省延边朝鲜族自治州《朝鲜通史》翻译组译，吉林人民出版社1973年版，第710页。

③［美］费正清、赖肖尔、克雷格著：《东亚文明：传统与变革》，黎鸣等译，天津人民出版社1992年版，第304页。

学典籍，及至即位，更是坚决地推行“儒化政治”。

太宗之后，世宗也大力崇儒，对学习儒学经典十分用心，非常诚恳地“御经筵”，常与儒臣“视事轮对”或“受朝轮对”，有时一个月内就达二十次之多。世宗八年（1426），明朝向李朝赐赠经史。世宗在《谢赐书籍表》中表示，要用中国的经史“修己化民”。“崇儒重道”使世宗成功地加强了太宗时代全面展开的儒化政治，巩固了王朝长治久安的局面。

六、朝鲜的朱子学

高丽时代儒学发展的一个重要动向，是引进了中国的宋学即理学。南宋以后，儒学的发展以理学为主流，作为官方意识形态的儒家思想也是以理学为中心，或者说是经过理学改造和弘扬的儒学。理学是中国儒学最高的发展阶段，也最有力地影响到东亚国家。

在朝鲜，理学也获得了同样的崇高地位，最初将朱子学传入高丽的是13世纪末的高丽儒学者安珦（1243—1306）。1289年，安珦随忠烈王赴元，在元大都第一次见到《朱子全书》，认为它是“孔门正脉”，欣喜异常，于是全部抄录下来。据《晦轩先生年谱》所载，安珦于忠烈王十六年（1290）时“留燕京，手抄朱子书，又摹写孔子、朱子真像。时朱子书未及盛行于世，先生始得见之，心自笃好，知其为孔门正脉，遂手录其书，又写孔、朱真像而归。自是讲究朱书，深致博约之工”。他回国后致力于传播朱子学，亲自到太学讲授，“以兴学养贤为己任”。这被认为是朱子之学传入高丽的开始。

忠烈王二十三年（1297），安珦“筑精舍于居第后，奉安孔子、朱子真像”，贡献出自家房屋，建造当时的国立大学“泮宫”。忠烈王二十九年（1303），他派国学学正金文鼎到中国，画孔子及七十子像，购祭器、乐器、六经、诸子史等。据《高丽史》记载，安珦“晚年常挂晦庵先生真容，以致景慕，遂号晦轩”。安珦对于发展高丽的儒学教育发挥了很大作用。

李穑（1328—1396）是高丽末期的重要朱子学思想家。他于1349年入元，在元大都国子监学习三年，应科举试，获第二甲第二名科第，是一名比较系统地接受性理学教育的高丽朝学者。回国后，李穑为传播和普及朱子学做了大量的工作。据《高丽史》记载，李穑在任成均馆大司成期间，"更定学式，每日坐明伦堂，分经授业。讲毕相与论难忘倦。于是学者坐集，相与观感，程朱性理之学始兴"。这是程朱性理学在高丽蓬勃发展的一个关键阶段。

高丽末年大力提倡朱子学的，还有被称为"东方理学之祖"的郑梦周（1338—1392）。他长期在成均馆讲学，具有很大的影响力。后来朝鲜的朱子学家在追溯朱子学源流时，往往尊郑梦周为宗祖。郑梦周对于朱子的《四书章句集注》有独到的心得和深刻的理解，对于"五经"也能各得其精要，而其中于《易》理和《诗》道钻研尤深。关于他的"四书"学，《高丽史·郑梦周传》载，郑梦周初兼成均馆博士时，"经书至东方者，唯《朱子集注》耳，梦周讲说发越，超出人意，闻者颇疑，及得胡炳文《四书通》，无不吻合，诸儒尤加叹服"。名儒李穑认为："梦周论理，横说竖说，无非当理。"

郑梦周的弟子郑道传对郑梦周在"四书"方面的心得及其讲论的要旨，做了一个简明的介绍。他说："（圃隐）先生于《大学》之提纲，《中庸》之会极，得明道传道之旨；于《论》《孟》之精微，得操存涵养之要，体验扩充之方。"这是说，圃隐（郑梦周）从《大学》《中庸》中把握了儒学为身心之学和程朱性理学传承此身心之学的宗旨，从《论语》《孟子》中则获得了修养身心的方法。

关于圃隐的"五经"之学，郑道传介绍说："至于《易》，知先天后天相为体用；于《书》，知精一执中为帝王传授心法；《诗》，则本于民彝物则之训；《春秋》，则辨其道谊功利之分。"郑道传在这里没有提及圃隐对于《礼》经的研究，从其他史料中也找不到这方面的记述。但是，人们可以看到，在日常人伦中，圃隐十分注重"礼"的问题。他有见于当时社会上丧祭礼仪专尚佛教的风气，积极主张推行"朱子家礼"，立家庙，祀祖先，这在当时和以后都产生了很大的社会影响。

由于李朝官方的大力推崇和积极扶植，儒学在李朝得到广泛传播和充分发展。

高丽末李朝初的朱子学家们开始消化吸收中国朱子学思想，并在此基础上提出自己的独立见解，用朱子学的观点著书立说，进而解决现实的社会政治问题。他们要求以三纲五常作为理乱治世的根本，革除弊端，重整社会秩序，强化中央集权的王权政治；坚持“大义名分”，主张“亲明事大”，即奉明朝为“天朝上国”，朝鲜作为小邦应臣服尊奉大国；竭力维护儒家“道统”，排斥“佛老异端”。李朝一代的性理学者是儒学义理的理想主义者、节义精神的推崇者，是以儒家王道理想对现实政治进行批判的新进士类。

早期朝鲜朱子学为李朝创制立国和制定内外政策提供了理论基础。因此，李朝开国伊始，统治者便高度重视朱子学，并将其确立为官方哲学。此后500年间，朱子学在李朝始终是居于统治地位的正统思想。正如朝鲜历史学家们指出的：

> 朱子学的理论体系和实践准则，符合新王朝的利益，因而成为它的精神武器。
>
> 十五世纪，在社会思想领域里占统治地位的是朱子学。
>
> 朱子学认为三纲五常是“古今所共底道理”，并且是人人都必须遵守的绝对的普遍真理。
>
> 朱子学的这种理论，是使李朝封建国家的官僚制度和身份制度合法化，使封建政权和宗法制度神圣不可侵犯的强有力的精神武器。因此朱子学成为李朝封建国家的统治思想，并在封建国家的积极庇护下得到迅速发展。①

15世纪下半叶到16世纪上半叶，是朝鲜朱子学发展的重要时期。这个时期朝鲜朱子学的特点在于，各种独立的理论体系相继产生。其中著名的人物有金时习、徐敬德、李彦迪等。到16世纪中叶，朝鲜朱子学日渐成熟，形成了

---

① 朝鲜民主主义人民共和国科学院历史研究所著：《朝鲜通史》（上卷），吉林省延边朝鲜族自治州《朝鲜通史》翻译组译，吉林人民出版社1973年版，第567、638页。

各种独立的理论体系，李滉的退溪学派和李珥的栗谷学派逐步发展起来。这两个学派分别代表了朝鲜朱子学两个不同的发展方向，成为两大性理学派。李滉和李珥及其学派的出现，说明朝鲜朱子学达到了全盛期。李滉和李珥被称为朝鲜集新儒学之大成的双璧。

李滉（1501—1570）继承朱子的性理学说，“把朱子学看成是完善的绝对的学说，丝毫不想逾越。他编纂的《朱子书节要》，充分体现了他作为朱子学者的立场、观点，这部著作不仅对朝鲜，而且对中国和日本的朱子学发展也影响很大”[①]。因而李滉有“海东朱子”之称。李滉以朱子学为依据，创立了以主理为特征的性理学思想体系，在朝鲜朱子学发展史上占有十分重要的地位，产生了相当大的影响，李珥称“当今人望无可出李滉之右”。继承李滉学说的有柳成龙、金诚一、郑述等人，形成了朝鲜朱子学的退溪学派，又因他们生活地区的关系而被称为“岭南学派”。

李珥（1536—1584）和当时朝鲜的儒者一样，极为推崇朱熹，所谓“洙泗以还，博文约礼，两极其至者，先生一人而已”。李珥在朝鲜朱子学界别树一帜，创造了一个以主气为特征的性理学思想体系，为朝鲜朱子学的发展做出了贡献。继承李珥学说的有金长生、郑晔等，形成朝鲜朱子学的栗谷学派，又因地域关系而称“畿湖学派”。

朝鲜朱子学的发展在李滉、李珥时期达到了高峰。他们继承了中国儒学特别是朱子学的思想传统，对朱子学的理论有进一步的传承和发展，并在一些方面深化和发展了朱子学的思想，对当时和以后朝鲜哲学的发展产生了很大的影响。

① 朝鲜民主主义人民共和国科学院历史研究所著：《朝鲜通史》（上卷），吉林省延边朝鲜族自治州《朝鲜通史》翻译组译，吉林人民出版社1973年版，第724页。

| 第八章 |

孔子在日本

一、孔子儒学在日本的传播

和在朝鲜的情况一样，中国思想文化在日本的早期传播，也和大陆的移民有很大关系。在秦末汉初，有徐福东渡的庞大移民集团，有泰伯后裔与秦人、汉人的移民集团。这些都是高水平的文化移民集团，他们给日本带去大陆先进的生产技术、生活礼俗，也把在中国发展起来的学术思想一起带了过去。徐福是齐地的方士。方士是先秦时代独具一技之长的人士，其中大多数人熟知生产技术和实践经验，掌握炼丹术、医药术、占星术、航海术等。传说徐福博学多才，通晓医学、天文、航海等知识。也就是说，徐福是当时有很高水平的知识分子，对先秦诸子百家包括孔子儒家学说也有所了解。据说徐福入海时，除携带五谷种子，还携带了一部分书籍，其中包括《尚书》百篇在内。

儒家思想还通过朝鲜半岛传播到日本。《日本书纪》载：应神天皇十五年（284）八月，百济国王派遣阿直岐送来两匹良马。阿直岐能读中国经典，于是太子菟道稚郎子便拜他为师。应神天皇问阿直岐："还有没有比你高明的博士？"阿直岐答："有个叫王仁的，很高明。"应神天皇随即派人去百济邀请王仁。应神天皇十六年（285）二月，王仁来日，太子菟道稚郎子又拜王仁为师，学习中国典籍。《古事记》记载说：

> 天皇命令百济国说："如有贤人，则贡上。"按照命令贡上来的人，名叫和弥吉师。随同这个人一起来的有《论语》十卷、《千字文》一卷，共十一卷。

这位百济人和弥吉师，就是王仁。《日本书纪》这样写道：

> 王仁来之，则太子菟道稚郎子师之，习诸典籍于王仁，莫不通达。故所谓王仁者，是书首等之始祖也。

王仁对于汉籍和儒家思想东传日本，有首导之功。这位王仁博士，从他的姓名和学识可以推知，他可能是一位生活在朝鲜半岛的汉族移民，或者是一位汉族移民的后裔。王仁在日本传播儒学思想，而"对日本来说，儒学便是上古时代从域外传来的最早的一种西方思想"[①]。日本学者简野道明指出：

> 《论语》传入日本，也就是日本儒学的发轫。此书对于日本国风民俗的陶冶，实有极大的影响。自古以来，《论语》被尊为至高无上的圣典，上自历代的天皇，下至市井的庶人，始终讲究不倦。[②]

与王仁同时的还有辰孙王，他们二人与阿直岐一起被日本人誉为"国初三儒"。

在中华文化东传日本史上，在日本的文化思想史上，王仁、阿直岐和辰孙王，特别是王仁，是有着重大影响的人物，一直受到人们的推崇和纪念。东京

---

① 严绍璗著：《日本中国学史稿》，学苑出版社2009年版，第4—5页。

② ［日］简野道明著：《论语讲义》，引自朱云影著《中国文化对日韩越的影响》，广西师范大学出版社2007年版，第23页。

上野公园建有王仁博士纪念碑。对于王仁在日本文化史上的贡献，《大日本史》卷二百十三论述得更为详细，认为正是从王仁到日本开始，才有了日本的文教事业。“自应神受百济之贡，天智学周孔之道，风化大行，品物咸亨，庠序学校于州县，经史子集于府库。”

《日本书纪》还提到王仁的学生太子菟道稚郎子与其兄大鷦鷯推让帝位的故事。《日本书纪》卷一一记载，应神天皇去世之后，太子菟道稚郎子与其兄恭谦而互让帝位，其间有一段有趣的对话：

誉田天皇（应神天皇）崩。时太子菟道稚郎子让位于大鷦鷯尊，未即帝位。仍咨大鷦鷯尊：“夫君天下以治万民者，盖之如天，容之如地。上有欢心，以使百姓。百姓欣然，天下安矣。今我也弟之，且文献不足，何敢继嗣位，登天业乎？大王者，风姿岐嶷，仁孝远聆，以齿且长，足为天下之君。先帝立我为太子，岂有能才乎？唯爱之者也。亦奉宗庙社稷，重事也。仆之不佞，不足以称。夫昆上而季下，圣君而愚臣，古今之常典也。愿王勿疑，须即帝位，我则为臣之助耳。”

大鷦鷯尊对言：“先皇谓皇位者一日不可空，故预选明德，立王为贰，祚之以嗣，授之以民，崇其宠章，令闻于国。我虽不贤，岂弃先帝之命，辄从弟王之愿乎？”

固辞不承，各相让之。

这一事件的演进，与《左传》“僖公五年”及《史记·周本纪》所记载周泰伯、仲雍让位于季历事极类似，甚至可以看作以《左传》《史记》并《论语》等为台本的演义。如果没有中国儒家思想文化的东传和影响，大概就不会有4世纪末两位日本皇子如此精彩的礼让场面。[①]

大鷦鷯即位后即史传的仁德天皇，他体恤民情，施行仁政，全仿《论语》之说。他所说的“百姓贫之，则朕贫也；百姓富之，则朕富也”，恰是《论

① 参见严绍璗：《汉籍在日本的流布研究》，江苏古籍出版社1992年版，第6—7页。

语·颜渊》篇中所说“百姓足，君孰与不足？百姓不足，君孰与足？”的极生动的活用。

至6世纪初，中国儒家思想经过百济在日本的传播，有了进一步的扩大和深入。据《日本书纪》载，继体天皇七年（513），百济国王派遣“五经博士”段杨尔来日本，以换取日本转让的它在朝鲜半岛南端的属地任那的四县土地。在段杨尔来日本之后三年，百济又派“五经博士汉高安茂，请代博士段杨尔”。这位高安茂的名字前加一个“汉”字，无疑是移居百济的中国人或其后裔。以后，百济似乎继续以轮换的办法派遣“五经博士”常住日本。由此可知，日本知识阶层对“五经”讲义的追求，以及儒家思想的渗透和汉籍大量流入的情况。

这些从百济来的五经博士，虽然只是以个人传授的方式对少数皇室成员和贵族讲解中国儒家思想，传播的范围也比较有限，但他们作为中国儒学东传的先驱者，做出了不可磨灭的贡献。6世纪中叶，百济又派来了易博士、历博士、医博士、采药师等，说明儒学以外的历学、医学等也已经传到了日本。

中国儒家思想初传日本，即产生了很大的影响。日本学者石田一良指出：“中国古代的儒教，作为日本氏族国家成立与维持的意识形态而被接受。”[①]在大和朝廷统一日本列岛的过程中，中国的政治社会思想起到了某种支持作用。为了使大和朝廷的权威合理化，“人们编造了神代传说，而这一点，如果没有大陆思想的影响。也是无法想象的”。此外，“在政治上，吸取大陆文化也起了重要的作用”。[②]

到了相当于中国唐代那个时期，日本多次派遣遣唐使和留学生，到中国唐朝学习，开启了大规模的文化交流。在这个文化交流的高潮中，孔子的儒家思想也进一步广泛传播到日本。遣唐使团实际上是一个大型的观摩学习团，他们承担的主要是一种文化使命。所以，他们一抵唐都长安，便如饥似渴地拜求名师，与各界人士广泛接触，并经常参加宫廷的各种仪式。在游览参观、耳濡目

① ［日］石田一良著：《日本文化：历史的展开与特征》，许极燉译，孙宗明校注，上海外语教育出版社1989年版，第315页。

② ［日］家永三郎著：《日本文化史》，刘绩生译，商务印书馆1992年版，第17页。

染下，他们深深体验到唐朝文化的灿烂辉煌。而留学生进的是国子监，即唐朝的最高教育机关。他们在这里接受系统的儒学教育，往往在中国学习多年。此外，遣唐使和留学生在回国时，还带走大批中国典籍包括儒家经典回到日本。木宫泰彦指出："遣唐留学生在唐朝不仅学得学术和宗教，陆续传入了日本，而在他们归国时，还大都带回了很多书籍和经卷，经常给与新鲜的刺激，对促进日本文化贡献很大。"①

孔子儒学思想的传播，对当时日本文化的各个领域都有一定影响。例如对日本历史有重大影响的"推古朝改革"和"大化改新"，就是以儒学为改革的指导思想，并以中国的政治机构为蓝本建立官僚制度，确立了以儒学为基调的律令政治。在大化改新期间，日本朝廷推行的改革措施和制定的律令，都是以唐朝为样板的，在改革的指导思想上，也是依据中国的儒家和法家思想及政治文化。石田一良指出：

> 儒教思想在奈良时代并不像在德川时代那样具独立的思想体系的形式，承担或尽到意识形态的任务。而是，融化在构成氏制律令国家的上层构造的政治的机构和行为里边，使它的机能发挥作用。尤其在天皇的诏敕里边，儒教的色彩显得特别浓厚。
>
> …………
>
> 律令的制定也是用儒教的王道思想作它的意识形态。……律里本来也包含有法家的思想，但是，主要的是依据儒教的思想。……律乃在严格要求对于天皇尽忠，对于父母事孝。②

所以，日本学者坂本太郎指出："从学问应用于政治，影响到社会来看，

---

①［日］木宫泰彦著：《日中文化交流史》，胡锡年译，商务印书馆1980年版，第187页。

②［日］石田一良著：《日本文化：历史的展开与特征》，许极燉译，孙宗明校注，上海外语教育出版社1989年版，第41—43页。

我认为这个时代的儒学可能已取得了出色的成果。”①

日本政府非常重视儒学思想的传播和推广。天平宝字元年（757），天皇曾下达一道敕令：百行以孝为先，全国家家户户都要置备一本《孝经》，精读勤诵。另外，日本从大宝元年（701）开始在每年的二月和八月月初的丁日举行祭祀孔子的释奠典礼。留学生吉备真备由唐回国时，携回弘文馆的孔子画像，并令画师加以临摹，安置于大学寮，并效唐制整顿礼节，释奠规模更大，仪礼也较为正规。释奠礼在大学寮举行，当时，以上卿为首的诸道博士和学生参加；如天皇出席，王卿也来参加。进入庙堂后，按先后顺序礼拜孔子及颜回、闵子骞、冉伯牛、冉仲弓、宰子我、端木子贡、冉子有、仲子路、言子游、卜子夏等孔门十哲的画像。祭坛上供酒和牲币，在乐曲声中举行献酬仪式。整个释奠仪礼十分隆重。后来，日本还仿效唐朝的做法，“敕号”孔子为“文宣王”。

二、仿唐的教育制度

日本还移植了唐朝的教育制度，建立了以大学寮为主体、以学习儒家经典为主要内容的教育体制。和在朝鲜半岛的情况一样，这样的教育制度是儒家思想文化传播、推广的制度保证。

日本仿照唐制，在《大宝律令》中的“学令”部分，对大学做出种种规定。大学寮教授经书的教官有明经博士和助教，音博士、书博士和算博士分别教授字音、书法和算术。大学寮明经道的教科书都是儒家经典，而且必须使用规定的注释。依“学令”规定，教科书有“九经”，即《周易》《尚书》《周礼》《仪礼》《礼记》《毛诗》《春秋左氏传》《孝经》《论语》。“九经”之中，又以《孝经》和《论语》为必修，另可选修其他两三种或五种经典。教授经典的

---

①［日］坂本太郎著：《日本史概说》，汪向荣、武寅、韩铁英译，商务印书馆1992年版，第94页。

方法是先“素读”后“讲义”。“素读”就是用汉音诵读经典原文，“讲义”就是以法定注释解说经文。所以学生入校学习，先跟随音博士学正确的中国语音，然后再学经义，还要学习书法。大学寮主要是面向贵族子弟的教育机构，五位以上官吏的子弟和东西吏部的子弟入学没有限制，对六、七、八位官吏的子弟入学有规定，而庶民子弟完全不得入学。

日本朝廷对大学寮等教育机构非常重视。孝谦天皇时，曾为大学设置劝学田，以资助学生学习。因为“从儒教政治的理想来说，官吏应该是最高的知识分子，所以它们（大学寮等——引者注）自然代表了国内学问的最高水平”。“政府热衷于尊重这些学问，优待学者。历代屡次对各道学者赐与物品，以奖励其学业；对学者有时还因其学而免其罪。这些都表明，新兴文化国家认识到文化繁荣的根源在于学者的活动所施政策的健全。”①

日本还曾尝试引进中国的科举制，建立“贡举制”。在大学毕业考试合格者称为举人，与由地方长官推荐的贡人一起参加任官考试。考试主要看笔试成绩。考试还分秀才、明经、进士等几种，其中秀才考题最难，也有上中下之分。日本的贡举在称呼、基本原则、实施程序等方面多有模仿唐朝之处，但由于日本官制的主流以荫位制为主，贡举以贵族专权为前提，所以贡举考试制度自中国引进后流于形式，以至自消自灭。

除中央的教育机构外，日本在地方也设有称为“国学”的学校。9世纪后，“国”是日本地方行政区划，“国学”即各地方设置的教育机构。学生以地方官员子弟为主，有时也允许庶民子弟中有才华的人入学。国学主要教授儒学和医学，教授儒学的教官称“国学士”，教授医学的教官称“医师”。国学的学科和大学基本相同，只是要求较大学偏低。在中国古代，地方所办的学校被称为“乡学”。日本的国学在许多方面都与中国的乡学相似。

另外，日本民间还有一些由著名学者开办的进行广义居学教育的私塾。其中最著名的是由学问僧空海于天长五年（828）创立的综艺种智院。这是日本

① ［日］坂本太郎著：《日本史概说》，汪向荣、武寅、韩铁英等译，商务印书馆1992年版，第94页。

民间办学之始。综艺种智院实际上是由佛教团体设立的一所平民学校，目的是普及教育，培养教团和社会所需要的人才。综艺种智院仅存在不到二十年，却开日本平民教育之先河。

菅原氏一族主持的私学也很有影响。菅原氏的菅原清公（770—842）、菅原是善（812—880）、菅原道真（845—903）三代相继在大学寮担任文章博士及大学头等职，还在自家宅邸的书斋“山阴亭”招生讲学，因为慕名而来的学生大增，书斋容不下，便移到廊下，故“菅家廊下”成为当时著名的学问所，其中出了不少杰出门生，往后任朝廷要职者有一百人。

从中央到地方的教育机构以及民间教育，都以儒学典籍为主要学习内容。所以，这一时期日本的学校教育体系，实际上就是早期日本儒学的传播体系。在这几百年间，有数以万计的日本青年在各类学校中诵读《论语》《孝经》以及其他儒学经典。当时的日本上层社会一般视中国儒学为统治阶级必备的一种文化修养。这就使儒学知识从宫廷传播到更多官宦之家，扩大了儒学文化在日本传播和影响的范围。

三、禅僧与宋学

宋代发展起来的理学，在日本称为宋学。理学与同时期发展起来的佛教禅宗有许多相通之处。无论儒学与佛教之间如何尖锐对立，到禅宗与宋学时却是可以交互为用的。中国的禅宗被人称为“士大夫的佛教”。就是说，中国的儒学与禅学相辅相成，士大夫一面钻研宋学，一面参禅；禅僧则一面参禅，一面钻研程朱之学。

因此，南宋以后，禅林中研习宋学之风颇为盛行，很多禅僧大多兼习禅儒。宋元明时代，中日两国禅僧往来频繁，历代来华的日本僧侣，在游历圣迹、学法参禅的同时，也沐中国禅林中的宋学之风；在学禅之余，也兼学宋学，学习和接受了程朱的义理之学。正如铃木大拙所说：“为了学禅而前往中国的日本僧也是如此，他们的行囊，除了禅典之外，全被儒道两教的书籍所填满。”渡日的中国僧侣中，也有不少人深受宋学的浸染，掌握宋学要旨。他们东渡日本，在传禅之余也讲儒学。他们都为宋学在日本的传播做出了贡献。或者说，正是由于两国禅僧的往来交流，使宋学附着于禅宗的东传而传到日本。永田广志在论及禅僧在传播宋学的作用时指出：

> 禅宗五山的僧侣，由于没有局限在佛教本来的领域之内，非常重视汉学的教养，所以从中国回国的僧侣都是儒教，特别是宋学的传播者，不久就形成了儒教对抗佛教而兴起的开端。正像五山文学被看作是日本汉文学的典型一样，禅僧在儒教史上起了不可忽视的作用。①

关于宋学在日本的早期传播，一般认为是从入宋僧俊芿1211年回国开始的。俊芿在华十二年，除求法学禅外，常涉外典之学，与南宋钱相公、史丞相、楼参政、杨中郎等一般博学俊颖之儒士相往来。他回国时携带大量佛典和世俗典籍，据推测，其中有一定数量的宋学著作。“同时我们还知道在那十一年前，日本已经有了朱子的《中庸章句》的抄本，所以可以肯定宋学传入日本的历史开始于中国宋学形成之后不久。但是最初流传的有关宋学的书籍主要是朱子对‘四书’的注释（《四书集注》）之类，至于叙述宋学思想体系的《近思录》《朱子语类》《朱子文集》等似乎是很久以后才进行研究的。总之，最初一个时期看来是为了解读儒教的经典‘四书’（《大学》《中庸》《论语》《孟子》）而受到了欢迎。把‘四书’作为经典这一观念本身也是朱子确立的。”②在俊芿回国之后三十年，日本出现了第一部覆刻宋版朱熹的《论语集注》，这是日本开印中国宋学著作之始，也是宋学传入日本最显著的标志。

---

①［日］永田广志著：《日本哲学思想史》，陈应年、姜晚成、尚永清等译，商务印书馆1978年版，第22页。

②［日］永田广志著：《日本哲学思想史》，陈应年、姜晚成、尚永清等译，商务印书馆1978年版，第61页。

日僧圆尔辨圆在宋学传入日本的过程中起过重要作用，被称为“日本宋学传入的第一人”。圆尔辨圆归国之际，带回去内外典籍数千卷，其中有不少宋学著作，包括《晦庵大学或问》《晦庵中庸或问》《论语精义》《孟子精义》《晦庵集注孟子》《五先生语录》等。圆尔辨圆回国后的讲学活动，为宋学在日本的流传起到了直接的推动作用，对日本朝廷、武士及禅宗界重视儒学及三教一致思想影响很大。

在圆尔辨圆传播宋学的影响下，东福寺便成为后世五山文学的大本营，出现了一大批著名的专攻儒家典籍的禅僧，如虎关师炼、岐阳方秀、桂庵玄树、文之玄昌等，他们都是宋学的大家。在他们的努力下，当时的宋学传播范围更广泛，不仅在禅僧和武士阶层中传播，朝廷中的天皇、公卿和以儒学为业的明经博士家、广大知识阶层也受到了影响。

在日本入宋僧积极摄取宋学的同时，中国渡日的禅僧也努力把宋学介绍到日本。渡日禅僧中有许多兼修宋学的高僧，他们有较深厚的儒学修养。他们在弘传禅宗的同时，往往援儒入佛，阐发义理之学，从而促进了宋学在日本的流传和普及。如渡日僧兰溪道隆，不仅谙熟宋学的精髓“四书”，而且根据宋学家们的理论进行解释和阐发，通过对僧侣参禅者说禅，把宋儒的哲学杂糅到佛法之中，用宋儒的哲理阐发佛教的教理。他讲学处处皆用儒僧口吻，貌类禅林而神似宋学。所以，兰溪道隆的禅林道场也就是传播宋学的阵地。

自兰溪道隆之后陆续赴日的宋元禅僧，大都具有较深厚的宋学修养，并在传播禅宗佛教的同时也为传播宋学做出了贡献。

在中日两国禅僧以及中国渡日学者的共同努力下，宋学很快在日本传播开来，为日本思想界带来了新的因素和新的刺激，构成日本思想文化的新内容。在此之前，传入日本的儒学是汉唐时期注释的儒学经典，以明经训诂为主。宋学的新风吹入，则使以道学为主的新儒学兴起并取代旧儒学的地位，成为日本思想文化史上一个具有重要意义的转折点。家永三郎指出：

> 律令时代以来，儒学被奉为统治阶级的官方学术，但是其内容只是表现了汉唐时代中国学风的注疏之学，即仅仅就文字加以注释的学

问……到了宋代，受到佛教影响的哲学理论在中国发展起来，朱子学则集其大成，十四世纪时也传到了我国。这一时期流行的临济禅，鼓吹儒、佛、道三教一致，朱子学作为禅宗文化的一环首先在禅僧中开展研究。这时它还没有广泛地向社会渗透，以致给日本人提供新的道德理论，但是它却为儒教道德在以后的封建社会完成期确立统治地位开了先声……[①]

四、五山文化与宋学讲筵

随着禅宗的兴盛和发展，日本全面移植了中国的禅林制度，模仿中国，设置“五山十刹”。从13世纪50年代起到16世纪70年代止，“五山十刹”不仅是禅宗佛教传播和活动的中心，而且由于许多禅僧兼修宋学，从而使其成为日本学术活动的中心，也成为文学、艺术等的中心。在这个时期，“寺庙的地位比以前提高了，汉籍传入、开版、讲学、收藏等，有关汉籍的文化与传播的主要活动大多在寺庙里举行”[②]。正是由于禅宗的兴盛以及其在日本文化史上的重要地位，形成了日本文化史上的一个新的时代，即“五山文化”时代。

“五山文化”泛指这一时期内以“五山十刹”僧侣为主体的一切汉文化活动，包括宋学的研修讲习、汉文学的创作、汉籍的校注和刻印等。五山文化的实质内容就是汉文化。

五山僧侣们以研习宋学为一种美德和必需的修养。正如永田广志所指出的那样：“当时在士人中间盛行的禅宗，不仅在于只同老庄乃至后世的儒教思想有密切关系，而且还因为当时留学中国的僧侣也必须亲炙宋学，所以儒学就成了僧侣特别是五山僧侣的教养之一。”[③]

---

① [日] 家永三郎著：《日本文化史》，刘绩生译，商务印书馆1992年版，第103页。

② [日] 高桥智著：《日本流传中国古籍简述》，《文史知识》2010年第3期，第85页。

③ [日] 永田广志著：《日本哲学思想史》，陈应年、姜晚成、尚永清等译，商务印书馆1978年版，第35页。

五山僧侣们对中国儒学采取兼容并蓄的态度。在他们看来，宋学、朱子学和禅学有着内在的相通之处。他们认为儒学"于道不为无助，虽读外书亦可也"，坚持儒佛互补、以儒补佛的观念。在当时五山寺庙中，僧人们"专探经世百氏之书，旁及杂说，吹藜继晷，莫不达明"，研读中国文献典籍特别是宋学典籍，蔚然成风，往往成为修行者的一种美德。由此，在五山僧侣中涌现出一批兼通宋学的著名学者，形成了日本儒学史上的一种特殊形态："五山儒学"。

五山儒学的代表人物之一是虎关师练。据说他勤奋好学，博览群书，谙熟佛教经论、儒家经典、诸子百家之书，对中国文化有相当的钻研。后从入日元僧一山一宁受学，深受其影响。虎关师练善写汉诗汉文，主张儒教一致、儒佛一致，尤为推崇宋学。

中岩圆月也是一位儒佛兼通的大家，与虎关师练同为五山文化开创者。中岩圆月曾入元求法，云游长江南北，直接接触和学习汉文化。回国后著《中正子》10篇，内篇四叙佛教，外篇六说儒道。中岩圆月深受伊洛之学的影响，标榜"诚明"二字以同化儒释，被认为是当时朱子学的泰斗。

到五山文化的极盛时代，宋学的风气也伴随着禅而弥漫于丛林之间。在当时的"五山十刹"，僧人们研读中国典籍，蔚成风气。14世纪中期，在禅林中出现了宋学讲筵，主要按照中国传来的新注讲授"四书"。宋学讲筵的出现，标志着日本宋学进入了研究时期。

日本历史上第一个开设宋学讲筵的是玄惠法印（？—1350）。玄惠法印以文学素养称世，谙熟司马光《资治通鉴》，尊信程朱之学，因而奉召为后醍醐天皇侍读，在京都宫廷据朱注讲授经书。日本京畿地区系统地讲授宋学，起源于此。宋学讲筵盛于宫中，影响及于朝野，"士大夫之有文者，莫不从而受教"。玄惠的讲筵，退汉唐注疏，倡程朱之说，开日本宋学研究一代之风。

玄惠之后，在整个14世纪，开设宋学讲筵者不乏其人。菅原公时、梦岩祖应、义堂周信等，都是当时研究和讲授宋学有影响的人物。坂本太郎指出："镰仓时代起传来的宋学，即朱子学，与禅僧一起逐渐传播开来，到这一时期已成了儒学的主流。”[①]

宋学的早期传播与禅僧们有着密切的关系，到后来，宋学的影响逐渐超出禅林的范围，传播到世俗社会。特别是室町时代后期，京都为战乱所困扰，五山禅僧们不得不纷纷下山他去，于是在地方上出现了新的宋学教学与研究中心，形成了新的研究宋学的学派。在这一时期，宋学基本上是依附于禅宗而传播和发展的。禅僧是宋学在日本流传的主体。到后来，宋学的影响所及已经逐渐超出禅林的局限，扩大了传播和普及的范围，逐渐成为主流的学术思想文化，为江户时代儒学的鼎盛奠定了基础。

五、德川幕府的礼教政治

中国儒学很早就传入日本，并且长期以来成为日本贵族和知识分子在文化教养方面不可或缺的因素，对日本的思想文化产生了重大影响。不过，在中世以前，儒学是作为伦理和政治理想而被日本人接受的，而在世界观乃至哲学思想的范围内差不多主要由佛教支配。宋学传入日本后，更是依附于禅宗、从属于佛教进行传播，进而才受到重视的。直到江户时代，日本儒学才获得了独立的发展。

所谓日本儒学的独立发展，主要有两层含义。一层含义是指它作为从对佛教的从属地位、从作为僧侣的一种文化教养的地位独立出来的意识形态和思想学派发展起来。独立过程中，贯穿着对佛教出世主义的理论性批判。这种儒学的独立发展，“初步地确立了理性对于信仰的自主性”[②]。“在儒教独立出来的同时，也开始出现了初步脱离了宗教的独立的哲学思想。”[③]另一层含义是从对

---

①［日］坂本太郎著：《日本史概说》，汪向荣、武寅、韩铁英译，商务印书馆1992年版，第236页。

②［日］坂本太郎著：《日本史概说》，汪向荣、武寅、韩铁英译，商务印书馆1992年版，第12页。

③［日］永田广志著：《日本哲学思想史》，陈应年、姜晚成、尚永清等译，商务印书馆1978年版，第23页。

中国学术的依附下独立出来，“脱离对中国学说的单纯移植和祖述，开始有了真正的深刻理解”[①]，即按照日本人的社会生活方式和文化观念来理解和阐释儒学思想，也就是儒学的“日本化”。这一方面对日本的思想文化和学术文化极为重要。日本化的儒学不再是一种从异域引进的外来文化，而是成为日本文化的一部分。正如坂本太郎所说，在江户时代，“特别是出色地完成了从中国的学问中独立出来，使人感到，近世的儒学完全是日本的儒学，到了这时，儒学才开始渗入到日本人的血肉之中”[②]。

日本儒学在江户时代获得独立发展，与德川幕府推行礼教文化政治有很大关系。江户时期，幕府将军是掌握实权的最高统治者，因此幕府将军对中国文化的态度直接影响到日本对中国文化的接受程度。在江户时代260年的历史中，15位幕府将军几乎都对中国文化特别推崇。日本江户时代，儒学不但被定为正统的官学，有些幕府将军甚至亲自主持刊行汉文书籍，以此作为政治统治及对庶民进行教化的标准。

德川幕府初期的三代将军实行武力统治和集权政治，建立了牢固的封建体制。但是，德川家康也是一位热心提倡学术的统治者。在有关文武官吏的法度中，首先就规定要钻研学问。元和元年（1615），德川家康颁布幕府政治法典，在禁中、公家、武家等各种法令中都有奖励学术、倡导学问的内容。如禁中法令的第一条——“天子所习，在于学问所，若不学，则不明古今之道”，公家法令的第一条——“公家与众家须勤学好问”，武家法令的第一条——“文武弓马之道，应专心学习，文事武备，须兼筹并顾”。德川家康还亲自搜集和刊行汉文典籍。他的这些活动对儒学的复兴和繁荣起了很大的推动作用。到第四代将军时，则开始了德川幕府礼教文化政治的时代。

第四代将军德川家纲幼年继承家业，辅佐他的保科正之对山崎闇斋的朱子学和吉川惟足的神道颇有造诣。德川家纲极重视伦理道德，奖励文教。为了进

---

①［日］尾藤正英等著：《日中文化比较论》，王家骅译，浙江人民出版社1992年版，第183页。

②［日］坂本太郎著：《日本史概说》，汪向荣、武寅、韩铁英译，商务印书馆1992年版，第307页。

一步推行儒学，他在幕府中特设儒官，并亲自讲解经书，让老中、大名、旗本、僧侣以至陪臣都来听讲。他每月讲解《周易》六次，用八年的时间，讲了二百四十次才讲完。他命林罗山的孙子林凤冈由僧还俗，蓄发穿儒服，任“大学头”职，并在元禄四年（1691）建汤岛圣堂（即孔庙），亲笔书写“大成殿”匾额悬挂殿内，祭祀孔子，把林氏私塾迁到这里。德川纲吉是德川家纲的异母弟，是德川幕府的第五代将军。德川家纲的宰臣如大老掘田正俊和柳泽吉保等人，也都十分好学。特别是柳泽吉保精通佛教和儒学，擅长诗歌，笃信忠信伦理之道。这一段时间，礼教文化政治可以说达到了鼎盛时期。

礼教文化政治的内容首先表现在健全幕府制度和制定礼仪上，如在武家法规中增加文治思想，整备法典，对司法行政制度进行某种改革，制定服制和礼仪规制等。“实行礼教文化政治的目的是，按照儒教的政治思想教化人民，以保持社会秩序的稳定。”①幕府的政治社会体制是一种完备的封建制度。在人与人方面，以将军和大名、直属武士的关系为中心，武士与武士之间都有牢固的主从关系，这种关系不仅限于武士，而且也适用于其他一切身份的人。士农工商都有固定的身份，属于不同的社会阶级，在每一种身份中，还再细分为各种阶层。主从的关系和阶层的秩序构成了幕府封建统治的社会基础。那么，对于幕府统治者来说，“必然要求扶植有助于维持这个阶位制社会结构的意识形态”②。正如永田广志所指出的那样：

> 为了维持作为幕藩体制特征的严密的士农工商的身份制和武士团内部的阶层结构，儒教特别是朱子学派是最为适合的。而幕府、诸侯也都为了教育士人而积极地利用它，并采取了培养完全独立于公家和僧侣之外的大批儒者的政策。③

---

①［日］坂本太郎著：《日本史概说》，汪向荣、武寅、韩铁英译，商务印书馆1992年版，第295页。

②［日］永田广志著：《日本哲学思想史》，陈应年、姜晚成、尚永清等译，商务印书馆1978年版，第33页。

③［日］永田广志著：《日本哲学思想史》，陈应年、姜晚成、尚永清等译，商务印书馆1978年版，第35页。

家永三郎也指出：

> 随着封建秩序的巩固，对学术的社会需要提高，人们开始意识到儒学，尤其是朱子学作为从伦理上维护封建社会的学问的有效性。特别是从五代将军纲吉时期开始，改变了以往的武人独裁政治，采用了文治主义政策以来，幕府积极奖励儒学……朱子学所代表的儒学取得了封建社会正统哲学的地位。①

幕府统治者推行了一系列鼓励儒学、实行礼教文化政治的措施。例如德川纲吉不但亲自做忠孝的模范，还在全国的布告牌上贴出五道布告，让人们都知道忠孝、仁恕、节俭、勤勉等道理，对孝子、节妇的善行一一进行表彰。1719年，清朝顺治时颁布的《六谕》②从琉球传入日本，八代将军吉宗对此极为重视，命荻生徂莱附以训点、室鸠巢译成日语，以《六谕衍义》书名刊刻发行，很快流传全国，甚至在明治维新前夕还再版发行。坂本太郎曾评论德川幕府提倡儒学的政策说："近世的封建制，就是在这个渗透着儒学思想的基础上维持下来的……封建制能在漫长的260年中持续下来，完全是由于这种思想基础巩固的缘故。"③同时，在这样的条件下兴起的日本儒学，也自觉地担当起维护封建制意识形态的功能。正如永田广志指出的那样，日本儒学的"主要任务是把《大学》中作为儒教纲领所规定的修身齐家治国平天下的道理教给诸侯士大夫；是教给他们持身之道和礼仪以期'明明德'和'亲民'；是通过以《春秋》笔法对历史事例做出主观的道学的评价，以正'名分'，阐明君臣之分，

① ［日］家永三郎著：《日本文化史》，刘绩生译，商务印书馆1992年版，第138页。

② 顺治九年（1652）颁布的《六谕》，涉及的主要内容是：孝顺父母、尊敬长上、和睦乡里、教训子孙、各安生理、毋作非为。

③ ［日］坂本太郎著：《日本史概说》，汪向荣、武寅、韩铁英译，商务印书馆1992年版，第307页。

这样来为巩固和粉饰幕藩体制的意识形态铺平道路”[①]。

因此，在江户时代，儒家思想是占主流地位的意识形态。儒家思想具有绝对的权威性，一切从儒学的价值标准来考虑问题的思维模式，风靡于知识分子阶层。[②]例如当时颇为著名的学者太宰春台认为，自儒学的移植开始，日本才有道德生活准则。他指出：

> 考本朝远古之世，自神武天皇自三十代钦明天皇，本朝并无所谓道。日本无道之证据，在于仁义礼乐孝悌等字无训读。凡日本原有之事必有训读之法，无训读即日本无此事。盖因无礼义之说，自神代至人皇四十代之世，虽为天子，兄弟叔侄皆可为夫妇。后通交异国，中华圣人之道行于我国，天下万事皆学中华。我国人始知礼义，悟人伦之道，弃禽兽之行。今世虽寻常小事，如违礼义，必视为畜类，圣人之教遂行。[③]

江户时代逐渐发展起来的教育机构也在加强着儒家思想的意识形态功能。江户时代的日本教育机构有幕府的直辖学校、藩学和民众教育所三等。著名的幕府直辖学校有昌平坂学问所、和学讲习所、开成所和医学所等。这些教育机构也是推广、传播儒家思想文化的中心。昌平坂学问所是最主要的儒学教育中心，在昌平坂设有祭祀孔子的圣堂。昌平坂学问所除在本所传授儒学外，还为设在长崎的明伦堂、甲府的徽典馆、横滨的修文馆等幕府直辖学校派遣儒学教官。藩学一般设在大名的领地上，以教育各藩武士为主，部分藩学也准许平民子弟入学。设在日本全国的藩学有三百余所，教育内容以汉籍为主，也习武艺。民众教育包括乡学、私塾、寺子屋、心学与实学讲习所等各种类型的学

---

① ［日］永田广志著：《日本哲学思想史》，陈应年、姜晚成、尚永清等译，商务印书馆1978年版，第36页。

② ［日］家永三郎著：《外来文化摄取史论——近代西方文化摄取思想史的考察》，靳丛林、陈泓、张福贵译，吉林教育出版社1990年版，第28页。

③ ［日］家永三郎著：《外来文化摄取史论——近代西方文化摄取思想史的考察》，靳丛林、陈泓、张福贵译，吉林教育出版社1990年版，第28—29页。

校。阳明学家中江藤树创办藤树书院，提倡知行合一说。古学家伊藤仁斋开办古义塾，前后收弟子达三千人。吉田松阴的松下村塾、广濑淡窗主持的咸宜园等也很有名。这些教育机构都把传播儒学作为主要工作，传播儒学成为幕府礼教文化政策的一部分。

坂本太郎指出，江户时代日本“儒学之所以出现这种盛况，是幕府文教政策的结果，也是因为儒学在普通教育中作为基础科目而据有巍然不动的巩固地位的缘故。即使是反对儒学，标新立异的人，其基础知识也毫无例外地是儒学。儒学已经渗透到近世知识分子的精神生活中，其威力是巨大的。尤其不容忽视的是，幕府和各藩开设的学校以及学者创办的私塾等，都曾为儒学的普及，作出了巨大的贡献”[①]。

六、朱舜水对日本儒家文化的贡献

清初流亡日本的大学者朱舜水在日本传播中华文化，对日本文化做出许多重要贡献，而江户时代日本儒学思想的发展，与朱舜水积极培养儒学人才、大力传播儒学思想有一定的关系。

朱舜水是晚明时期的著名学者。他早年就学于名儒，精通诗书，为江苏松江府学秀才，他的学力据说是“开国以来第一”。清兵入关后，他积极参加抗清复明的斗争，历尽艰辛，最后流寓日本。

朱舜水针对当时日本“遍地皆佛”“未闻有孔子之教”的情况，提出必须大力推行“儒教圣道”，强调“儒教得行，其居则安富尊荣，子弟则孝悌忠信，通国之君臣士庶，并受其福；不行则邪道侵淫，将来无所底止”[②]。他认为，当时的关键是要有人“以孔子之道教之”。他内心“慨然以斯文为己任”，决心在水户藩推行儒道。他收徒教学，大力传授“圣人之学”，广泛传播儒家

---

①［日］坂本太郎著：《日本史概说》，汪向荣、武寅、韩铁英译，商务印书馆1992年版，第334页。

②《朱舜水集》（上册），中华书局1981年版，第98页。

思想文化。他广交朋友，“硕儒学生常造其门者，相与讨论讲习，善诱以道”，朋友学生“说《礼》《乐》，敦《诗》《书》”，“凡当代的学者无不直接间接受到他的感化，给日本儒学界以极大的影响”。[①]日本学者都尊称他为“朱夫子”或“舜水先生”。

朱舜水广为传播儒家的礼仪文化，将儒家的礼仪制度极为详细地传播于水户藩，使“三代礼仪悉备于斯时”。他自己“动必以礼……明室衣冠，始终如一。……凡古今礼仪大典，皆能讲究，致其精详。至于宫室器用之制，农圃播殖之业，靡不通晓”[②]。他撰写了《太庙典礼仪》《诸侯五庙说》《释奠仪注》《墓祭议》等礼仪之文，教授《五庙之礼》等礼仪典式。同时，他教人们制作了一些礼制祭器及明式衣冠。他传授“学问之方，简牍之式，科试之制，用字之法”，使人们“皆与有闻”。所有祭典的礼制，日本叫“释菜”，也是朱舜水带去的明代礼制。日本的孔子圣庙和朱舜水有很大关系，现在日本东京最大的孔庙——汤岛圣堂，就是根据朱舜水《学宫图说》监造的。圣堂供奉的孔子像是朱舜水从舟山带去的三尊孔子像中的一尊。这尊孔子像曾传到大正天皇手中，后又从皇宫回到圣堂，成为日本珍品。另外两尊孔子像，一尊珍藏在柳川，一尊珍藏在安东守约第11代裔孙安东守仁家中。

朱舜水的教育思想对推动江户时代日本教育事业的发展也有很大影响。他主张，选贤举能、启民才智的教育要同光复明朝、除弊兴利的社会改革相结合，认为国家的盛衰与教育的兴亡密切相关。他指出：“敬教劝学，建国之大业；兴贤育才，为政之先务。”[③]他说：“建学立师，乃所以习长幼上下之礼，申孝弟之义，忠君爱国而移风易俗也。”[④]依他看来，日本建国的大本在于敬教劝学，施政方面的当务之急在于兴贤育才。他系统阐释了学校在治国中的重要地位和作用，他认为学校是一个国家一日不可缺少的命脉，学校本体的存在并不举足轻重，关键在于有学校就有教育。教育关系着国家的兴衰、人才的培养，

① [日] 木宫泰彦著：《日中文化交流史》，胡锡年译，商务印书馆1980年版，第704页。
② 《朱舜水集》（下册），中华书局1981年版，第631页。
③ 《朱舜水集》（下册），中华书局1981年版，第501页。
④ 《朱舜水集》（下册），中华书局1981年版，第74页。

▲明《孔子燕居像》，孔子博物馆藏

▲《孔子行教图》

▲曲阜孔庙大成殿

▲北京孔庙

◀汉代石刻《春秋》残片

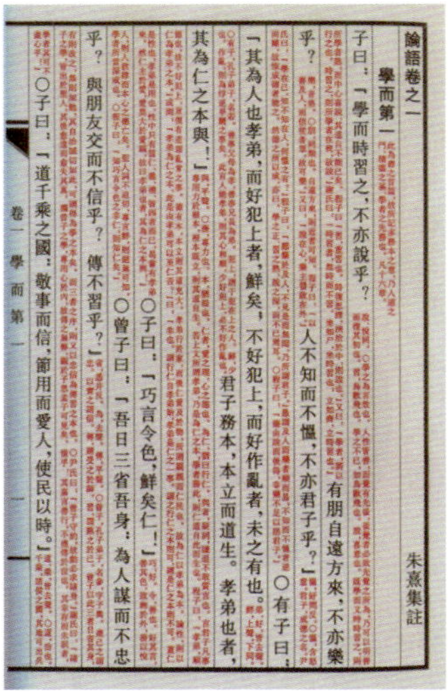

論語卷之一　朱熹集註

學而第一

子曰：「學而時習之，不亦說乎？有朋自遠方來，不亦樂乎？人不知而不慍，不亦君子乎？」○有子曰：「其為人也孝弟，而好犯上者，鮮矣；不好犯上，而好作亂者，未之有也。君子務本，本立而道生。孝弟也者，其為仁之本與！」○子曰：「巧言令色，鮮矣仁！」○曾子曰：「吾日三省吾身：為人謀而不忠乎？與朋友交而不信乎？傳不習乎？」○子曰：「道千乘之國：敬事而信，節用而愛人，使民以時。」

卷一　學而第一　一

▲《论语》书影

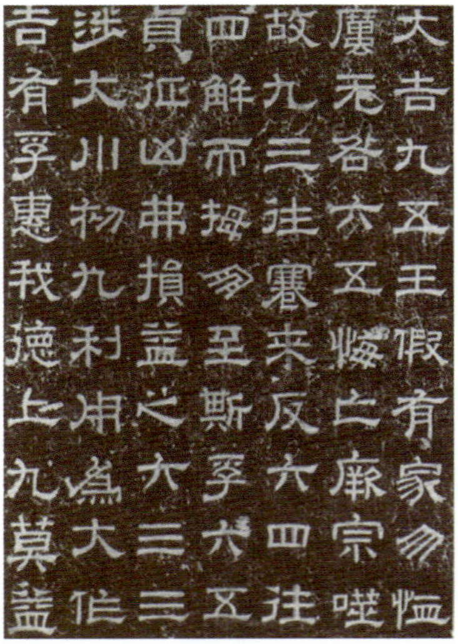

▲东汉“熹平石经”拓片（局部），洛阳金石文字博物馆藏

▲《孔子圣迹图》（局部）

▲《朱熹著书图》

▲明杜堇《伏生授经图》，美国大都会艺术博物馆藏

▲《宋人十八学士图轴》（局部），台北故宫博物院藏

▲明仇英《观榜图》（局部），表现参加科举考试的举子们在张榜墙前的观榜盛况，台北故宫博物院藏

▲唐阎立本《孝经图卷》（局部），辽宁省博物馆藏

▲朝鲜时期印刷的中国典籍

▲15 世纪日刻本《四书白文》

▲朝鲜《华城圣庙殿拜图》（局部），
韩国国立中央博物馆藏

▲日本江户时代《汤岛圣堂图》，日本江户东京博物馆藏

▲越南河内文庙国子监中的孔子像

▲在《中国哲学家孔子》中，孔子被描绘成为一个贤明学者的形象。这一形象在当时的欧洲广为流传，代表了 17—18 世纪欧洲对中国的积极印象

▲《中华帝国全志》1736 年法文版中的孔子像，美国旧金山大学利玛窦中西文化历史研究所图书馆藏

关系着政权的存绝，只有兴教劝学才能使人才辈出，民风淳茂，国运灵长。

朱舜水对江户时代儒学的朱子学派、古学派等都有一定影响。朱舜水的学生安东守约（省庵）就是朱子学派的著名学者。古学派的代表人物山鹿素行、伊藤仁斋和荻生徂徕等人，都直接或间接受到朱舜水的思想影响。

朱舜水对日本学术思想的最大影响，是对水户学派的影响。甚至可以说，正是在朱舜水的直接培育下，才有了日本的水户学派。

水户学派“大义名分”思想成为明治维新尊王攘夷运动意识形态的支柱。所以，有的日本学者指出：“打破德川江户幕府三百年的封建统治，建立惊天动地的维新大业，使日本与世界各国为伍，成为现代国家的一员，正是由于朱舜水思想所使然。”朱舜水也因此被认为是日本明治维新运动的先导者。

七、明治时代的儒学复兴努力

明治维新是日本社会历史发展的一个重大转折点。明治维新既是日本社会走向现代化的起点，也是一场深刻的新文化运动。这场新文化运动的实质，就是全面引进和吸收西方文化，摆脱幕藩体制时代的传统意识形态，追随世界现代化的潮流。文化上的重大变化，集中体现为明治初年提出的三大口号之一的“文明开化”，即以西方文化的价值观来改造日本的传统文化。因此，在明治维新前夕和维新初年，和在中国现代化初期发生的情况一样，中国传统思想特别是以朱子学为核心的“儒学主义”，成为新文化运动的主要攻击目标。许多激进的思想家都对传统的文化价值观，对作为幕府时代的官方哲学的朱子学说以及整个儒家思想，进行了尖锐的抨击和批判。

在明治维新时期西化潮流的冲击下，日本传统儒学受到严重打击，失去了在社会意识形态中的主导地位。但是，这也并不意味着日本儒学的全面崩溃。维新派势力为发动倒幕维新，引进了近代西方的思想文化观念，对抗幕府以儒学为中心的本位文化。但是，明治政府和天皇体制得到巩固后，又采取了一系列的“反拨”性措施，以引导近代思想文化持续健康发展。

明治十二年（1879），日本以天皇名义颁发了由著名儒学家元田永孚执笔的《教学大旨》。这是自明治近代文化运动发生以来，日本第一次以天皇的名义重新提出以“仁义忠孝”为国民道德才艺的核心，公开将加强皇权作为思想文化的发展方向。《教学大旨》中提出治学以孔子为主，儒学的仁义忠孝成为国民道德的方针。《教学大旨》的起草者元田永孚倡明“天理人伦，修己治人的实学”，认为西洋之发明，其理俱在孔子之言中。井上哲次郎通过解释《教育敕语》而提倡的“以伦理代宗教”主张，其“伦理运动的精神与孔子之道非常近似，伦理运动也是为建立德教的运动”，故而呼吁“以孔子的人格作为教育家的典范”。[①]后来，孔子之教逐渐被视为涵养国民道德、复兴日本精神的基础。

依据《教学大旨》的敕令，日本1880年颁布了《改正教育令》，重新确定了以讲授儒学道德为内容的“修身科”必须置于中心学科的位置，强调教育的目的在于养成国民的“尊皇爱国之心”。明治二十三年（1890），明治天皇再次颁布《教育敕语》，其中心思想是：孝于父母，友于兄弟，夫妇相和，朋友相信，恭俭持己，博爱及众，修学习业，以启发智能，成就德器，进广公益、开世务，常重国宪、遵国法，一旦缓急，义勇奉公，以扶翼天壤无穷之皇运。旨在以儒学的道德观为基础，从精神方面加强皇权主义。《教育敕语》的颁布，对于日本近代思想文化运动有着重要影响。而随着明治时代中后期皇权力量的加强，日本儒学也开始重新活跃起来，出现了一定程度的复苏景象。

1891年，从欧洲留学回国的井上哲次郎撰写成《教育敕语衍义》。此文经明治天皇本人审读，以井上哲次郎的名义作为个人著作出版，文部省即刻把它推行于全国。《教育敕语衍义》一个最基本的主题思想，即日本社会正在日益接受欧美的文化思想，而这种世态的加深发展，势必会动摇日本天皇制政体的国家利益。于是，井上哲次郎致力于把日本传统儒学中的伦理观念与欧洲的国家主义学说结合为一体，着力于阐述“孝悌忠信”即“共同爱国”为日本国民

---

① 参见刘岳兵著：《中日近现代思想与儒学》，生活·读书·新知三联书店2007年版，第132—133页。

的德目纲要，是所有“臣民”对天皇应尽的义务，从而试图创立一种新的日本精神。

井上哲次郎对孔子特别是其人格十分景仰。他认为，孔子虽然出生在中国，但不为中华民族所专有，他的伟大不局限于中国，他和佛陀、基督一样，是全世界、全人类的圣人。孔子圆满的人格是经由寻常之道自力修养积累而成的，这种从平凡中修炼而成非凡的实例可以作为青年的楷模和教育家的典范。因为孔子当时的境遇与普通学生也没有什么两样，只要奋发上进，无论什么样的学生都可以成为孔子那样的人。理论上虽然可以这样说，实际上却相当困难；而越是感到其中的困难，就越能感觉到孔子的伟大。他认为，人类文化在发展，“以今日的学问思想来指责孔子的不足这并不是真正的理解孔子之道。无论学问知识如何进化也不能遮掩孔子的人格之光”[①]。

井上哲次郎认为，与其他世界圣人相比，孔子是“情本位的圣人”，孔子的“仁”是“情的道德”。与之形成鲜明对照的是苏格拉底，苏格拉底是“智本位的圣人”。孔子的仁与今天所谓的人道思想相符，是超出今天任何宗教宗派之上的。他打了个有趣的比喻：佛教和基督教好比饼和酒，喜欢吃饼的就去听佛教的讲义，爱喝酒的可以去听基督教的宣教，悉请尊便。但儒教所弘扬的人们应该遵守的日常道德就好比米饭，是每天都不可缺少的。

关于伦理与宗教的关系问题，井上哲次郎有一个著名的观点是“以伦理代宗教”。他认为这种伦理运动的精神与孔子之教有着惊人的相似之处。伦理运动也是一种立于德教的运动。而由孔子之教发展而来的儒教，他认为就是一种“德教”。道德是人与人之间发生的事情，宗教是由人与人以上的东西之间的关系而起的一种信念。他认为，人与人之间发生的道德如果缺乏超人间的信念的支持就没法实行。他说，孔子与其说是宗教家，不如说是道德家。这一点应该是孔子与佛陀和基督的区别，然而孔子思想并不是没有任何宗教性的要素。孔子终归还是抱有超人间的信念，这就是“天”。孔子的良心与其“天”合为一

---

① 引自刘岳兵著：《中日近现代思想与儒学》，生活·读书·新知三联书店2007年版，第120页。

体，便达到问心无愧。而孔子之所以被称为“千载道德之师”，成为精神领域的伟大人格象征，是因为他内心怀有如此崇高伟大的信念。孔子不同于其他的宗教家，他不陷于迷信，不表现神怪不可思议的奇迹，远离荒诞不稽的宗教而重视现实的伦理道德，同时又不流于功利主义，言经济也全然是道德主义的经济。这种超功利的崇高、平凡中的非凡，正是孔子的优点所在。他说孔子还是一个躬行实践的社会活动家，尤其是“和平运动的元祖”，孔子倡导的人道主义早在基督之前，也在希腊先哲之前。从世界的立场上，他对孔子做出这样的评价：

> 折衷三代，集而大成。德施四海，教及八弘。天地并道，日月同明。东西古今，谁又得争？只有耶佛，三圣齐名。①

明治九年（1876），西村茂树以“恢复道德”为旗帜，率先创立“修身学舍”，后又取《论语》中“人能弘道，非道弘人”之旨，改名为“日本弘道会”。创立此会的目的，“在于提高国人之道德，以巩固国家之基础”②。西村认为，大量导入西方近代文化，则将世风日下，道德沦丧。而“道德”的沦丧，将危及国家的生存。树立“国民道德”，既可抗拒近代文化，又可巩固国家。西村站在传统儒学伦理思想的立场上，极力提倡日本国民道德的养成。他主张“调和西国之知识与儒学之实行”，“当今日，全国德育之经典，应以《论语》为主，配合其他三书（《大学》《中庸》《孟子》）而用之”。1887年，西村出版了两部复兴儒学的重要著作——《妇女鉴》和《日本道德论》。

为了推动日本儒学的复兴，一些汉学家与国粹主义者纷纷创办传授儒学的学校，结成弘扬儒学的社团。明治十年（1877），著名汉文学家三岛毅“以维持与扩张东洋固有的道德文学”为目的，在东京创设“二松学舍”，并使其成为培养传统汉学家的主要基地。之后，从欧美考察归国不久的右大臣岩仓具视

---

① 引自刘岳兵著：《中日近现代思想与儒学》，生活·读书·新知三联书店2007年版，第122页。

② 引自何寅、许光华主编：《国外汉学史》，上海外语教育出版社2002年版，第314页

“深虑国家之前途，欲以儒学而养成坚实之思想，以巩固国家之基础”[①]，遂与汉学家重野安绎、谷干城、股野琢等人结成“斯文学会”。

从1881年起，日本还开始恢复荒废许久的“孔子祭”。这年，关东足利学校仿当地古俗，举行了自明治维新以来日本第一次孔子祭典活动。其后，从1907年起，东京汤岛圣堂每年举行一次“孔子祭典”。

19世纪90年代以后，儒学复兴成为日本社会思想文化的主流思潮之一。严绍璗指出：“参与儒学复苏思潮的，除了政客和浪人外，作为文化人，大概主要是由三方面人士组成的：一部分是幕末的硕学老儒；一部分是参与早期维新的转向者；一部分是留学欧洲的国家主义学说的信仰者。”[②]“他们脱去了旧汉学时代对朱子学信仰的残余，转而以近代国家主义观念来信奉‘孔子之教’。他们几乎都否定除孔子之外的一切儒学的价值，而把孔子的论说提到宗教教义的信仰程度，几乎所有的新儒家学派学者，都使用‘孔教’这一特殊概念，作为他们崇尚和信仰的标识。”“他们所追求的是孔子论说中关于‘大义名分’的‘忠君’观念和‘天命’之说，并把它们与日本国权主义结合在一起，造成一种维护国家体制的意识形态。”[③]

八、《〈论语〉与算盘》

明治维新初期，新政府倡导实业兴国，废除了旧的人身等级制度，资本主义经营方式迅速兴起，工业化进程由此展开。在这种形势下，日本迫切需要经济伦理思想的变革，即需要由传统的农本主义、“贵谷贱金”、权力主义、“重义轻利”等价值伦理，转向合乎资本主义经济发展的工商立国，“以金钱为贵”“以营利为善”等的价值伦理。然而，官尊民卑和贱商意识作为一种传统思想依然根深蒂固，西方功利主义和商业伦理毕竟是舶来品。对当时的日本而

① 引自何寅、许光华主编：《国外汉学史》，上海外语教育出版社2002年版，第314页

② 严绍璗著：《日本中国学史稿》，学苑出版社2009年版，第305页。

③ 严绍璗著：《日本中国学史稿》，学苑出版社2009年版，第306页。

言，解决这个难题的有效途径，就是在传统儒教思想和资本主义精神之间找到一个适当的结合点，既要对以“重农贱商”“重义轻利”为主的儒教传统进行反叛和扬弃，又要在传统伦理尚具有强大潜力的情况下，寻求向西方看齐、具有普世价值的“公性伦理”的支持。在这种时代背景下，涩泽荣一（1840—1931）的道德经济合一学说应运而生。涩泽思想的主旨，是力求改变“轻商贱利”的社会习气以及“权力本位”的社会意识形态，以建构适应资本主义发展需要的经济伦理观念。

涩泽荣一积极投身于兴办实业的活动，做出了重大贡献，以至于谈到日本明治时期的工业化，不可能不提到涩泽荣一。他一生的业绩宏伟非凡，仅仅参与创办的企业，就有五百余家。他热衷于西方经济制度的引进和企业形态的创新，创办了日本第一家近代银行和股份制企业，并率先发起和创立近代经济团体组织。在实业思想上，他把来自中国的儒家精神与效仿欧美的经济伦理合为一体，奠定了日本经营思想的基础。他不仅是日本人公认的近代产业先驱，而且是近代日本工商业的精神领袖。

涩泽荣一将自己的经营思想著述起名为《〈论语〉与算盘》，据说该书名来自一位名叫福岛甲子三的儒学企业家给他七十岁生日祝寿时送的一幅画。画面上有一把刀、一个礼帽、一个算盘和一本《论语》。“刀”象征武士，“礼帽”象征商人，“算盘”代表经济，《论语》代表道德。之后，阳明学者三岛中洲为这幅画写了一篇《〈论语〉算盘说》。其中说到，孔子为季氏管仓库时计量公平，给百姓送粮食是雪中送炭而不是锦上添花，为政的宗旨是先让百姓温饱再让百姓富庶，礼仪与其奢侈不如节俭，将自己比作待出售的玉，这些都是《论语》中有算盘的根据。《周易》起数六十四卦就是算盘之书，但利益计算皆出于道义之和，与《论语》见利思义的学说吻合，这是算盘中有《论语》的根据。因此，涩泽认为，算盘与《论语》本是一体不能两分，经济萎靡的原因就在于世人把它们分开了。画师把二者分开画，没有得到涩泽荣一思想的真意。由此，“论语加算盘”就变为“义利合一”的代名词，也成为涩泽荣一经营思想的象征。

涩泽荣一提出了“士魂商才”这个概念，其灵感来源于日本历史上菅原道真提出的“和魂汉才”。所谓“和魂汉才”，就是以日本所特有的大和魂（日本精神）为根本内核，而以中国的文化为外在手段，类似于晚清洋务运动时期提出的“中体西用”。涩泽荣一认为，“和魂汉才”很值得继续发扬光大，不过在新的时代，为了适应工商强国的需要，应该提倡“士魂商才”。他说：“士魂商才的真正意义，就是要具有卓立人世间所必备的武士精神，但仅有武士精神而无商才的话，在经济上又会招来灭亡之运，故有士魂尚须有商才。”士魂商才就是指一个人既要有“士”的操守、道德和理想，又要有“商”的才干与务实。涩泽荣一说：

> 之所以提倡士魂商才，是因为集正义、廉直、侠义、勇为、礼让美德为一体的武士精神虽然为人敬仰为民族的骄傲，可是一些工商业者却认为，如果以此为宗旨去做生意就行不通了，这种态度乃是只趋眼前之利的表现，必须加以纠正，否则日本将因小失大，在世界上失去信誉。[①]

所以，“所谓的商才应以道德为本”，它不能背离道德而存在，而“欺瞒、诈骗、浮华、轻佻之商才，实为卖弄小聪明、小把戏者，根本算不得真正的商才”。因此他提出，无论是滋养士魂还是培养商才，归根到底都需要从《论语》中得到教诲和启发。从涩泽荣一关于“士魂商才”的解释来看，其核心思想是道德的完善，一个商人想要成功，首先要培养出高尚的品格，有了高尚的品格才能获得真正的成功。

涩泽荣一将“士魂商才”确定为日本商人的理想人格，为日本商人的经济活动确定了一个高尚的动机：经营商业的目的不是满足自己一时的肉体私欲，而是为了使自己获得完善理想的人格；商业经营不是为了个人，而是为了社会，为了日本国家和民族的兴盛；经商不但同理想人格没有矛盾，而且是实现理想人格的最佳途径。通过这种论证和阐释，涩泽荣一确立了经济发

① 引自张志峰主编：《接力NO.1》，二十一世纪出版社2011年版，第83页。

展在价值观上的合理性，同欧洲新教徒以经商来成为“上帝选民”的价值观异曲同工；同时，他从工商业者应该具备的人格和民族精神的高度来认识“士魂”，又打上了鲜明的日本“武士道”烙印，以充分唤起工商业者的高度职业使命感。

涩泽荣一以《论语》的有关语句为起点，论证了道德与经济的关系。他指出，道德与经济不是互不相容的，而是互为条件、不可分离的。不存在脱离经济的道德，也不可设想背离道德的经济会给社会带来好处。他说：“抛弃利益的道德，不是真正的道德；而完全的财富，正当的殖利必须伴随道德。”

那么，两千多年前的“孔子之教”如何摇身一变，成为可以建构资本主义经济伦理的新基础呢？从涩泽荣一的《〈论语〉与算盘》一书中可以看出，这是他基于自己对《论语》的体认而进行的再诠释。他是这样理解的：孔子之教是以“经世济民”为根本前提的，主张“博施济众”；而要“博施济众”，就不能不讲货殖经济；要讲货殖经济，就不能不讲功利和人欲。这样一来，它就使讲求“仁义道德”的孔教与追求利润的资本主义嫁接在一起了。与此相同，涩泽荣一对孔子财富观的解释也是如此。例如，他列举了一般人对《论语》中“富与贵，是人之所欲也，不以其道得之，不处也”的理解，说“由此就认为孔子一味厌恶富贵，是荒谬的”，并举出“富而可求也，虽执鞭之士，吾亦为之”等孔子的言论，说明孔子重视富贵的价值取向。涩泽荣一之所以着重强调道德、经济两者缺一不可，其目的就是要破除日本传统的“轻商”价值观，提倡“殖产兴业”的资本主义价值取向，鼓励日本民众兴业致富，从而达到立国兴国之目的。

涩泽荣一把“利”区分为公益和私利两种。他对于公益的定义是，“超越私利私欲观念，出于为国家社会尽力之诚意而得之利”[①]。他认为，公益就是国家和社会的利益，而从国家和社会的利益出发从事工商活动就是他所提倡的道德。

在关于公益和私利的关系上，涩泽荣一也主张二者合一。他首先强调树

① 引自钟放著：《稻盛和夫的经营哲学》，商务印书馆2007年版，第131页。

立国家和社会利益的重要性，但同时他明确提出了公益和私利二者并不是无法统一的，反对把二者对立起来。他认为："谋求社会利益，使国家富强，终究会给个人带来利益。"他以一个很形象的比喻来说明自己的观点："譬如通过火车站的检票口，如果人人认为只要自己先通过那狭隘的出入口就好，那么结果谁也挤不过去，大家会同样陷入困境。"[①]他这样论道"公与私"的关系：所谓公益与私利本为一物。公益即私利，私利能生公，若非可为公益之私利，则不能称之为真正之私利。商业的真正意义也就在于此。因此，他主张从事商业的人都不应误解其意义，应专营可致公益之私利，因为这不仅可带来一身一家之繁荣，且同时可致国家之富裕、社会之和平。

涩泽荣一的解释虽然引用了《论语》中不少具有古典性的"仁、义、利、欲"等概念，但是其最大特点是导入了具有近代性的"公、私"概念，将传统的"义利之辨"提升到了"公私关系论"。这是涩泽的思想中最为闪光的一点。涩泽的"公私关系论"，主旨是伸张商业经营及"私利私欲"的"公利性"和"公益性"，以及"公益即私利，私利能生公益"的价值伦理，树立企业家作为近代国家主人翁的地位，这也是涩泽荣一经营思想的本质目的。

他认为，传统观念总把义与利对立起来，这从中国古代到西方古代都有种种说法，如中国传统有"为富不仁"之说，古希腊亚里士多德也有"所有的商业皆是罪恶"之论。这些观念的形成，当然与不法商人的不当牟利有关，但如果把这种观念绝对化，对国家和社会的发展会产生极大的危害。

他认为，后儒对孔子学说最突出的误解是富贵观念和理财思想，他们错误地把"仁义道德"同"货殖富贵"完全对立起来。所以，涩泽荣一对孔子的财富观做了自己独到的论证和说明。他通过对《论语》有关论述的分析表明，孔子并无鄙视富贵的观点，只是劝诫人们不要见利忘义，不要取不义之财。他还认为：孟子也主张谋利与仁义道德相结合，只是后来的学者将两者越拉越远，反说有仁义而远富贵，有富贵则远仁义。在这里，涩泽荣一完全否定了

---

① 引自张志峰主编：《接力NO.1》，二十一世纪出版社2011年版，第83页。

以往人们对于“仁则不富，富则不仁”的理解。同时，他指出这种理解的危害是“把被统治阶级的农工商阶层人置于道德的规范之外，同时农工商阶级也觉得自己没有去受道义约束的必要”，从而“使得从事生产事业的实业家们的精神，几乎都变成了利己主义。在他们的心目中，既没有仁义，也没有道德，甚至想尽可能钻法律的空子去达到赚钱的目的”。因此，不能忽视修身养性、提高道德修养。另一方面，他又认为，空谈心性，鄙视实业，也是导致国弱民贫的一个重要原因。所以涩泽荣一强调指出：“仅仅是空理空论的仁义，也挫伤了国家的元气，减弱物质生产力，最后走向了亡国。”因此，他主张：“谋利和重视仁义道德只有并行不悖，才能使国家健全发展，个人也才能各行其所，发财致富。”他还以自己的经验说明义和利可以并行不悖。

涩泽荣一经营思想的提出，很大程度上改变了日本“轻商”的传统，使很多青年人投身于实业界，推动了近代日本资本主义的生成与发展。涩泽荣一的经营思想，奠定了近代日本经济发展的基本路径和价值取向，而《〈论语〉与算盘》也依然是日本企业家阅读最多的管理经典著作之一。

第九章

孔子在越南

一、孔子儒学在越南的传播

自秦汉至唐，中原王朝对越南地区实行直接统治，推行“车同轨”“书同文”“行同伦”的政策，使中华文化广泛南传，为当地人所接受，对当地风俗的变化和文明开化起了很大的作用。汉文化成为越南地区早期文化的主流，或者说是占统治地位的文化，并且奠定了越南独立建国后文化发展的基础。

历代派往交趾的官吏也很注意用中国儒家伦理和汉民族风俗改造当地居民的生活风俗。如锡光、任延二守便曾建立学校，以礼仪教育人民，制定婚娶礼法及衣服式样，移风易俗。中原王朝派往越南地区的官吏，执行这种改变风俗文化的政策，促进了当地社会的进步和文明开化。越南历史学家陶维英指出：“从锡光和任延太守的同化政策之后，氏族社会的习俗已经逐渐让位于父权家族与婚礼制度。在日常的生活方式上，由于越汉两族的杂居，从衣、食、住、行等风俗习惯，乃至越南人的语言，已经逐渐地受到汉族很多的影响。越南人的信仰也深深地和汉族的信仰交融在一起。”[①]

孔子的儒家学说很早就传入了越南地区，并通过越南又传播到东南亚一些国家。在漫长的历史过程中，越南人学习和接受儒家的思想学说，使之逐渐成为越南传统文化思想的渊源之一，成为越南民族传统文化的组成部分。越南学者陈重金指出：“当儒教、老教、佛教在中国兴盛之时，我交州之地还属于中国，因而我们的人也皈依了这些宗教。后来我国自主之后，这些教更形兴盛……”[②]还有的越南学者说，在“北属时期”，“中国的各种手工业技术、宗教、学术思想日益强烈地渗入越南。孔教是封建集权制度的思想体系。道教以及尔（而）后的佛教已成为越南社会生活的准则，如今越南已是隶属于中国的一个国家并且有为数众多的地方封建贵族，开始在中国学术思想和大部分佛教僧侣的范围内熏陶和造就了一批儒生阶层”。[③]

早在秦汉时代在越南地区设置郡县，儒家思想便已传入越南地区。历代王朝派往越南地区的官吏大都注意实施儒学教育，以儒家思想指导移风易俗，以儒术来治理国家。锡光、任延二守，都是精通儒学之士，如史籍称任延“为诸生，学于长安，明《诗》《易》《春秋》，显名太学”（《玉海》卷一一〇），号称“任神童”。锡光、任延分别在交趾和九真“建立学校，导之礼义”，在传播儒家思想上发挥重要作用。

东汉末年的交趾太守士燮在儒学南传的历史上占有重要地位。士燮精通儒学，尤其专长《左氏春秋》和今古文《尚书》。他治理交趾四十年之久，致力于传播儒学思想。其时正值中原扰攘之际，许多中原名士南下避难，其中包括一些著名的儒家学者，他们都是饱学之士，都曾协助士燮传播儒学文化。我国学者邬增厚在《越南的汉学研究》一文中指出，东汉是经学最发达的时代，这些专家当时集中到越南来，而刘熙又是其中的大师，他们对经学的传播，自必尽过很大的任务。无怪越南的四字经也说“三国吴时，士王为牧，教以诗书，

① [越] 陶维英著：《越南历史》，引自《古代中越关系史资料选编》，中国社会科学出版社1982年版，第699页。

② [越] 陈重金著：《越南通史》，戴可来译，商务印书馆1992年版，第55页。

③ 引自贺圣达著：《东南亚历史重大问题研究》，云南人民出版社2015年版，第364页。

熏陶美俗”了，今日越南的耆宿读经最重训诂和句读，连注疏也不放过，尤令人想见汉代经生的遗风。

由于士燮在越南地区传播儒学，并做出重要贡献，所以越南人对他十分崇敬，尊之为“士王”。历代朝廷也对士燮十分重视，先将其入越南帝王庙，后改入孔庙，称赞士燮开办学校，倡导儒学，使交趾成为“通诗书，习礼乐”的“文献之邦”，堪称“南交学祖”。

在整个“北属”时代，都有大量中原人士南下交趾。越南社会科学委员会编著的《越南历史》说：“自东汉以后，特别是公元二世纪末叶，汉族的士大夫到交趾的越来越多。儒教比过去更得到普遍传播。儒家的‘经典’著作《论语》《春秋》等书，在封建政权和士大夫开办的学校里普遍讲授。”①

唐王朝多次派精通儒学的人到安南为官，以传播儒家思想，振兴儒学教育。王勃的父亲王福畤任交趾令时，在安南传播儒学。唐末大将高骈初任安南都护、静海节度使，镇抚安南九年，“多与儒者游，喜言理道”，“州人呼为高王”。安南都尉马骢，“用儒术教其俗，僚夷率服”。

交趾人士也有许多北至中原学习儒学，还有的被举为茂才孝廉而在中州为官。盛唐时期，中央政府在安南推行与内地相同的文教制度和选拔人才的政策，在安南开办学校，讲授儒学，发展文化教育。唐朝还专设“南选使”，遴选安南人在当地或入朝做官。会昌五年（845），唐朝明确规定，安南和岭南、桂府、福建等地一样，每年可选送进士和明经到中央来。当时有许多安南人游学中原，与中原士人一样参加科举考试。

从秦汉在越南地区设置郡县以后的千余年间，越南地区作为中国版图的一部分，持续受到华夏儒风的浸染惠泽。经过官方的提倡、人员的往来交流、儒家经典的输入和儒学教育的实施等途径，儒家思想逐渐在越南地区得到广泛传播。儒家思想的早期传播，加速了越南地区封建化的进程，对当地的社会和文化发展产生了很大的影响。

---

① 引自朱仁夫、魏维贤、王立礼著：《儒学国际传播》，中国社会科学出版社2004年版，第78页。

二、越南社会的崇儒之风

越南历朝都推行崇儒政策，孔子儒家思想逐渐发展成为占统治地位的官方思想。历代王朝的君主和知识分子不但尊重中国文化，醉心儒学，还努力效仿。

11世纪初建立的李氏王朝，改变了以前儒、道、佛并立的局面，大大提高了儒学的地位。1070年，李朝在都城升龙（今越南河内）建文庙，“塑孔子、周公及四配像，画七十二贤像，四时享祀”，开始了儒学在越南的儒教化，并采取了一系列推广儒学的举措。1076年，李仁宗在都城设立国子监，为皇太子及文职官员传习儒学之地。1086年，仁宗又在朝廷设立翰林院。1087年，再造秘书阁。1126年，在京城举行《诗》《书》《礼》《易》《春秋》的庆贺仪式。

李朝之后的陈朝也加强了尊孔活动。1253年，陈朝建立国学院，除了奉祀孔子、周公、孟子以及七十二贤，还以历代越南著名儒者如朱安、张之超、杜子平等从祀文庙。

后黎朝时代是儒学在越南达到全盛的时期。在祀孔活动方面，规模越来越大，孔子被尊崇到了极高的地位。后黎朝开国之君便以太牢之礼祭祀孔子，以后历代皇帝无不年年祭孔。孔庙几经修葺、扩建，规模愈加扩大，殿堂愈加壮观。到18世纪中期，文庙改用王者之服——衮冕服。《钦定越史通鉴纲目》记载，1755年“十二月，初制文庙衮官服。政府阮辉润上言：圣人万世帝王之师，向来文庙循用司寇冕服，非所以示崇重。乃命改用衮冕之服。文庙用王者服自此始”，开始以王者尊孔子。1794年，又重修文庙。“其制中为大成殿、大成门，东神库，西育圣祠，左金声门，右玉振门。前建奎星阁，悬钟鼓于其上。左崇文堂，右肄礼堂。外周方城，前为文庙门，左右二仪门。置礼生五十人，庙夫五十人。”（《大南实录》正编卷七）可见其规模之宏大。

除了在都城建孔庙外，地方也普遍建有文庙。后黎朝三百多年中，儒学空前隆盛，被推崇到独尊的地位。儒家思想广为普及，在社会伦理、典章制度、生活方式等方方面面都产生了深远的影响。朝廷以儒学作为建国治民的指导，孔子思想成为建立社会政治经济制度的理论依据，儒家的学说被看作规范社会生活各个领域的金科玉律。实际上，儒学已在黎朝被推崇为国教。

后黎朝还特别注重儒学在道德实践方面的作用，积极推广以儒家伦理观念和道德规范为主要内容的社会教化活动，使儒教思想渗透到民间社会。黎圣宗参照隋唐律例，编《洪德法典》，颁布《二十四训条》，将儒教教化具体化为法律法规。1663年，黎玄宗进一步申明教化四十七条，颁布天下，“各处承宪府县州等衙门，各抄一本，挂于视事堂。仍转送所属各社民，各书于匾，留挂亭中。许官员、监生、生徒、社长，以乡饮日，会集男女长幼，讲解晓示，使之耳濡目染，知所劝惩”（吴士连《大越史记全书》）。

至阮朝时，尊孔活动更是有增无减。建立之初，阮朝廷便命各地立文庙，后又在京师重修文庙。1808年，“七月，文庙成。丙戌，安先师神位。命礼部奉神像择庙中净地藏之，四配、十哲、先贤、先儒，列次牌位，祀于左右及东西两房，制仪器，定乐章（用明乐凡六奏），文物焕然一新矣。”（《大南实录》正编卷三六）阮朝也很重视儒学的社会教化作用。阮圣祖所颁的《政要目录》，其中教化条载：举贤良方正，以表德行。旌孝顺节义，以明人伦。

儒家推崇的忠孝节义、贤良方正、和睦礼让等伦理纲常，都在朝廷的“政要”中体现了出来。

三、模仿中国的教育与科举制度

越南历代王朝不仅开展尊孔活动，提倡崇儒之风，而且全面移植中国教育制度和科举制度，广泛开展儒学教育，作为推广传播儒家思想文化的重要举措和制度保证。

1075年，李朝首次以科举取士，选拔文学之士入朝做官。这是越南历史上最早的一次科试，选中十人，首科为黎文盛。《大越史记全书》载，李仁宗太宁“四年（1075）春二月，诏选明经博学及试儒学三场，黎文盛中选，进侍帝学”。此黎文盛后官至太师。科试的内容都是儒家经典。士人欲以科举为进身之阶，便埋头苦读儒家经典。儒学通过科举制度与仕途相结合，获得了更高的地位。李朝兴起了学习儒学之风。

1076年，李朝立国子监，延请文学之士任教，建立起以儒家学说为核心内容的正规教育，从而在社会上形成了一个按照儒家思想培养出来的儒士阶层。1185年，李高宗“试天下士人，自十五岁能通诗书者，侍学御筵，取裴国忾、邓严等三十人，其余并留学”。李朝仁宗、英宗、高宗在位共一百多年，开科三次。

陈朝时进一步完善和发展了科举制度。陈朝开科取士，始自陈太宗建中八年（1232）。这一年，“开太学生科试（考进士）。从李朝之时起已有儒士之试，但只三庠之试而已，到此时才有太学生科试，分出次第，以三甲定高低”[①]。到陈朝末年，科举之法已与中国大略相同。在陈朝，从太宗到睿宗的八十年间，共开科七次，科举及第者将获得荣誉、地位和丰厚的物质利益，所以对文人士子产生了极大的吸引力。

陈朝还逐渐建立起从中央到地方、从官学到私学的一整套儒学教育制度，各级学校从教育目的、教学内容、学生的考核、师资的选拔与任命，处处都体现了崇尚儒学的特征。陈朝立国之初，便重修了中央最高学府国子监，历代皇帝还多有亲临太学，命儒士讲解“四书”“五经”的。国学、路学、府学、州学，一级一级都有贤良明经之学官负责儒学教育，并且分级“赐田”，在经济上给予保障。

另外，各地农村成立了许多私塾，招收民间子弟，从而将儒学逐渐由上层社会传播到民间，使孔子思想的影响更加深入、广泛。

陈朝时期，儒士阶层的人数日益增多，在政权机构中儒士出身的官吏日益占有优势，文学与史学工作也完全由儒士阶层承担起来。这一时期，越南出现了许多水平很高的名儒。例如被称为“越儒宗”的朱文安，曾于陈明宗开泰年

① ［越］陈重金著：《越南通史》，戴可来译，商务印书馆1992年版，第86页。

间（1324—1329）任国子监司业，“学业精醇，名闻远近，弟子盈门”（《大越史记全书》），他的学生有陈朝大臣、著名儒生范师孟、黎伯适等。陈裕宗时（1341—1369），朝政日益腐败，朱文安奏谏，未被接受，乃上《七斩疏》，请斩七名佞臣，又未被接受，遂退隐至灵县凤凰山，开办学校。死后谥文贞公，并得从祀文庙。朱文安著《四书说约》十卷，是陈朝最有名的儒学著述。《越史总论》将其学术思想概括为“穷理、正心、除邪、拒嬖”。他对越南儒家思想的传播做出了重大贡献。

后黎朝的儒学教育较前朝有较大进展。1428年，后黎朝建立之初，便采纳儒臣阮荐的建议，在京城设国子监，置祭酒、直讲学士、教授，以使官员及平民俊秀子弟入学学习。各路县开办学校，延请教师讲授儒学，使儒学教育日趋兴盛。同时，朝廷还特别注意遴选和培养各级学校的学官，延聘名儒执教。为便于教师们所授课业精益求精，黎圣宗于1467年首次“置五经博士，专治一经，以授诸生”。

后黎朝还继续实行并健全了以儒学为内容的科举考试，扩大科举制的影响。黎太祖令文武官员四品以下者，必须应明经科考试，文官考经史，武官考武经。在各路也开明经科试，以选拔人才。史称黎太祖“置百官，设学校，以经义、诗赋二科取士，彬彬有华风焉”。

后黎朝的科举方法与中国基本相同。后黎朝科举参照大明会典，定三年一比，试法亦仿明制：“第一场‘四书’，《论》三题，《孟》四题，《中庸》一题，总八题。士人自择四题作文，不可缺。‘五经’每经各三题，独《春秋》二题；第二场诗、赋各一，诗用唐律，赋用李白。第三场诏、制、表各一。第四场策问，其策题则以经史同异之旨，将帅韬钤之蕴为问。”中第者不仅要通晓中国经史，而且要有相当的汉文学修养，善于吟诗作赋。

黎圣宗时科举制之盛达到越南历朝顶峰。黎圣宗在位38年间，开科12次，取士511名。科举制度不仅为朝廷选拔了大量掌握儒家思想的各级官吏，而且大大提高了儒学的地位。黎宪宗二年（1499）开科，应试者达5000余人。科举兴盛，应试者多，反映了儒学影响的广泛。后黎朝时研究儒学、著书立说者甚众，名儒辈出，其中有阮秉谦、潘浮先、吴士连、黎贵惇等儒学大师。

阮朝建立之初，便依前朝之制，在都城设国子监，教授各官和士子之子弟，开乡试选拔有学问的人出仕做官。《大南实录》记载："嘉隆二年（1803）十一月，嘉定留镇臣阮文仁等奏言：'为国必本于人才，行政莫先于教化。曩者天造草昧，嘉定之人笔砚荒废。今山河再造，海宇清平，正学者得成其业。请宜申定教条，俾多士有所成就，以副圣上投戈讲艺之意。'帝深嘉之。其法，社择一人有德行文学者，免其徭役，使以其学教授。邑中子弟人年至八岁以上入小学，次及《孝经》《忠经》。十二岁以上，先读《论（语）》《孟（子）》，次及《（中）庸》学。十五岁以上，先读《诗（经）》《书（经）》，次给《易（经）》《礼（记）》《春秋》，旁及子史。……"

阮朝也涌现了许多杰出的儒学大家，包括郑怀德、潘清简、高伯适、阮文迢等名儒。他们为儒家思想在越南的广泛传播做出了很大贡献。阮朝的科举制度一直持续到20世纪，直到1919年，才最终停罢科举，比中国清朝废科举还晚了十多年。

四、越南的儒家学者

越南儒学是从中国直接传入的，而且在千余年间越南曾经成为中国行政区域的一部分，因此越南儒学和中国儒学联系最为紧密。从思想体系、基本内容和表现形式等来看，越南儒学和中国儒学大体一致；在理论体系和思想学说上，越南儒学总体上效仿中国，没有大的创新，没有形成有别于中国儒学的独立的、系统完整的、自成体系的学说或学派。越南儒家所写的有关儒学的著述，大多是对中国儒学经典的注解、阐释和发挥。"述而不作"，是越南儒学的一大特征。而且，越南儒学的思想观点，大多表现在各种史学、文学、宗教著作当中，纯粹的理论著作和专门的哲学著作较为少见。越南儒家最为注重的是治国安民的方略及其实际功效，不大注意理论思维的训练和对宇宙人生哲理的探究，因此哲学相对薄弱。

但是，另一方面，越南接受中国儒学，并非原封不动地照抄照搬，而是经过了一定的改造和发挥，有所发展、有所创新的。越南人在接受中国儒学的时候，具有简约化、实用化和功利主义的倾向。所谓简约化，就是对儒家经典进行篇幅压缩和内容精简，取其精粹或主要部分，重新加以编排整理，刊刻印行，供人们阅读研习。越南典籍中，有许多“撮要”“节要”“史约”之类的著作，其中不少属于儒家经典或与儒家经典有关。朱文安曾经把“四书”简化，写成《四书总约》。裴辉璧也把明朝的《性理大全》简化成《性理撮要》。由于越南往往把中国文化加以简化和实用化，所以在学术上形成了一种简化、明快的风格。越南儒学的实用化和功利主义特征也很明显。越南人常常根据本国的国情和现实生活的需要，有选择地接受儒学，对儒学内容进行取舍，或者对儒家经典做出自己的新解释。

随着儒家学说在越南的推广，儒家典籍的流布，以及儒学教育的发展和科举考试制度的推行，越南涌现出许多杰出的儒家和以儒学思想为其主导思想的作家、学者，其中著名的有阮秉谦、黎贵惇、吴士连等。

阮秉谦（1491—1585），在莫朝任吏部左侍郎兼东阁大学士，后升吏部尚书，爵程国公。因上疏请诛十八奸臣被朝廷驳回，阮秉谦愤而辞官，回乡办学，教授儒学。冯克宽、梁有庆、阮屿等知名人士都是阮秉谦的学生。阮秉谦撰有《白云庵诗集》等著作，他对乱世的丑恶纷争既愤恨又感到无力改变，其诗文多有对世俗时事的愤激批评，歌颂“万事置度外，清闲似神仙”的隐居生活，有儒家与老庄思想结合的特点。

阮秉谦的思想糅合了儒家学说与老庄思想，溯源《易经》，阐述太乙之理，在越南16世纪的思想史上具有举足轻重的作用。他一生著述颇多，撰有汉字与喃字诗文千余篇，收入《白云庵诗集》和《白云国语诗集》。他的哲学思想贯穿于这些诗文之中，在越南的文学史上占有极其重要的地位。

黎贵惇（1726—1784），学识渊博、涉猎甚广，生平著述丰富，其大部分著作均收入《黎贵惇全集》中，其在越南哲学史和思想史上亦占有重要地位，被称许为越南集大成学者。1753年，黎贵惇被授翰林院侍书，后任侍讲。1765年，黎贵惇辞官归乡，杜门著书，讲学授徒。1781年，他任国史馆总裁。

黎贵惇大体上接受并发扬了宋儒朱熹的思想。他在扬善抑恶的目的看法上，与朱熹较为类似，都是要追求圣人君子的境界。圣人具有“道心”，能专一于“天理”，即“克己复礼、天下归仁”的思想。他编著《阴骘文注》的目的，就是倡导这一思想。

越南后黎朝“崇儒重道”，独尊儒学，而对释、老之说有所轻视，而黎贵惇则表现出兼收并蓄的思想。他认为，佛教、道教清虚超寂，高谈道德，纵论形神，自有其高明之处，“吾儒执彼此之见，每每辩驳，其可乎”。释、老之教，地位尽管多有变迁，但“玄风妙法，实与天地相为不朽”。黎贵惇以“气”“道”之论来说明仙、释的合理性，认为“形神皆资气以立，气聚则道成，散则道不成矣”。

第十章
利玛窦与孔子相遇

一、利玛窦发现的孔子

孔子是中国的孔子，是东方的孔子。孔子及其儒家思想是东方思想智慧的结晶。但是，孔子又不仅仅属于中国，不仅仅属于东方。17世纪以后陆续来中国的欧洲传教士，在中国发现了孔子，发现了孔子创建的儒家思想。他们把自己的发现传播回欧洲，使孔子及其思想进入欧洲思想文化界的视野，为欧洲的思想文化提供了新的资源。孔子走向了西方，走向了世界，成为世界思想史上的宝贵精神财富。

最早来华的耶稣会传教士利玛窦（Matteo Ricci，1552—1610）首先注意到孔子。利玛窦在中国生活多年，熟练地掌握了中国语言，有着广博的中华文化知识，尤其是在与中国文人士大夫的交往中，他深入地认识了中华文化，也深入地了解了孔子儒家思想的内涵及其在中华文化中的重要地位。同时，这也促使他勤勉地学习中华文化，学习儒家经典。利玛窦认为，为了在中国顺利地传播天主教，必须得到中国士大夫阶层的支持，也必须考虑如何与孔子的儒家思想相契合。为此，他还在自己的传教活动和著述中灵活地援引儒家思想观点。可以说，利玛窦是西方第一位系统地认识和了解孔子及其儒家思想的学者，也是最早向欧洲介绍孔子及其儒家思想的学者。直至暮年，利玛窦与欧洲的通信仍持续不断。在这些书信中，利玛窦未曾掩饰他对儒家思想的好感，他将孔子与古罗马哲学家塞内卡（Lucius Annaeus Seneca，约前4—65）并提，甚至认为孔子大大超过了欧洲的古代贤哲。

在西方人中，利玛窦最早认识到了孔子的重要地位。在《利玛窦中国札记》中，利玛窦以崇敬的心情提到中国儒家思想的创始者孔子：

> 中国哲学家之中最有名的叫做孔子。……他既以著作和授徒也以自己的身教来激励他的人民追求道德。他的自制力和有节制的生活方式使他的同胞断言他远比世界各国过去所有被认为是德高望重的人更为神圣。的确，如果我们批判地研究他那些被载入史册中的言行，我们就不得不承认他可以与异教哲学家相媲美，而且还超过他们中的大多数人。[①]

美国学者孟德卫（David E. Mungello）认为，对于耶稣会士来说，“中国最杰出的人物是孔子。利玛窦最早认识到了孔子的重要地位，他将孔子看作中国和基督教相结合的关键”[②]。利玛窦的这一发现具有极为重要的意义。“在1500—1800年期间，西方人对中国人的认识源于孔子的形象。”[③]

利玛窦把孔子和“四书”“五经”介绍给欧洲人，认为“四书”“五经”是为着国家未来的美好和发展而集道德教诫之大成。他说，中国有学问的人对孔子都非常尊敬，以致不敢对他说的任何一句话稍有异议。在这个国家有一条从古传下来并为习俗所肯定的法律，规定凡希望成为或被认为是学者的人，都必

① [意] 利玛窦、[比] 金尼阁著：《利玛窦中国札记》，何高济等译，广西师范大学出版社2001年版，第23页。

② [美] 孟德卫著：《奇异的国度：耶稣会适应政策及汉学的起源》，陈怡译，大象出版社2010年版，导言第6页。

③ [美] 孟德卫著：《1500—1800：中西方的伟大相遇》，江文君、姚霏译，新星出版社2007年版，第14页。

须从孔子的几部书中导引出自己的基本学说。利玛窦还注意到，不仅是知识阶层，就是统治者也给予孔子最高敬意，他们感激地承认他们都受益于孔子的学说。

利玛窦指出，中国唯一较高深的哲理科学就是道德哲学，儒学是一种主张理性的学说，在维持社会稳定与和谐方面起了很大作用。“儒家这一教派的最终目的和总的意图是国内的太平和秩序。他们也期待家庭的经济安全和个人的道德修养。他们所阐述的箴言确实都是指导人们达到这些目的的，完全符合良心的光明与基督教的真理。”①

利玛窦把孔子的儒家学说看作一种宗教。利玛窦说，中国人以儒教治国，儒教有着大量的文献，远比其他教派更为著名。不过，利玛窦不承认儒教是正式的宗教。他认为儒教不过是一个学术团体，其目的是恰当地治理国家。所以他认为中国人可以同时是儒教成员和天主教教徒。他说，从开始我们的信仰就受到儒家的保护，原来儒家的道理没有任何与天主教相冲突的地方。这一结论既有助于利玛窦向士大夫、平民百姓传教，而不妨碍他的生活方式和思想观念，亦成为其调和儒学与天主教的前提。为了进一步揭示天、儒相通，利玛窦还高度评价儒家的伦理观，说这是中国人对先祖父辈的孝敬。

在对中国典籍的研究上，利玛窦在以天主教神学思想合儒、补儒、超儒方面做出许多努力。利玛窦用天主教教义去附会儒家的学说，将先秦典籍中的“天”解释成天主教的“Deus”，即“天主”，从而证明天主教与儒家在这个根本问题上的立场是接近的。他还认为儒家经过宋明理学这一发展阶段后，其非人格的“天”“理”已远离早期儒家“天”的原旨，因而要士大夫返璞归真，恢复对“天”其实也就是对天主教之“Deus”的信仰。

在“Deus”这个词的翻译问题上，最能看出利玛窦以耶附儒、调和天主教和儒家之核心概念的倾向，也最能说明利玛窦在调和天主教和儒家上的独具匠心。因为即使是“上帝”这个现成名词，也远没有“天”所具有的那种儒家概

---

①［意］利玛窦、［比］金尼阁著：《利玛窦中国札记》，何高济等译，广西师范大学出版社2001年版，第72页。

念的正统性和在中国语言中使用的普遍性。也就是说，“天主”之“天”恰好与儒家的关键概念“天”相契合。加上“主”以后的“天主”即“上天之主”，又与中国人的“天”相区别，从而巧妙地避免了与中国原有概念相混淆。“天”字之被选中，大大方便了耶稣会的传教，同时使中国士大夫在不违背儒家原则的情况下接受和实践一种全新的信仰。

利玛窦和其他耶稣会的传教士们认识到，儒家思想在中国具有深厚的历史基础和巨大的神圣权威。为了在中国成功地传播基督教义，必不能与儒家思想发生正面冲突。“如果天主教要想深入地进入中国的生活，它必须从儒家学说中寻找一些接触点。”利玛窦“采取与早年教会的神父们接受希腊思想同样的态度来面对孔子的思想：尽量保存它所包含的自然真理的全部基本观点，增加它所缺少的有关自然界的其他科学原理，介绍包含在天主教中的、由其教义所揭示的超自然真理的全部新秩序”[①]。他们以“合儒”的面目出现，用儒家经典来附会、论证基督教义，宣称儒家经典的“天”即基督教的“天主”；主张基督教的敬天爱人即同于儒家忠孝廉节，基督教的“爱”即儒家的“仁”。同时，传教士们还身着儒服，头戴儒冠，在服饰上模仿当时的中国士大夫阶层。他们通过一系列“合儒”的方式，逐渐破除在文化上和心理上的传教障碍，逐渐争取中国人对他们的好感和信任。法国汉学家谢和耐（Jacques Gernet，1921—2018）说，在利玛窦看来，“赢得中国人的兴趣和同情的最好办法，是把基督教说成是一种近似儒教的教理，并使之与传授科学结合起来”[②]。

耶稣会的传教士们还在礼仪问题上迎合儒家思想，允许入教者维持传统的祭祖祀孔习俗，认为这些礼仪与基督教的宗教仪式不相妨碍，不必将其视作异端而禁止。利玛窦在中国传教的过程中，适应中国国情，分别将“敬孔”和“祭祖”解释为“敬其（孔子）为人师范”和“尽孝思之诚”的非宗教礼仪。在这种解释的基础上，尊重士大夫和平民的祭祀习俗。这样就使得当时的中国

① [美] 邓恩著：《从利玛窦到汤若望：晚明的耶稣会传教士》，余三乐、石蓉译，上海古籍出版社2003年版，第19页。

② [法] 谢和耐著：《中国与基督教：中西文化的首次撞击》（增补本），耿昇译，上海古籍出版社2003年版，第8页。

教徒，特别是那些具有一定政治、社会地位的天主教徒，在需要参加“敬孔”和“祭祖”仪式时不致产生宗教上的阻滞和困难。

所谓传教的适应策略，实质上是“在华耶稣会士试图寻找一种能包含中国和欧洲两种文化的综合体，来赢得中国人思想上的认同，从而促使他们信仰基督教。而这种适应的第二个方面，是将主要由来华耶稣会士提供的关于中国的信息吸收到欧洲文化中去”[①]。

在中西文化交流史上，利玛窦首先向欧洲较为详细地介绍了中国的儒家思想学说。从利玛窦开始，传教士们大都把中国的儒家典籍和学术思想作为向欧洲介绍中华文化的一个主要方面，使儒家学说在欧洲思想界得以传播。

利玛窦在中国度过了他的后半生，死后葬在中国。他的“札记”却漂洋过海地传回欧洲，使西方对中国孔子有了最初印象。他开启了一个新世界，把孔子介绍给欧洲，把哥白尼和欧几里得介绍给中国，打开了中国与欧洲文化交流的新纪元。

二、儒学是传教士的必修课

利玛窦不但自己研究孔子的儒学经典，还要求以后来华的传教士都把读儒家经典作为必修课。1593年12月，利玛窦在向耶稣会总会长的报告中说：“今年一年，我们都用功读书，我给我的同伴神父讲完了一门功课。这门功课称为‘四书’，是四位很好的哲学家写的。书里有很多合理的伦理思想，中国的学者，人人都读这四部书。”

1594年，利玛窦将“四书”译成拉丁文，并略加注释。利玛窦说，他翻译“四书”是为了给日后的传教士所用，因为在他看来，传教士来华若不精通儒家经典，绝不会有什么收获。同时，他也希望“四书”受到欧洲人的重视。

---

① ［美］孟德卫著：《奇异的国度：耶稣会适应政策及汉学的起源》，陈怡译，大象出版社2010年版，第8页。

利玛窦是将“四书”翻译成欧洲文字的第一人。他的这个译本，成为来华传教士必须研习的读本，也成为后来传教士翻译的蓝本。艾儒略（Giulio Aleni，1582—1649）在《利玛窦传记》中记载利玛窦译书一事时，说：“利子此时尝将中国四书译以西文，寄回本国，国人读而悦之，以为中邦经书，其能识大原不迷其主者乎？至今孔孟之训，远播遐方者，皆利子力也。”

利玛窦开启了天主教在中国的传教事业。在他之后，陆续有传教士来华，一直到清代康乾时期，持续二百多年，先后有千余人抵达中国。这些传教士来自欧洲许多国家，包括意大利、葡萄牙、西班牙、法国、德国、捷克等。其中不少人和利玛窦一样，都是学有专长的专家学者，是那个时代的饱学之士。这些来华的传教士都和利玛窦一样，努力学习中华传统文化，特别是研读儒家经典，对中国的传统礼俗、儒家思想都有比较深入的了解，深受中华文化的熏染。中华文化的博大精深，中国典籍的智慧灵气，中国民情的奇异风采，都给他们留下了深刻的印象。正是这些来华的传教士，在中国发现了孔子，认识到孔子的儒学思想在中国学术思想史上的重要地位以及在中华文化中的重要地位，他们是第一批向欧洲介绍孔子及其思想的人。

从利玛窦开始，入华耶稣会士都把刻苦研习中国儒家文化、学习儒家古典文献“四书”“五经”作为重要任务。法国传教士马若瑟曾向康熙皇帝报告说：“于‘十三经’、‘二十一史’、先儒雅集、百家杂书，无所不购，废食忘寝，诵读不辍，已数十载，今须发交白，老之冉冉将至而不知，果为何哉？有能度吾之心者，必知其故也。”

传教士们注意到孔子和儒家思想在中国的重要地位，热心于对中国典籍的翻译和对儒家思想的研究，并取得了很大的成就，在欧洲思想界产生了深远影响。

葡萄牙耶稣会士曾德昭的《大中国志》中说，孔子在中国具有很高的地位，“孔夫子这位伟人受到中国人极大的崇敬，他撰写的书，及他身后留下的格言教导，也极受重视，以致人们不仅把他当作圣人，同时也把他当作先师和博士，他的话被视为是神谕圣言，而且在全国所有城镇修建了纪念他的庙宇，定期在那里举行隆重仪式以表示对他的尊崇”[①]。他还说：儒家的经典“四书”“五经”，“这九部书在他们当中可说是神圣的。有关的注释需要他们努力学习，背下来，竭力了解困难之处，使他们获得各种辨识力，这样去节制他们的行为，制定治国之方。这都是根据从其中找到的格言警句进行的”[②]。

西班牙多明我会传教士闵明我（Domingo Fernández Navarrete，1618？—1689）所著《中华帝国纵览》介绍了孔子的学说，引用了100多句孔子和其他典籍的格言。在启蒙运动时期，这本书尤其受到学术界的高度重视。莱布尼茨、洛克、狄德罗、卢梭、伏尔泰、孟德斯鸠、魁奈、傅尔蒙等人都曾提到过这本书，认为它对于了解中国大有裨益。

1688年在巴黎出版的安文思（Gabriel de Magalhaens，1609—1677）的《中国新史》，是一部全面概述中国和中国文化的著作，其中也谈到孔子，有一章的题目就是《孔子的崇高地位和巨大影响》。

法国耶稣会士李明（Louis le Comte，1655—1728）的《中国近事报道》对孔子和“四书”“五经”作了详细介绍。李明撰写了孔子的小传，还辑录了孔子的一部分箴言。他指出：“孔子是中国文学的主要光辉所在……这正是他们理论最清纯的源泉，他们的哲学，他们的立法者，他们的权威人物。尽管孔子从未当过皇帝，却可以说他一生中曾经统治了中国大部分疆土，而死后，以他生前宣扬的箴言，以及他所作出的光辉榜样，他在治理国家中所占的位置谁也无法胜过他，他依然是君子中的典范。”[③]李明介绍了“五经”中每部经典的主要内容，然后指出：“这五本书是非常古老的，所有其他在王朝有一定威望的书不过是这五本书的抄本或评注本。在不计其数的曾为这著名的原著付出劳动的作者中，没有任何人比孔子更杰出。人们尤其看重他所收集成‘四书’的有关古代法律的书，并视其为完美政治的准则。书中论述了治理政府的伟大艺

---

① ［葡］曾德昭著：《大中国志》，何高济译，上海古籍出版社1998年版，第59页。

② ［葡］曾德昭著：《大中国志》，何高济译，上海古籍出版社1998年版，第60页。

③ ［法］李明著：《中国近事报道（1687—1692）》，郭强、龙云、李伟译，大象出版社2004年版，第177页。

术、道德和不道德的中庸思想、事物的本性，以及共同的义务。”[①]

传教士们特别瞩目于中国的教育和科举制度。他们注意到，在中国人那里，读书几乎成为终身职业。中国学生们学习的内容主要是儒家学说所阐述的道德、历史、法律和人际关系的原则，是政治和民事的治国之道。中国的教育主要是一种培养道德的公共教育，在全国各地，学习和教育计划都是完全标准化的。而他们在学习、研究的过程中，把道德的原则从经典的作品及已有的礼仪法则中抽取出来，并将其传播于人，他们也就成为“民族的灵魂”“国家的权威”。在传教士们的描绘中，这种以重申道德原则为主要内容的教育制度，是保证中国社会稳定和谐的关键所在。

通过科举考试来选拔人才、选拔官吏的制度，形成于隋唐时期，到宋代有所发展，至明清时期，制度更加完备，是中国的基本行政管理制度之一，是中国文官政治的重要基础。近代以来来华的欧洲人士，很早就注意到这种选官任官制度，并且都用了很多笔墨来介绍这种制度。16世纪来中国的欧洲人，在关于中国的游记和报道中，都曾记载了中国科举考试的情况。1596年，英国女王伊丽莎白曾写了一封信给万历皇帝，表示对中国科举制度饶有兴趣。从利玛窦开始，传教士们对科举制有比较深入的了解和研究。其他许多传教士的著述，也都一再提到或详细论述过中国科举考试制度。

《利玛窦中国札记》中有对中国科举考试制度非常详细的介绍，利玛窦对中国科举考试制度及考试内容颇为赞赏。他说，中国“最隆重的学位，是关于伦理学的，考中的人，能进身仕途”，而考试的内容就是“孔子曾修订的四部古书，他自写了一部，共有‘五经’”。“除‘五经’以外，又有三位或四位作家的各种道德劝言，收集在一起，称为‘四书’。”他进一步解析中国科举考试为什么以“四书”“五经”为内容，说：“因为这些书里的言论颇为高明，古代的君主便订立了法律，学者都应以这九部书为其学问之基础；只能理解还不够……还要练习，把其中的每一句话发挥成各式各样的文章。因为每个人不可

① [法] 李明著：《中国近事报道（1687—1692）》，郭强、龙云、李伟译，大象出版社2004年版，第175页。

能把这九部书全部读过，以致能以其中任何一句话为题，立刻写成典雅的文章，就像在考试时所要求的。故此每个人都须精通‘四书’，至于‘五经’，每人可任选一部，以应考试。”近代西方国家确立文官制度曾受到中国科举制的直接影响，而特别注意到并且详细地向西方介绍中国的科举制，很可能是从利玛窦开始的。

传教士们对中国科举考试制度的研究和介绍，在欧洲各国特别是在英国和法国引起高度重视，许多启蒙思想家和其他方面的学者纷纷表示赞扬这种考试制度。伏尔泰推崇中国的文官制度，认为中国官僚奉行儒家信条，恪尽职守，唯命是从，他们构成一个各部门职能相互制约和自我调节的好政府，而能够进入衙门工作的官员，都是经过严格考试才被选拔上来的。魁奈在《中华帝国的专制制度》中也用一节专门讨论科举制度，详细地介绍了三级学位的划分和考试程序。魁奈非常欣赏这种制度，希望欧洲也有类似的东西。

三、传教士对儒家典籍的翻译

传教士们不仅热情地向欧洲介绍孔子的儒家学说，还积极将儒家的经典翻译成欧洲文字，直接介绍给欧洲读者。

最早将中国典籍翻译成欧洲文字的是西班牙传教士高母羡。高母羡是西班牙多明我会传教士，1588年抵达菲律宾，在当地的华人社区进行传教活动。1590年，他在当地华人的帮助下，将《明心宝鉴》译成西班牙文。这是第一部从中文翻译成欧洲文字的著述。

《明心宝鉴》是一本用于儿童启蒙的读物，明洪武二十六年（1393）由范立本辑录而成，收录了中国圣贤、历代名家和民间流传的有利于道德修养的700余条语录。高母羡认为，相当多的传教士并不了解中国文化的特征，所以看不到儒家学说与基督教教义有近似的地方。他翻译《明心宝鉴》，就是为了使欧洲人了解中国，从而确立和平传教的信心。《明心宝鉴》后来由米格尔·德·贝纳维德斯（Bishop Miguel de Benavides）神父带回西班牙，并于1595

年12月呈献给西班牙国王菲利普二世。

在来华传教士中，最早将儒家经典译为拉丁文的，是与利玛窦一起来到中国的罗明坚（Michele Ruggieri，1543—1607）。最初，他开始翻译“四书”，是为了教授新的来华传教士学习中文。这些课本教材是一字一句地翻译的，其中有中文原文、拉丁文对照，还有中文拼音来告诉西方人怎么发音。1588年，他奉命自澳门回欧洲向罗马教皇汇报期间，将“四书”中《大学》的部分内容翻译为拉丁文，由另一名耶稣会士波西维诺（Antonio Possevino）编入1593年出版的百科全书《历史、科学、救世研究丛书选编》中。

1626年，金尼阁（Nicolas Trigault，1577—1628）将“五经”译为拉丁文，在杭州刊印，书名为《中国第一部神圣之书》。该书是中国经籍最早刊印的西文本，也是初来华传教士的读本。

意大利耶稣会士殷铎泽（Prosper Intorcetta，1626—1696）和葡萄牙耶稣会士郭纳爵（Ignatius da Costa，1599—1666）于1662年在江西建昌府刊刻《中国的智慧》一书，内有一篇简短的孔子传记、《大学》的全部译文和《论语》的前部分译文。1667年，殷铎泽在广州刻印《中庸》译本，书名为《中国政治道德学说》，两年后又在印度果阿翻印此书，而果阿这时已经是天主教在东方的传教基地。1672年，《中国政治道德学说》以法文在巴黎出版。

1687年，欧洲有一本意大利文的《中国杂记》出版，书末附有孔子传和《中庸》的译文，作者是德籍传教士白乃心（Johann Grueber，1623—1680）。

“四书”的全译本出自比利时耶稣会士卫方济（Francois Noel，1651—1729）之手。卫方济以拉丁文译“四书”以及《孝经》和《幼学》。其特点是逐字翻译，书名亦不例外，如将《大学》译为《成年人之学问》，将《中庸》译为《不变之中道》，注释也较为详细。卫方济的译文于1711年以《中国六经》为题由布拉格大学图书馆印行。卫方济在序文中说道：“亲爱的读者，今我以‘六经’的拉丁文本贡献于左右，不但使你们熟悉中国人的著作，而且你们可以把他们正确的思想付之实行。”另外，卫方济还著有《中国哲学》一书，是他研究中国古典经籍的心得，也与《中国六经》同时在布拉格出版。

至卫方济的《中国六经》止，亦即到18世纪初，中国的“四书”已全部译成西文在欧洲刊行流传。

在后期来华传教士中，孙璋（Alexander de la Charme，1695—1767）、蒋友仁（P. Michael Benoist，1715—1774）、钱德明（Jean-Joseph-Marie Amiot，1718—1793）、韩国英（Pierre-Martial Cibot，1727—1780）等人也都对汉学有较高造诣，并从事中国经籍的翻译工作。

孙璋对中国文献涉猎甚广，以拉丁文译《诗经》《礼记》。蒋友仁以拉丁文译《书经》和《孟子》，他的译文非常审慎准确。法国耶稣会传教士宋君荣见其《书经》译文初稿时大为惊奇，便鼓励蒋友仁将《书经》全译。法国传教士晁俊秀（Bourgeois）说，其书虽未刊印，已为众人推许，其了解汉文之深与译文之忠实，远在以前各译本之上。

宋君荣也把《书经》翻译成法文。在宋君荣看来，《书经》是中国古代最好的书，在中国人的精神生活中具有无可否认的权威。他认为，《书经》记述的是中国英雄时代的历史，与同时代的古希腊有着明显的不同。古希腊的英雄是一些凶狠、残暴、给人民带来巨大灾难的强盗，而中国的英雄则是一些秉性仁厚、作风民主、敬德保民的圣贤。《书经》所反映的是中国上古时期的英雄治国、安民、修身的圣贤之道。 宋君荣于1739年将《书经》的译稿寄住欧洲，次年又寄回一副稿，但直到他死后十几年的1770年，才由汉学家德经（Joseph de Guignes，1721—1800）刊印于巴黎。德经对宋君荣的译本倍加赞誉，谓《书经》文字为中国典籍中最难解者，而宋君荣的译本用词恰当，中国色彩之浓厚，俱极难得。其书卷首有宋君荣的自序，述《书经》之历史，并附伏生和孔安国的今古文，又对《书经》中的天文、星宿、日食等均加以讨论。此书除了译文和注释外，还有出版者添加的补注、插图和原文没有的中国上古三朝的帝王简史。

钱德明于1784年出版了《孔子传》，其书除参考各种史籍外，并及《论语》《史记》《家语》诸书，自诩为“孔子传记家之传记家”。他还著有《孔门弟子传略》，书中列颜子、曾子、子思、孟子、仲子等五子，是百余年来西方人研究中国经籍的必读书。

韩国英译有《大学》《中庸》，还编著有《论中国人之孝道》。《论中国人之孝道》将中国古今关于孝道之说汇于一编，所译介的孝道文本分为十二大项，涵盖古代文献经典与当时各种官方文本的译介，其中有节译《礼记》《孝经》，还有《大清律例》中有关孝道的法律，以及皇帝应有之孝道，社会表示孝道的风俗，古今孝子故事，劝孝之诗文、格言、俗语；等等。他称“孝”为“中国人的国家美德”。“孝”在中国，就如同“国王之爱”在法国。因此，任何意图攻击这个伦理道德规范者，将引发全体中国人的反击。

四、《中国哲学家孔子》的流传与影响

在当时由传教士翻译的中国典籍中，柏应理（Philippe Couplet，1624—1692）的《中国哲学家孔子》是影响最大的。

柏应理在中国生活了二十多年，与江南文人交往甚密，对中国古典经籍多有领悟和研究。1682年柏应理回欧洲，向教皇献上四百余卷由传教士们编纂的中国文献。柏应理在欧洲期间，为中华文化的西传做了大量的工作。

1687年，柏应理在巴黎出版了《中国哲学家孔子》的拉丁文本，中文标题为《西文四书直解》。据丹麦学者龙伯格（Knud Lundbaek，1694—1738）考证，从此书序言原稿上的修改痕迹看，耶稣会在华教团早在20年前就已经准备出版这部著作了。

清初，在各地的二十三位传教士被集中到广州。在此期间，他们召开了“广州会议”。这是来华的各个天主教修会讨论关于中国礼仪的会议。会议期间，耶稣会士恩理格（Christianus Herdtricht，1624—1684）、鲁日满（Francois de Rougemont，1624—1676）和柏应理开始在原先“四书”简单直译的基础上，重新进行校对和注释。这项工作大概在1670—1672年完成。作为书中一部分的《中庸》，即殷铎泽的《中国政治道德学说》，是在此之前完成的。柏应理回欧洲时，又在书稿中加上自己写的序言和《中国年表》，书的全名是《中国哲学家孔子，或者中国知识，用拉丁文表述，通过殷铎泽、恩理格、鲁

日满和柏应理的努力》，在巴黎出版。

《中国哲学家孔子》一书首版共522页，分为四部分：

（1）柏应理给法国国王路易十四的献辞，表达了他对国王支持在华传教事业的敬意。

（2）导言。分别由殷铎泽和柏应理撰写。殷铎泽撰写的导言主要介绍了中国的儒家、道教、佛教以及宋明理学所重视的《易经》，对他们将要翻译的“四书”从思想文化上做了总体性的介绍和铺垫，帮助欧洲学者来理解这部书。柏应理的导言开宗明义，说明耶稣会士之所以编著此书，并不是为了满足欧洲人对中国的兴趣，而是希望此书能为到中国传教的教士们提供一种可用的工具，指明哪些是中国的经典著作，以及这些著作有哪些重要的注疏书籍。导言中认为“四书”“五经”是中国最古老的经典著作，其中“经”的地位要高于“书”。“五经”之首是《书经》（《尚书》），在重要性方面，《诗经》居第二，《易经》居第三，《春秋》居第四，《礼》居第五。导言还介绍了宋代理学家朱熹的理学和易学，朱注的《五经大全》《四书大全》《性理大全》等书目，以及“太极”“理”等新儒学的范畴。

（3）殷铎泽所撰写的孔子传记，开卷是孔子的全身像，图中孔子身穿儒服，头戴儒冠，手持象笏的板子，站在一座庙宇式的书馆之前。书馆上端写有“国学”二字，附拉丁注音和解释，书馆柱子上写有“天下先师”字样。孔子身后的两旁是装满经书的大书架，书架上的书籍均标出书名，自上而下，一边是《书经》《春秋》《大学》《中庸》《论语》，另一边是《礼》《易经》《系辞》《诗经》《孟子》，都附以拉丁文注音。书架的下面还有孔子弟子们的牌位，上写颜回、子思、子路等，共18位。这是最早传到欧洲的孔子画像。这幅肖像把孔子描绘成在图书馆内的学术贤哲，而非在庙宇中的神祇先知。这种描绘显示出耶稣会士是如何强调孔子理性一面的，这正是欧洲人推崇孔子的重要原因。

（4）《大学》《中庸》《论语》的译文，皆附译注疏，总题目为《中国之智慧》。译文的最大特点，是力图证明中国先儒的经典著作中早就有和天主教义一致的地方了。

另外，书后还有一附录，内容包括：

（1）从黄帝到汉哀帝元寿二年（前1）的中国王朝纪年表，表前有长达30页的引言。

（2）基督降生至1683年，即汉平帝元始元年（1）至清康熙二十二年（1683）的中国王朝纪年表，表前有长达14页的引言。

以上这两个纪年表即《中国古代帝王年表》。

（3）中国现状概要，包括行政和军事区划、城镇、户籍、丁男、山川、河流、湖泊的统计数字，学校、藏书楼以及秀才、举人、进士的数量，释道两教的寺庙、道观和僧人、道士的数目以及天主教教堂和教徒的数目，税收情况。

全书的最后是一幅中国地图，图上标出中国的115座大城市和耶稣会士们建立的近200处教堂的所在地。

《中国哲学家孔子》是耶稣会士提供的第一部论述中国人思想的专著，是欧洲17世纪对孔子形象及其著述介绍得较为完备的书籍。该书给《论语》所译的拉丁文标题为“Ratiocinantium Sermones”（富有理性者的谈话），书中将孔子描绘成了基督教先知式的人物。他们认为《大学》全书“表现出崇尚理性的精神”。“当欧洲和亚洲还处在迷信状态的时候，中国人中间已经形成了完美的道德。他们的居室和国王的宫廷已经成为道德的圣殿。”该书把孔子比拟成古罗马哲学家爱比克泰德（Epictetus，约50—约138）：“在欧洲，当苏格拉底、柏拉图、塞内卡和普鲁塔克（Plutarch，约46—约120）几乎已经尽人皆知的时候，难道我们不可以希望我们的中国爱比克泰德受到重视，至少听到赞赏声吗?”

《中国哲学家孔子》对中国文化的西传具有启蒙意义和先驱作用。它第一次把中国、孔子、政治道德三个名词联系在一起，孔子在欧洲因此被称为道德与政治哲学上最伟大的学者与预言家。欧洲的学者们欢呼这位被拉丁化了的孔子是人类最伟大的英雄人物之一，是中国的苏格拉底。由此，孔子的伦理观风靡欧洲社会。

《中国哲学家孔子》一经出版，立即在欧洲思想界引起轰动和反响，各种译本纷纷问世，各家杂志纷纷撰写文章加以介绍。《中国哲学家孔子》由于原文是拉丁文，不能满足公众的需求，于是在第二年就有一些改写本、节译本问世。

柏应理传播的孔子儒家学说对启蒙时代产生了直接影响。法国哲学家培尔（Pierre Bayle，1647—1706）最早是通过阅读柏应理的著作而洞悉中国的宗教特别是佛教，进而获知中国存在唯物主义思想与无神论的。法国思想家弗雷烈（Nicolas Fréret，1688—1749）在阅读柏应理的著作时，也同培尔一样，得出了古代中国人存在无神论的看法。弗雷烈在评述孔子时，说孔子的教义涉及哲学的四个部分，即伦理、逻辑、政治和雄辩术，但他既不接受玄学，又不接受博物学和神学，他本人也讲一名贤士不应该对所有的事感到不安。其教理主要是伦理性的，他既不讲天主，又不讲灵魂的不死性，更不讲彼世。他鼓励道德是为了道德本身以及它由于自然后果而必然会导致的功利。

法国启蒙思想家也大都读过《中国哲学家孔子》，如伏尔泰在《风俗论》中介绍孔子学说时，就提到了柏应理的这本书。孟德斯鸠怀着巨大的兴趣，认真阅读了这部用艰涩的拉丁文撰写的书，并做了详细的笔记。在笔记中，他写下了一些自己的观点，并将书中的许多段落译成法文。

英国作家坦普尔对《中国哲学家孔子》一书评论说：

> 孔子的著作，似乎是一部伦理学，讲的是私人道德，公众道德，经济上的道德，政治上的道德，都是自治、治家、治国之道，尤其是治国之道。他的思想与推论，不外乎说：没有好的政府，百姓不得安居乐业，而没有好的百姓，政府也不会使人满意。所以为了人类的幸福，从王公贵族以至于最微贱的农民，凡属国民，都应当端正自己的思想，听取人家的劝告，或遵从国家的法令，努力为善，并发展其智慧与德性。①

关于孔子的为人，坦普尔推崇备至，他说孔子是一位极其杰出的天才，学识渊博，德行可佩，品性高超，既爱自己的国家，也爱全人类。他也提到了孔

① 引自范存忠著：《中国文化在启蒙时期的英国》，上海外语教育出版社1991年版，第15页。

子的文风，说孔子“词句典雅，巧譬善喻”。坦普尔在《讨论古今的学术》一文中，把孔子的思想与希腊哲学相提并论，他说：“希腊人注意个人或家庭的幸福，至于中国人则注重国家的康泰。”

《中国哲学家孔子》等译作被欧洲人广泛阅读，耶稣会士对孔子富有赞赏性的描述产生了深远的影响，给欧洲思想界带来巨大的冲击。“《中国哲学家孔子》是欧洲历史上第一次最为系统的对儒家经典的翻译，它标志着对儒家思想的解释，已经开始在更广阔的范围内展开。”[①]龙伯格在谈到这本书在欧洲的影响时说：“孔子的形象第一次被传到欧洲。此书把孔子描述成了一位全面的伦理学家，认为他的伦理和自然神学统治着中华帝国，从而支持了耶稣会士们在近期内归化中国人的希望。”[②]龙伯格还说：“正是《中国哲学家孔子》和书中的翻译、孔子生平以及对中国古典文学和儒家‘学派’的描述，为欧洲开辟了一个了解中国的新时代，让欧洲人认识到儒家思想是中国文化的基石。”[③]孟德卫也指出：“《中国哲学家孔子》代表了17世纪对耶稣会士研究中国的学术成就公开传播的一个高潮。”[④]

五、《易经》的翻译与研究

在儒家经典“五经”中，最早受到传教士们注意的是《易经》。曾德昭在《大中国志》中曾讲到《易经》，他说这是一部论述自然哲学的著作，通过一些自然原则来预测未来、测算旦夕祸福。

---

① 张西平著：《儒学西传欧洲研究导论——16—18世纪中学西传的轨迹与影响》，北京大学出版社2016年版，第131页。

② [丹麦] 克劳德·伦德贝克著：《理学在欧洲的传播过程》，《中国史研究动态》1988年第7期。

③ 引自张西平著：《儒学西传欧洲研究导论——16—18世纪中学西传的轨迹与影响》，北京大学出版社2016年版，第212页。

④ [美] 孟德卫著：《奇异的国度：耶稣会适应政策及汉学的起源》，陈怡译，大象出版社2010年版，第328页。

1658年出版的卫匡国（Martino Martini，1614—1661）的《中国史初编》中已经有对《易经》的介绍。卫匡国说，《易经》是中国最古老的文献，八卦的发明者是伏羲，中国人的第一门学问是数学，他把《易经》看成是数学知识的发源物，是“中国第一部科学数学著作”。《中国史初编》书前还有六十四卦、三百八十四爻的全图，图下有对《易经》六十四卦的简介。这可能是最早向欧洲介绍的六十四卦。

到17世纪末18世纪初，传教士们对《易经》的研究和翻译工作有了很大进展，白晋（Joachim Bouvet，1656—1730）、刘应（Claude de Visderou，1656—1737）、马若瑟和雷孝思（Jean Baptiste Regis，1663—1738）等人曾先后从事对《易经》的研究和翻译。

1697年，白晋回欧洲期间，曾在巴黎做演讲，向法国听众介绍中国的《易经》。在演讲中，他把《易经》视为与柏拉图、亚里士多德的思想一样合理、完美，他说虽然这个主张不能被认为是耶稣会传教士的观点，因为大部分耶稣会士至今认为《易经》这本书充斥着迷信的东西，其学说没有丝毫牢靠的基础，但是他认为：

> 我相信我有幸发现了一条让众人了解中国哲学正确原理的可靠道路。中国哲学是合理的，至少同柏拉图或亚里士多德的哲学同样完美。我想通过分析《易经》这本书中种种令人迷惑的表象论证（这个主张）的真实性。《易经》这本书蕴含了中国君主政体的第一个创造者和中国的第一位哲学家伏羲的（哲学）原理。再说，除了使中国人了解我们的宗教同他们那古代的合理的哲学是多么的一致外（因为我承认其现代哲学不是完美的），我不相信在这个世界还有什么方法更能促使中国人的思想及心灵去理解我们神圣的宗教。所以我要着手誊清几篇关于这个问题的论文。[①]

① 引自吴孟雪著：《明清欧人对中国文献的研究和翻译（三）》，《文史知识》1993年第9期。

白晋在巴黎期间还曾与莱布尼茨建立了通信联系，白晋于1698年再度来华后，又多次与莱布尼茨通信。虽然两人讨论的问题比较广泛，但《易经》问题是主要的话题之一。特别是1701年11月4日，白晋在写给莱布尼茨的信中，将他把《易经》六十四卦重新排列而画成的一圆一方的卦图一并寄上。莱布尼茨收到信后，对图中卦的数学排列顺序进行了仔细研究，发现此图与他在1679年发明的二进制吻合无间。此亦中西文化交流史上的一则佳话。

白晋从欧洲返回中国以后，又奉康熙皇帝之旨研究《易经》。康熙问白晋有没有其他的西洋人能协助他释“易”，当白晋奏道江西有此能人时，康熙即令将此人带至北京协助白晋，此人便是法国传教士傅圣泽（Jean Frangois Fouquet）。康熙热心提倡，命白晋和傅圣泽研究《易经》，前后达6年之久，且犹未竣事。

当时，傅圣泽还参与纂修历法的工作。他以上命不可违，同时修历，同时读易，并完成了一部分研究《易经》的工作，实在是很不容易的事。至1723年（雍正元年），白晋著拉丁文《易经要旨》，其书仅存稿本，现藏于巴黎的法国国家图书馆。与白晋共同研究《易经》的傅圣泽有《道德经》译注，为拉丁文和法文合译本。他还译《诗经》法文本，并附有注释，凡四册，皆为抄本。

与白晋同时来华的法国传教士马若瑟也对中国经籍有比较深入的研究。他曾与白晋、傅圣泽共同探讨过《易经》，他向中国教友刘凝学经的故事一时传为佳话。马若瑟著有《经传议论》，为进呈御览之书。此书内容博大，共分十二篇，包括“六书”论、“六经”总论、易论、书论、诗论、春秋论、礼乐论、“四书”论、诸子杂书论、汉儒论、宋儒论、经学定论等，是西方人士研究中国经籍的一部力作。

马若瑟还曾译《书经》《诗经》，又著有《书经以前之时代及中国神话》和《中国经学研究导论》，后者论中国文献之名称，并解释文献之起源及作者等。

与白晋同时来华的另一法国传教士刘应亦对中国古典经籍有很深入的研究。据说当时中国皇太子曾邀刘应讨论学问，并对他的博学和才气大加赞赏。刘应对《易经》也作过注释，他的《易经概说》一文曾作为宋君荣《书经》译本的附录刊行。刘应还以拉丁文译《礼记》的《郊特牲》《祭法》《祭义》《祭统》等部分以及《书经》。

宋君荣对《易经》也很有兴趣。1752年8月10日，他在给欧洲友人奥德兰耶（des Hauterayes）的信中说：

> 余在此间（按指北京），曾见有《易经》译本，而其中最主要之一部分犹未寄往欧洲，即孔子对文王［耶稣前1231—耶稣前1135］及其子周公旦（耶稣前1108年卒）原文之注释是也。……如尚无人翻译，则余愿从事于此，余不知刘应是否已译《书经》。若干年前，此间教士中有译《礼记》者（按为孙璋），惟欲求该译本有裨于读者，尚须严加校改，余曾面告译者，渠亦尚未计及以译本寄出也云云。①

除上述各家对《易经》的研究和翻译外，以参加测绘康熙舆图而知名的法国传教士雷孝思也有拉丁文译《易经》，共两卷，但直到将近1个世纪后的1834年和1839年，该译本才由莫尔（Mohl）在斯图亚特和蒂宾根两地出版。该书名为《〈易经〉：用拉丁文译出的最古老的书籍》。其内容分为三部分：第一部分介绍《易经》的作者、《易经》的价值及其内容、伏羲所创之卦、“五经”的价值等，第二部分为《易经》原文及注疏的译文，第三部分为《易经》之批评。1713年白晋寄回德国的《易经》拉丁文译稿，当系此份译本的副本。法国国家图书馆尚存有一拉丁文抄本，书名可译为《易经注释第一部分评论》。雷孝思还以法文著《经籍概说》。该书广为流传，引起欧洲读者的兴趣。对于雷孝思的译本，雷慕沙评论说：“《易经》是为中国诸经中之最古、最珍、最不明确和最难解者。雷孝思神甫利用冯秉正神甫之译文并用满文译本对照，参以汤尚贤神甫之解释，由是其义较明。”

其他传教士也有关于《易经》研究的著作和论文，比如巴多明的《六经说》，马若瑟的《六经析义》《经书理解绪论》《中国经书古说遗迹选录》《怎样应用五经和解决其中的问题》，傅圣泽的《诸经研究绪说》等。

---

① 引自方豪著：《中西交通史》（下卷），上海人民出版社2008年版，第728—729页。

|第十一章|
孔子与启蒙运动

一、启蒙运动的“守护神”

有一位西方学者说：“自中国的经典翻译集出现在欧洲的那一刻起，孔子儒家哲学就变成了一根火把，点燃了欧洲大陆有识之士思索的火焰。”①

美国学者孟德卫也说：“耶稣会成功地把儒家以一种哲学姿态呈现在欧洲人面前，充分满足了17、18世纪欧洲人的文化需求。尽管儒学缺乏基督教的神圣启示，却可以以其他方面补充基督教，并可以像希腊哲学对早期教会那样详细阐述和丰富基督教的教义。中国人的博爱完全可以和基督教的博爱相媲美。事实上，文艺复兴时期的人文主义者把异己的希腊罗马权威和基督教相调和，这就为17世纪基督教与中国哲学相调和提供了先例。随后，在18世纪的法国，没有神圣启示的儒学，作为一种令人赞赏的哲学被反基督教的启蒙思想家接受。信奉自然神论和开明专制的中国君主成了启蒙思想家向欧洲宣传的极

① 引自［韩］黄台渊、金钟禄著：《孔夫子与欧洲思想启蒙》，［韩］卢珍译，人民日报出版社2020年版，第10页。

好典范。”①

通过耶稣会士译介的儒家经典，以及他们对孔子的评论与推崇，特别是《中国哲学家孔子》的出版，孔子走进了欧洲思想家们的视野。更为重要的是，孔子及其儒家思想成为启蒙运动的一种重要思想之源。

孔子走进欧洲哲学的视野，恰逢其时，正好与欧洲轰轰烈烈的启蒙运动相遇。这是一次伟大的文化相遇，是世界文化史上一个重大的文化事件。美国中国学家顾立雅（Herrlee Glessner Creel，1905—1994）指出："启蒙运动开始时孔子成为欧洲的名人。一大批哲学家，包括莱布尼茨、沃尔夫、伏尔泰，以及一些政治家和文人，都用孔子的名字和思想来推进他们的主张，而在此过程中他们本人亦受到了影响。……在欧洲，在以法国大革命为背景的民主思想的发展中，孔子哲学起到了相当重要的作用。通过法国思想，它又间接影响了美国民主的发展。”②

中华文化在欧洲的大规模传播，给欧洲思想界以强烈的刺激和震动，引起各国思想家对中华文化广泛而热烈的兴趣。他们对中华文化特别是西传的中国孔子儒家思想进行了不同程度的研究，发表了许多关于中华文化的议论和评论。这些议论和评论，是他们对一种过去他们不了解、不熟悉的而又属于完全异质性的文化所做的“诠释”和“解读”，是对从远方传来的中国精神和中国思想的“理解”和“接受”，也是对中华文化大规模冲击的“回应”。

发生在17—18世纪的启蒙运动，是人类历史上一次伟大的文化革命，是一场波澜壮阔的思想解放运动。启蒙运动以理性主义为旗帜，对基督教神学世界观以及整个封建专制主义意识形态进行无情的、摧毁性的批判，为行将到来的法国大革命做了思想上和理论上的准备。启蒙运动几乎延续了一个世纪，涌现出一大批启蒙思想家，创造了法国历史上一个光辉灿烂的时代，即“启蒙时代”。

---

①［美］孟德卫著：《1500—1800：中西方的伟大相遇》，江文君、姚霏译，新星出版社2007年版，第118页。

②［美］H. G. Creel（顾立雅）著：《孔子与中国之道——现代欧美人士看孔子》，高专诚译，山西人民出版社1992年版，第7页。

启蒙思想家首先是一批社会批判家和改革者。在批判旧制度的同时，他们也在探索建立新制度的模式和途径，提出了种种社会改造的方案，憧憬建立理性和永恒正义的王国。此时，遥远的中国成为他们一个理想的典范。在传教士、商人和旅行家们大量的报道中，中国常常被描绘成这样一个国家：在这个国家中，一片繁荣富庶，安定和平，人民安居乐业，讲究道德，彬彬有礼，充满智慧、文明和和谐的气氛。他们特别赞美中国的制度，认为它是稳定与经久不衰的保证。

在当时关于中国的报道中，中国几乎成为一个"天堂般的地方"，与破败凋零、危机四伏的欧洲形成了鲜明的对照。法国汉学家安田朴（René Etiemble，1909—2002?）指出："中国思想的发现为欧洲尤其是为法国的任何梦寐以求地想使其国摆脱暴政和修道生活的人都提供了一些论据。因为，中国确实存在着一种最为丰富多彩的、最为兴旺发达和最为精美雅致的文明。"[①]于是，中国成了启蒙思想家们心目中的"理想王国"。李约瑟（Joseph Needham，1900—1995）说："在18世纪时，欧洲人对于中国文明虽然了解得很不全面，但却常常把它当作典范。"[②]对当时的欧洲人来说，中国就是一个他们所向往的理想之乡、乌托邦。启蒙思想家们相信"一种更宽广的视野和一种对于欧洲之外的社会的更多和更彻底了解将有助于他们了解自身及其生存的这个世界"，而"中国正好给启蒙时期的哲学家以他们需要的'更宽广的视野'"。[③]

中国这个典范还对启蒙思想家的社会改革方案起到示范作用。例如伏尔泰和魁奈都大力赞赏中国的专制制度，认为这是一种"开明君主"制度，主张以中国为榜样，在法国也实行这样的开明君主制。中国的重农主义经济政策、单一农业税制、教育和科举制度、设置谏官、兴修水利、德治主义等，都得到启

① [法] 安田朴著：《中国文化西传欧洲史》，耿昇译，商务印书馆2000年版，第470页。

② [英] 李约瑟著：《中国科学技术史》第1卷《导论》，袁翰青等译，科学出版社、上海古籍出版社1990年版，第2页。

③ [美] J. J. 克拉克著：《东方启蒙：东西方思想的遭遇》，于闽梅、曾祥波译，上海人民出版社2011年版，第39页。

蒙思想家们的赞扬和推崇，并且他们希望从中国的政治文化中吸取经验和智慧。英国人约翰·韦伯（John Webb）的论文《论中华帝国之语言可能即为原初语言之历史论文》认为，中国的君主政治是“依据正确理性的政治原理形成的、世界上唯一的君主政治”，并主张“英国君主应该模仿中国古代皇帝”。[①]韦伯在另一部著作中盛赞孔子为“中国的柏拉图”。他说：

> 时至今日，存在于公元前500年的孔子仍然深受爱戴，这在除了中国以外的任何国家和任何民族群体中都是闻所未闻的。如果世上的某个君主根据正确、理性的命令与政治原理执政，那一定是中国的君主政治。[②]

理性主义是启蒙思想家们的一面旗帜。区分“理性”与“信仰”，并且用理性主义批判蒙昧主义和信仰主义，是18世纪启蒙思想家的主要特征。不仅如此，“理性”还成了他们的基本思想原则，成了他们检验和衡量一切的真理标准和价值尺度。启蒙运动崇尚理性的精神，据许多研究者认为，至少部分是源于中国的。当然，古希腊的哲学传统，以及近代自然科学的发展，都是启蒙运动的思想源泉。至于中国文化的影响，更有可能的情况是，中国儒家思想学说被启蒙思想家做了诸种理性主义的理解和解释，并从中选择了某些成分，充作理性主义的思想材料。不论是哪种情况，启蒙思想家大力张扬的理性主义旗帜，确实带有明显的中国儒家文化的印记。英国学者霍布森（John M. Hobson）指出：“欧洲启蒙运动和中国思想之间的联系，最终通过人的理性是万物的中心这一共同信念联结了起来。理性至关重要，因为它导致了‘运动规律’的发现，这种规律渗透在社会、政治和‘自然’生活的各

① 引自［韩］黄台渊、金钟禄著：《孔夫子与欧洲思想启蒙》，［韩］卢珍译，人民日报出版社2020年版，第21页。

② 引自［韩］黄台渊、金钟禄著：《孔夫子与欧洲思想启蒙》，［韩］卢珍译，人民日报出版社2020年版，第162页。

个方面。”①

以孔子儒家思想为核心的中国传统精神文化，是一种非宗教性的、以人为本位的伦理型文化。儒家学派对中国宗法制度下的人际关系进行了理论上的概括与总结，形成了一套完整的伦理道德观念和理论体系，构成中华文化意识形态系统的核心。中国传统伦理学是世界诸文化体系中最完备的伦理学之一。当中国文化传入以基督教神学为统治意识形态的、神本主义的欧洲时，欧洲人在宗教神学的权威之外看到了另外一种权威的存在，即伦理道德权威。他们发现，中国文化中的伦理道德权威，不是来自“上帝”的启示，而是来自一个人自身的“良知”与“良能”的启示。正是这样的发现，使启蒙思想家们从传入欧洲的中国文化中，似乎看到了批判基督教神学的理性之光，找到了摧毁基督教神学权威的思想武器。

澳大利亚政治学家J. 帕斯莫尔（John Passmore）把17—18世纪欧洲思想界的变化称为欧洲哲学的“孔子化”（Confucianization）。欧洲哲学家或是把孔子的教诲视为一种真正的自然宗教，认为它足以成为市民道德生活的基础，或是把它视为一个可靠的哲学盟友。②

德国学者利奇温（Adolf Reichwein）在分析中国儒家思想在启蒙运动中的影响时指出，孔子成了18世纪启蒙时代的保护神，18世纪的整个前半叶，孔子又成为欧洲的兴趣中心。③

对启蒙思想家而言，“孔夫子是18世纪启蒙运动的守护神，他的教导是整个启蒙运动朴实无华的福音，把东方时尚带到西方”④。

在中西文化交流史上，启蒙时代是一个重要的时期。历史提供了一个难

---

①［英］约翰·霍布森著：《西方文明的东方起源》，孙建党译，山东画报出版社2009年版，第174页。

②［韩］黄台渊、金钟禄著：《孔夫子与欧洲思想启蒙》，［韩］卢珍译，人民日报出版社2020年版，第20页。

③［德］利奇温著：《十八世纪中国与欧洲文化的接触》，朱杰勤译，商务印书馆1962年版，第68、69页。

④［美］Th. H. 康著：《西方儒学研究文献的回顾与展望》，《国外社会科学》1990年第10期。

得的机遇，使中华文化走进西方文化转型的关键时刻，从而为启蒙思想家们的理智活动，为西方新文化的创造和发展发挥了重要影响。由于启蒙运动在世界文化史上的重要作用和地位，因此也可以说，中华民族的文化创造、孔子的儒家思想学说，也通过启蒙运动而在这一时刻间接地参与了世界文化历史的进程。

二、勒瓦耶：孔子是中国的苏格拉底

法国哲学家拉莫特·勒瓦耶（La Mothe Le Vayer，1588—1672）1641年出版了《论异教徒的美德》一书。这部著作是受当时的法国宫廷首席大臣黎世留（Richelieu，1585—1642）之托，为捍卫耶稣会的利益，反对其敌手冉森派而写作的。在提到孔子的内容中，作者充分利用了金尼阁提供的资料，认为金尼阁的著作是当时有关中国的“最佳记述”。他认为中国人“仅仅对唯一的一尊神表示极其虔诚的崇拜，敬仰人世间所发生的一切的保护主。虽然他们也为某些低级神祇运用某些崇拜仪轨，他们的想象力使他们觉得这些神祇如同天使或神灵一般”①。只有在给予儒教和孔夫子本人如同中国人赋予他的那种尊重和崇拜时，才能使中国人皈依基督教。勒瓦耶以此来支持耶稣会的适应性传教策略。作者的目的虽然起初是支持耶稣会在礼仪之争中的立场，但实际上要比这走得更远。他虽然主要是利用金尼阁的著作所提供的资料，却得出了比金尼阁更为深远的结论。正如法国汉学家安田朴所说的：“拉莫特·勒瓦耶首先是为其圣人工作，而这位圣人肯定绝不是依纳爵·罗耀拉；他同时又是为其教堂工作，但该教堂可能不是圣-彼得大教堂。”②

勒瓦耶所谓的“圣人”就是孔子。他大力颂扬孔子及其思想，他说中国人

---

① 引自［法］安田朴著：《中国文化西传欧洲史》（上册），耿昇译，商务印书馆2013年版，第308页。

②［法］安田朴著：《中国文化西传欧洲史》（上册），耿昇译，商务印书馆2013年版，第309—310页。

都是“以这样的崇拜方式”来纪念孔子，“他们在庙中建造了孔夫子的像，与其弟子中的某些人的像建在一起”。他介绍了“四书”“五经”，说孔子“把他以前的哲学家们的所有最漂亮的至理名言共精炼成四部大书”，并“根据他自己的思想而写出了第五部”。他强调中国文官制度的重要性，指出：

> 当然，把皇权置于哲学家之手和使武力和平地服从理智，并不是使孔夫子得到的一种微不足道的荣耀。当看到国王像哲学家一样行事或由哲学家来执政时，那该是大家希望的一种什么样的荣幸啊！这位举世罕见的思想家懂得把这两种幸福都集中在中国了，他的道德在那里使得君主本人也不强迫去做与他的格言（孔子的道义）不相吻合的任何事，那里的各级官府以及朝廷中的文武百官都必然属于其弟子之列，大家甚至可以说那里仅由哲学家们治理着一个如此庞大的帝国。①

在这里，勒瓦耶通过孔子和中国表达了一个属于那个时代的政治理想。在西方思想传统中，从柏拉图开始，“理想国”和“哲学王”就一直是哲学家们梦寐以求的理想世界，他们认为一个国家或者由哲学家当“王”，或者国王成为哲学家，那么这将是世界上最好的统治。柏拉图游说叙拉古国王，亚里士多德给亚历山大大帝当老师，以及近代笛卡尔、狄德罗和伏尔泰等人出入欧洲各国宫廷，与那些“开明”的统治者交朋友，都隐含着实现这个理想的愿望。勒瓦耶本人也曾在路易十四的宫廷里担任过家庭教师。而在启蒙运动中对中国开明专制制度的颂扬，对中国君主特别是康熙皇帝的颂扬，对中国科举制和文官制度的推崇，以及更重要的，对孔子和儒家学说的倾情赞美，都是这种政治理想的一种反映。

勒瓦耶还著有《对于君主有益的科学》，用孔子的儒家思想把治理国家与

---

① 引自［法］安田朴著：《中国文化西传欧洲史》（上册），耿昇译，商务印书馆2013年版，第312页。

管理家庭联系起来。他认为道德是有关生活行为的科学，道德分为三个部分：第一部分为伦理或纯粹意义上的道德，在其中，我们学习的是用理性的规则来自己管理自己；另外两个部分很自然地紧随其后，一个是家政学，一个是政治。这个秩序是完全自然的，因为一个人在命令和管理其他人之前学会自我管理是绝对必需的，无论是作为家庭里的父亲，还是作为国家的统治者、法官或大臣，都与政治相关。在经历道德学习的前两个阶段，也就是说学会自我管理并成为好的家政管理者之后，接下来的第三个部分就是政治，或者说良好治理的科学。

勒瓦耶在向欧洲推介孔子时，最重要的一点是他把孔子与苏格拉底相比。这是他所读的金尼阁的著作中所没有表达出来的。勒瓦耶说孔子和苏格拉底几乎是同时代人，他们在世界上的两大古老民族都备受尊重，特别是由于“孔子与苏格拉底一样都使伦理道德具有了威望、使哲学从天上降至人间”，所以人们完全可以把孔子看作“中国的苏格拉底”。勒瓦耶说：在孔子“一生的多种情节中，有二三种会使我们感到大家完全可以称他为中国的苏格拉底”，“孔夫子也和苏格拉底一样，通过他们二人对伦理产生的权威，使哲学从天上降到了人间”。他确信，孔子和苏格拉底是“所有异教徒中道德最为高尚的人”。所有最伟大的有德之士中的这两个人，完全如同出于偶然一样，都是把伦理和神学简化为几点节制行为的人。他说道：

> 因此，我认为，如果我们不如同纪念我们已提到的所有伟大哲学家一样崇拜他，如果我们对他的拯救感到失望，认为他未完成如同苏格拉底和毕达哥拉斯（他们似乎还不如孔夫子的道德高尚）那样的拯救事业，那样完全是不公正的和非常冒昧的。由于他在识别非常强大的和非常正确的宇宙最早起源论的统一方面并不比其他那些人逊色多少，所以他只能在对此也表现出了其全部兴趣时才会这样做。在形成教义第二种组成部分的对邻居的仁慈问题上，利玛窦神父的回忆录向我们断言，在出自这位哲学家的全部中国伦理中，再没有比“己所不

欲，勿施于人”的格言更为明确具体的了。[①]

勒瓦耶将孔子和苏格拉底做比较，其重要性在于，正是从他开始，孔子及其儒家思想被作为一种哲学引进了欧洲的哲学界，使孔子走进了欧洲的哲学思想视野，开展了东西方的哲学对话，并使孔子及其儒家思想成为世界哲学发展一个有意义的环节。

三、莱布尼茨：中华民族使我们觉醒了

从17世纪中期开始，经由入华耶稣会士们的媒介，中华文化进入了欧洲思想家们的视野，成为思想家们时常谈到的话题。他们以哲人的睿智和敏感，发表了至今看来仍然可能还有启发价值的对中华文化的种种评论。但是，从笛卡尔到马勒伯朗士再到培尔，他们可能接触到的资料还不是很充分，他们对中国的认识还是有限的，而且这种有关中国的信息及其影响还没有在欧洲充分展开，因而他们还没有充分认识到中国文化的西传对于欧洲思想和文化发展将会有何种程度的影响，将会有什么样的深远意义。“认识中国文化对于西方文化发展的重要性，来布尼茨实为第一人”[②]，或者说，在当时的欧洲知识界，他是“以最大的顽强精神和持之以恒地关心中国的人”[③]。

莱布尼茨（Gottfried Wilhelm Von Leibniz，1646—1716）是17世纪末18世纪初德国最重要的哲学家，历史上少有的渊博学者和科学巨匠。莱布尼茨在年轻的时候就对中国文化有所接触，在此后的一生中，他似乎与中国和中国文化结下了不解之缘。1669年，他起草了《关于奖励艺术及科学——德国应设

---

① 引自［法］安田朴著：《中国文化西传欧洲史》，耿昇译，商务印书馆2013年版，第313页。

②［德］利奇温著：《十八世纪中国与欧洲文化的接触》，朱杰勤译，商务印书馆1962年版，第69页。引文中的“来布尼茨”即“莱布尼茨”。

③［法］维吉尔·毕诺著：《中国对法国哲学思想形成的影响》，耿昇译，商务印书馆2000年版，第385页。

立学士院制度论》一文，建议把对中国和中国文化的研究列入德国学士院之中。这是欧洲学术界第一次提出把“汉学”列为研究学科、进入国家研究院的建议。同年，他倡议创办“德意志艺术和科学促进会”，以后他又于1670年建议创办“费拉德尔菲亚协会”。该会以耶稣会为榜样，是一个国际性的科学家团体，并在远东设立科学联络处，以与中国交流科学信息。1676年，他在汉诺威图书馆任职期间已经开始研究孔子的学说。

1687年柏应理的《中国哲学家孔子》一书出版不久，莱布尼茨便仔细地阅读了该书。莱布尼茨在该书出版的当年12月，于一封信中表达了他长期怀有的想看到《中国哲学家孔子》的愿望。

莱布尼茨在这部书出版之前就得知了有关消息。1687年1月26日，耶稣会士帕伯洛克（Daniel Papebroch）写信告诉莱布尼茨：孔子的著作和其他中文书籍即将出版拉丁文译本。帕伯洛克说，作者是中国教团的代表柏应理，据说他是奉路易十四之命出版这本书的。帕伯洛克还告诉莱布尼茨，柏应理正忙于寻找书写汉字的窍门。莱布尼茨在一封很可能写于1687年2月的信中回复说，他希望柏应理能出版一本中文、拉丁文双语版的书，这样有助于解释汉字的结构和揭示“中文之钥”。帕伯洛克在4月1日的回信中说，柏应理将在4月中旬完成儒家著作译本的出版工作。他指出：这个巴黎的译本，研究的是孔子的道德哲学，并将展示中文原文的样本。1687年12月9日，莱布尼茨在给冯·黑森-莱因菲尔伯爵（the Landgrave，Ernst von Hessen-Rheinfels）的一封信中说，他很久以来一直想见到一本《中国哲学家孔子》的愿望，终于通过法兰克福的书商仲纳尔（Johann David Zunner）实现了。莱布尼茨评价这部著作说：

> 这本书并不是孔子本人写成的，而是由他的弟子编纂的，其中一部分选自孔子自己的言论。这位哲学家的寿命超过了几乎所有希腊哲学家的寿命。书中处处都有杰出的思想和格言。他常常使用比喻。例如，他说只有到了冬天才能知道哪些树木能保持常青。同样，人在安宁与幸福时可能看起来都差不多，但是在危险和混乱时，才能发现英

勇和有功劳的人。[1]

莱布尼茨在得到并阅读了《中国哲学家孔子》这本书之后两年，也就是1689年，在访问罗马时，遇见了当时正从中国回来的耶稣会士闵明我（Pilippus Maria Grimaldi，1639—1712），对他以后关于中国的兴趣和研究有着决定性的影响。除了与闵明我的来往，莱布尼茨终其一生与许多耶稣会士保持着经常的接触，其中包括与白晋的著名通信。此外，同他有通信联系的以及他提到的传教士还有张诚（J. F. Gerbillon，1654—1707）、汤若望（Johann Adam Schall von Bell，1592—1666）等人。莱布尼茨非常珍视与耶稣会士们的通信联系，迫切希望从他们那里获得更多有关中国的知识和资料。1990年，德国出版了一部由里达·维德迈（Rita Widmaier）编辑的《莱布尼茨中国书简集》，收入了莱布尼茨与耶稣会士等关于中国问题的通信71封，其时间跨度从1689年7月1日到1714年2月5日，前后长达二十五年之久。

1697年，莱布尼茨编纂出版了《中国近事——为了照亮我们这个时代的历史》一书。这部著作分为七部分。第一部分是莱布尼茨撰写的序言，集中表达了他对中国文化的看法，充分论证了中国文化对于激励和促进欧洲文化发展的重要意义。该书有6个附录，收录了在华耶稣会士关于当时中国以及关于中国与俄国之间关系的报告和信件，是当时欧洲人了解中国的一个很有参考价值的文献。

莱布尼茨关于中国的评论，充满了激情的赞誉和仰慕。他在中国发现了一片崭新的文化天地，他漫游于其中并且常常流连忘返。莱布尼茨将欧洲文化和他所了解的中国文化进行比较，认为欧洲与中国在许多方面的发展水平是不相上下的。他说，中国这一文明古国在人口数量上早已超过欧洲，在很多方面，中国与欧洲各有千秋，在几乎对等的竞争中，二者各有所长。他在晚年写的关于中国哲学的通信中又这样介绍中国："中国是一个大国，它在版图上不次于

① 引自［美］孟德卫著：《奇异的国度：耶稣会适应政策及汉学的起源》，陈怡译，大象出版社2010年版，第314页。

文明的欧洲，并且在人数上和国家的治理上远胜于文明的欧洲。在中国，在某种意义上，有一个极其令人赞佩的道德，再加上有一个哲学学说，或者有一个自然神论，因其古老而受到尊敬。这种哲学学说或自然神论是自从约三千年以来建立的，并且富有权威，远在希腊人的哲学很久很久以前……”[①]他在书中说，在日常生活以及以经验应付自然的技能方面，我们与他们是不分伯仲的；在思考的缜密和理性的思辨方面，显然我们要略胜一筹，在数学方面亦比他们出色，但中国人的天文学可以和我们的相媲美。然而，在道德修养方面，中国人则远远高于欧洲人。莱布尼茨写道：

> 然而，昔日有谁会相信，地球上还有这样一个民族存在着，它比我们这个自以为在各方面都有教养的民族过着更具有道德的公民生活呢？但从我们对中国人的了解加深以后，我们却在他们身上发现了这一点。如果说我们在手工技能上与他们不分上下、在理论科学方面超过他们的话，那么，在实践哲学方面，即在人类生活及日常风俗的伦理道德和政治学说方面，我不得不汗颜地承认他们远胜于我们。[②]

莱布尼茨分析了中国是如何“完美地致力于谋求社会的和平与监理人与人相处的秩序”的。他指出，中国人较之其他国民是具有良好规范的民族，他们对公共安全以及共同生活的准则考虑得非常周到。他们极为尊长，尊重老人，彼此之间也都互相尊重，礼貌周全，相敬如宾。在中国，不论邻里之间还是自家人内部，人们都恪守习惯，保持着一种礼貌。莱布尼茨特别提到了康熙皇帝，说他尽管高高地居于万人之上，却极为遵守道德规范，礼贤下士，具有言行公正、对人民仁爱备至、生活节俭自制等美德。“有谁不对这样一个帝国的君主感到惊讶呢？他的伟大几乎超越了人的可能，他被人们视为人间的上帝，

---

①［德］莱布尼茨著：《致德雷蒙先生的信：论中国哲学》，载清华大学思想文化研究所编《世界名人论中国文化》，董平等译，湖北人民出版社1991年版，第139—140页。

②［德］莱布尼茨著：《中国近事——为了照亮我们这个时代的历史》，［法］梅谦立、杨保筠译，大象出版社2005年版，第2页。

人们对他的旨意奉行无违。尽管如此，他却习惯于如此地培养自身的道德与智慧；位居人极，却认为遵纪守法、礼贤下士方面超过臣民才是自己的本职。”①

莱布尼茨认为，中国古代思想到孔子时基本完成了从神到人的转变，孔子重视人世，但并不意味着他会完全放弃“天”，天是人的最终依托，是可望不可即的精神支柱。

莱布尼茨对中国人的道德生活极为推崇，认为中国人可以对其他民族起到典范作用。“肯定无疑的是，中华帝国之大，本身便决定了它的重要性；作为东方最聪明的民族，中华帝国的声望是卓越的，其影响被其他民族视为表率。”②他说：“我觉得鉴于我们目前面对的空前的道德没落状况，似乎有必要请中国的传教士到欧洲给我们传授如何应用与实践自然神学，就像我们的传教士向他们教授启示神学一样。因此我相信，若不是我们借一个超人的伟大圣德，亦即基督宗教给我们的神圣馈赠而胜过他们，如果推举一位智者来评判哪个民族最杰出，而不是评判哪个女神最美貌，那么他将会把金苹果判给中国人。”③

莱布尼茨充分认识到中华文化的传入对于欧洲文化发展的重大意义。因此，他主张大力加强和中国的文化交流。1692年3月21日，莱布尼茨在给闵明我的信中说，“相隔遥远的民族，相互之间应建立一种交流认识的新型关系”，“交流我们各自的才能，共同点燃我们的智慧之灯”。④因此，他主张欧洲人对中国文字应该有足够的知识，并且希望来华传教士们多做向欧洲介绍中国的工作。莱布尼茨认为“东方和西方的关系是具有统一世界的重要性的媒

① ［德］莱布尼茨著：《中国近事——为了照亮我们这个时代的历史》，［法］梅谦立、杨保筠译，大象出版社2005年版，第3—4页。

② ［德］莱布尼茨著：《中国近事——为了照亮我们这个时代的历史》，［法］梅谦立、杨保筠译，大象出版社2005年版，第13页。

③ ［德］莱布尼茨著：《中国近事——为了照亮我们这个时代的历史》，［法］梅谦立、杨保筠译，大象出版社2005年版，第6页。

④ ［德］莱布尼茨著：《致闵明我的两封信》，载［德］夏瑞春编《德国思想家论中国》，陈爱政等译，江苏人民出版社1995年版，第21—22页。

介”[①]。他也许已经意识到，中国和欧洲两大文明的接触、交流和互相吸收、融合，对整个世界文化格局的变迁和发展，对全人类文明的历史性进步，都会产生意义深远的重大影响。

莱布尼茨说：我们发现了中华民族，它使我们觉醒了。

四、沃尔夫与孔子道德学说

莱布尼茨的另一个学生沃尔夫（Christian Wolff，1679—1754）是莱布尼茨理性主义哲学的继承者。沃尔夫也对中国文化和中国哲学有浓厚兴趣，并对中国哲学有较多的了解。他在《关于人类社会生活的理性观念》的序言中说："从最古远的时代开始，中国人就对统治的艺术倾注巨大精力：然而，我通过偶尔审验他们的作品而设法确定的是，他们的学说与我自己的和谐一致……也许我某天应该找个机会把中国人的道德和政治学说组织成一个科学的形式，这将清楚地展现他们的与我的学说间的一致。"[②]

1721年7月12日，沃尔夫在哈雷大学发表了《关于中国人道德学的演讲》，盛赞孔子的道德学说，认为孔子的学说与基督教的道德并无冲突。这种看法说不上是独创，因为当时有不少耶稣会士都持有相同或相似的看法。不过，沃尔夫所在的哈雷大学是新教的势力范围，还不能接受和容忍他的这种观点。于是，在沃尔夫发表演讲之后，哈雷大学神学部的教授们立即开会，指出沃尔夫的演讲中有27条谬误之处，并当面进行质询。学校还将此事报告给普鲁士国王腓特烈·威廉一世。1723年11月8日，国王下令撤销沃尔夫哈雷大学教授的职务，并勒令他在48小时之内离开哈雷和普鲁士。

然而，迫害和放逐反而使沃尔夫声名鹊起、名声大振，沃尔夫一跃成为

---

① ［德］利奇温著：《十八世纪中国与欧洲文化的接触》，朱杰勤译，商务印书馆1962年版，第74页。

② 引自张国刚、吴莉苇著：《启蒙时代欧洲的中国观：一个历史的巡礼与反思》，上海古籍出版社2006年版，第260页。

“启蒙的宠儿”。引起轩然大波的演讲稿甚至被印成盗版而广为流行，1726年，这篇演讲稿正式印刷出版，到1750年还出现了英译本。欧洲学术界一时沸沸扬扬，出版了二百多种著作讨论沃尔夫的学说，争论竟然持续了二十年之久。

当时的瑞典国王、俄国沙皇等纷纷向沃尔夫发来邀请，法国的启蒙思想家们则把他作为孔子及基督同列的殉道者。沃尔夫离开哈雷大学之后，即被聘为马堡大学教授，在这里工作了十七年。他在马堡大学的十七年，被认为是马堡大学“最光荣的时代”。1740年，腓特烈大帝即位后，立即把沃尔夫召回普鲁士，恢复了他在哈雷大学的教授职务，并另委以宫中顾问和柏林学士院的职务。腓特烈大帝称沃尔夫为“国中真理持有者”“当代一位新型的哲学家”。

在沃尔夫的哲学体系中，道德问题是主要部分之一。他从理性主义的立场出发，提出一种所谓“完全论”，主张人生的目的在于奋勉精进，成为完人。沃尔夫曾经仔细研读过传教士卫方济于1711年在布拉格印行的《中国六经》一书。卫方济的这本书的特点是逐字直译，注释也较为详细。沃尔夫说：“在这本书里，我们可以发现中国哲学的真正基础。”[①]因此，沃尔夫的这篇著名演讲，就是从这两个方面展开的，他主要是通过卫方济的《中国六经》译本而了解的中国儒家学说，他本人的哲学为他理解儒家的学说做了准备。利奇温指出，沃尔夫的演词，“除了作为宗教史上的一种文献外，有一个特殊的功绩：即根据卫方济的中国经书译本，对于中国儒家哲学第一次提出了充分的评价”。沃尔夫采取“真正的‘启蒙’原则的立场，也是古代中国所根据的立场，认为品德的知识本身就导致道德的行为”[②]。

沃尔夫首先论述了中国的政治道德，认为中国人具有令人钦佩的智慧和治国才智，柏拉图《理想国》中所设想的“哲学王”在中国上古社会就已经出现过。中国古代帝王本身就是智者，而智者当道的国家，世道必盛。孔子的学说

---

①［德］沃尔夫著：《关于中国人道德学的演讲》，载清华大学思想文化研究所编《世界名人论中国文化》，董平等译，湖北人民出版社1991年版，第161页。

②［德］利奇温著：《十八世纪中国与欧洲文化的接触》，朱杰勤译，商务印书馆1962年版，第76页。

即发端于古代的君主。沃尔夫盛赞孔子说：

> 即使不能把孔子看作是中国智慧的创始者，那么也应当把他视为中国智慧的复兴者。孔子的所作所为并非为了沽名钓誉，而是出于希望百姓幸福安康的爱。……他以其深邃的哲理自古至今都享有崇高的威望。……如果我们把他看作是上帝派给我们的一位先知和先生的话，那么中国人崇尚他的程度不亚于犹太人之于摩西，土耳其人之于穆罕默德，我们之于耶稣基督。[①]

沃尔夫进一步探讨了中国道德学说的基础。他认为，哲学的真正基础就是与人类理性的自然性相一致的东西。那么，从这种观点来看，中国哲学便具有真实的基础，因为中国人认为，对于培养道德风尚而言，至关重要的因素是与人的理性相吻合，他们所做的每一件事情，其根据都在人的自然性中。中国人总是注意理性的完善的一面，这样他们就可以认识自身自然的力量，从而达到自然力量所能让他们达到的高度。他们效法以理智为本的大彻大悟的前师。前师们很少过问如何避免偏见，他们崇尚理性的力量，研究如何将这种力量运用到对真理的探求上。“圣人的主要任务在于使理性日趋完善”，而一个人“出于他个人的自由意志，乐意致力于道德，那么他首先必须从改善自己的理性入手”。[②]

沃尔夫认为，中国人是一个永远追求道德完善的民族。中国人所有的行为都以自身的和他人的最高的完善为最终目的。沃尔夫指出：

> 人类最崇高的善，在于坚持不懈地朝着更高一级的完善奋进。中国人清楚地认识到，在道德的大路上，人应当不断奋进，不达到最高

---

①［德］沃尔弗著：《关于中国人道德学的演讲》，载［德］夏瑞春编《德国思想家论中国》，陈爱政等译，江苏人民出版社1995年版，第31页。沃尔弗，即文中所说的“沃尔夫”，下同。

②［德］沃尔弗著：《关于中国人道德学的演讲》，载［德］夏瑞春编《德国思想家论中国》，陈爱政等译，江苏人民出版社1995年版，第39、40页。

> 的完善决不停步，可是最高的完善又是一个永远不可抵达的境地，因此，我认为，中国哲学家的看法也是如此，如果不坚持不懈地天天向上地追求更高的完善，人就没有幸福可言。[①]

沃尔夫还注意到，中国人有一种激励人、促进人以日益高涨的热情不懈地追求崇高目标的方法，这就是做好事能带来荣誉。强烈的荣誉感激励人们不断地努力进取。

沃尔夫认为，在中国人那里，品德的知识本身就导致道德的行为，道德的学习和道德的实践是一致的。学习道德的人可以通过努力学习道德来克服恶习，因为恶习是不道德的东西，二者不可能同生共存。“中国人还有一个值得称赞的地方是：他们不仅仅只制定道德规范，他们还培养学生养成道德习惯，使他们的品德合乎规范。”[②]因此，沃尔夫赞扬中国的教育制度。他说，中国实行一种分级教育，小学收八岁到十五岁的儿童，因为他们还不能运用自己的理性，还必须用感性的观念来引导和管理；大学只收经过挑选的天资优异的学子，教以治国治民的方法。在沃尔夫看来，这是理想的教育制度，因为它遵循人类精神的自然规律，也因为按照这种制度，理性的一切活动，都可以有一个确定的目标。凡所研求的，无一不是以智慧即快乐幸福为目标的。

沃尔夫还在演讲中比较了中国人的道德和基督教的道德，认为基督教的道德得自神灵的启示，归于上帝恩惠的力量，而中国人的道德只是出于自然理性的力量。但他认为这二者并不相冲突，可以互相调和。沃尔夫认为中国道德学说中的理性主义与他的哲学主张是一致的。他在那篇演讲的最后说：

> 亲爱的听众，我已经把古代中国人的哲学基础展现在你们眼前。

---

①［德］沃尔弗著：《关于中国人道德学的演讲》，载［德］夏瑞春编《德国思想家论中国》，陈爱政等译，江苏人民出版社1995年版，第42—43页。

②［德］沃尔弗著：《关于中国人道德学的演讲》，载［德］夏瑞春编《德国思想家论中国》，陈爱政等译，江苏人民出版社1995年版，第38页。

> 不论是在其他的公开场合，还是在这个庄严的会场上，我都要讲，中国人的哲学基础同我个人的哲学基础是完全一致的。[①]

1730年，沃尔夫在马堡大学做了有关中国哲学的第二个演讲，题目是《论哲学王与治国哲人》，其中中国成为一个开明君主专制的杰出实例。这篇演讲当年就被译成英文在伦敦出版，题目为《一个生活于哲人国王统治下的民族的真正的快乐；既合乎事物的性质，也合乎被其创始人伏羲及其杰出的继承人黄帝和神农统治的中国人无可质疑的经验》。沃尔夫在这篇演讲中，把中国古代君主们当作历史人物，认为他们创造出来的教育制度与柏拉图《理想国》中的内容颇为相似，并进一步分析了君主应有的资格以及哲学思考对于行政管理的价值。沃尔夫像柏拉图那样断言，当一个团体"或者被哲学家所统治，或者所统治的是哲学家"，那么这个团体将幸福快乐。

沃尔夫在演讲中表达了对中国的道德学和政治学的钦佩，他认为，中国是关于哲学化政府的最有说服力的例子，中国最接近于他的理想。

五、伏尔泰发现了"新世界"

法国是欧洲启蒙运动的中心。在法国启蒙思想家的阵营中，伏尔泰（Voltaire，1694—1778）是一位居于核心位置的、最有影响的领袖人物。伏尔泰一直关注来自中国的文化信息，研读有关中国的著作，与许多耶稣会士保持着接触和联系。和他那个时代的许多知识分子一样，他具有较多的关于中国的知识，并且对于远方的中国抱有很大的热情。伏尔泰一生中有近八十部作品、二百余封书信论及中国，内容涉及中国的政治、历史、宗教、哲学、科技、文艺、习俗等各个方面。伏尔泰把中华民族视为"世界上最明智和最开化的文明

---

① ［德］沃尔弗著：《关于中国人道德学的演讲》，载［德］夏瑞春编《德国思想家论中国》，陈爱政等译，江苏人民出版社1995年版，第45页。

民族”。伏尔泰有一段著名的话：

> 欧洲王公及商人们发现东方，追求的只是财富，而哲学家在东方发现了一个新的精神和物质的世界。[①]

伏尔泰在中国发现了一个“新世界”，这个“新世界”具有的新的精神和新的文明，成为他致力于改造法国社会的政治理想，成为他极力赞赏和追捧的文化榜样。

伏尔泰称赞中国古代文化取得的优秀成果，说中国是世界上最优美、最古老、最广大、人口最多和治理最好的国家。在伏尔泰对中国的“发现”中，他最为注重的是儒家礼治秩序，是中国人的道德和法律。伏尔泰和启蒙思想家们认为他们从中发现了一个完全新的道德世界。

伏尔泰曾认真研读过各种儒家经典和孔子思想论著的译本，对孔子称赞备至。他说：“我钻研过他的著作；我还作了摘要；我在书中只发现他最纯朴的道德思想，丝毫不染江湖色彩。”[②]他还在一封信中称：“孔子为天地之灵气所钟，他分别真理与迷信，而站在真理一边。他又不媚帝王，不好淫色，实为天下唯一的师表。”他对孔子极为推崇和赞颂，指出：

> 这个庞大的帝国的法律和安宁建筑在既最合乎自然而又最神圣的法则即后辈对长辈的尊敬之上。后辈还把这种尊敬同他们对最早的伦理大师应有的尊敬，特别是对孔夫子应有的尊敬，合为一体。这位孔夫子，我们称为Confucius，是一位在基督教创立之前约六百年教导后辈谨守美德的先贤古哲。[③]

① 引自［德］利奇温著：《十八世纪中国与欧洲文化的接触》，朱杰勤译，商务印书馆1962年版，第79页。

② ［法］伏尔泰著：《哲学辞典》（上册），王燕生译，商务印书馆1991年版，第322页。

③ ［法］伏尔泰著：《路易十四时代》，吴模信等译，商务印书馆1982年版，第595页。

在另外一封书简中，伏尔泰写道："这位孔夫子事实上是一个非常高尚的人。他是理性之友，狂热之敌，他仁慈且安详，一点都不将真理与谎言相混。"

伏尔泰把中国皇帝与孔子相提并论，一个是只关心人民幸福的国王，一个是布道者。"我钦佩他们两人，我简直对他们着迷了。"他还指出："孔子不创新说，不立新礼；他不做受神启者，也不做先知。他是传授古代法律的贤明官吏。我们有时不恰当地把他的学说称为'儒教'，其实他并没有宗教，他的宗教就是所有皇帝和大臣的宗教，就是先贤的宗教。孔子只是以道德谆谆告诫人，而不宣扬什么奥义。在他的第一部书中，他说为政之道，在日日新。在第二部书中，他证明上帝亲自把道德铭刻在人的心中；他说人非生而性恶，恶乃由过错所致。第三部书是纯粹的格言集，其中找不到任何鄙俗的言辞，可笑的譬喻。"①

伏尔泰在这里说的孔子的书，应该是柏应理的《中国哲学家孔子》，其中所说的三部书，分别是《大学》《中庸》《论语》。伏尔泰还说道，我认识一位哲学家，在他的书房里间悬挂了一幅孔子画像，他在这幅画像下边提了四句诗：

唯理才能益智能，但凭诚信照人心；
圣人言论非先觉，彼土人皆奉大成。

伏尔泰认为，孔子的哲学是一整套完整的伦理学说，教人以德，使普遍的理性抑制人们利己的欲望，从而建立起和平与幸福的社会。伏尔泰从中国的历史发展中看到孔子儒家伦理道德的力量。孔子的一整套伦理道德规范指导着中国人修身治国，使中国两千余年来得以国泰民安。

伏尔泰非常推崇中国的道德和法律制度。在他看来，中国在伦理道德和治国理政方面，堪称首屈一指。伏尔泰说中国人具有完备的道德哲学，道德哲学居于各科学问的首位。中国人的道德源于中国文化的理性原则。他赞赏中国人

① [法] 伏尔泰著：《风俗论》（上册），梁守锵译，商务印书馆2017年版，第88页。

将道德与人心、与人生相结合的主张，认为中国儒学的"性善"说与基督教的"性恶"说有着本质的区别。人类"性善"，才使他们在"爱神"之外能够"以深厚的感情，去爱其祖国及其父母妻子"。他说，西方民族的任何格言和教理都无法与此"纯粹道德"相比拟，孔子常说仁义，若使人们实行此种道德，世上就不会有人互相攻伐了。伏尔泰还称赞孔子的"己所不欲，勿施于人"，认为这就像爱比克泰德的道德观一样纯正、严肃和人道。他还认为，所有中国文化的优越和美好，都可以活生生地实体化，这就是孔子的思想和言行，孔子是把中国文化的理性原则衍化为"纯粹道德"的最好体现者。"世界上曾有过的最幸福、最可敬的时代，就是奉行孔子的律法的时代。"[①]他还援引传教士李明的话说："中国遵循最纯洁的道德教训时，欧洲正陷于谬误和腐化堕落之中。"[②]

伏尔泰在政治上主张开明君主制度或君主立宪制度，认为这是最好的政治制度。他这样看待中国的政治和法律制度，认为中国的政治制度不是专制政体，而是在法律限制下的君主政体。伏尔泰认为，中国道德与政治、法律的结合，即中国式的德治主义，成了公正与仁爱的典范。他主张法国和欧洲应该引进中国的优良法律和道德。既然法国能向中国学习制造瓷器，为什么不向中国学习其他优点呢？伏尔泰推崇中国文化，有着直接的现实意义。他以中国为榜样，针砭时弊，要为法国的社会改造提供一条可行的道路。

伏尔泰对中国文化的推崇和宣扬，对中国哲学家孔子的敬仰与赞扬，为中国文化在法国乃至欧洲的传播起到了很大的推动作用；与此同时，人们也把他看作那个时代体现中国文化精神的一个符号性人物。1767年，有一位叫理查德（Reichard）的德国青年写信给伏尔泰，尊称他为"欧洲的孔夫子"，信中说道：

先生，请允许一位素昧平生的人从德国中部向您致意！您是欧洲

① [法] 伏尔泰著：《风俗论》（上册），梁守锵译，商务印书馆2017年版，第253页。
② [法] 伏尔泰著：《路易十四时代》，吴模信等译，商务印务馆1982年版，第597页。

的孔夫子，是世界上最伟大的哲学家。您的热情和天才，以及您的人道主义的行为，使您赢得了任何世人都不敢企盼的地位：您堪与古代最著名的伟人并列齐名……

六、魁奈：可敬的欧洲孔子

重农学派的创立人和主要代表魁奈（François Quesnay，1694—1774）可能很早就对中国文化产生了兴趣。1749年，魁奈以御医身份住进凡尔赛宫，曾劝说路易十五模仿中国古代举行籍田典礼，又用中国皇帝亲耕这种形象劝说皇太子（也就是后来的路易十六），促成皇太子在1768年举行的一次宫廷典礼上亲手拿着用丝带装饰的耕犁模型在众人面前展示。这个举动是想证明皇太子对法国农民的同情以及对农民为国家所做贡献的重视。这个举动在当时得到了画家和诗人们的赞颂，被称为“对重农主义的流行性疯狂的一个贡献”。

魁奈读过许多有关中国的文献，对中国有深入的了解。魁奈把中国作为他心目中的理想王国。魁奈推崇古代中国的统治方式，同时把孔子作为他心目中的偶像，景仰备至，钦慕不已。他称述“中国人把孔子看作是所有学者中最伟大的人物，是他们国家从其光辉的古代所留传下来的各种法律、道德和宗教的最伟大的革新者”；孔子是一位坚贞不渝且忍受着各种非难和压制的著名哲学家，是一位具有崇高声望且要求在人民中树立起公正、坦诚和一切文明风尚的“贤明大师”；中国人对这位哲学家表达了“最崇高的敬意”，他被尊为帝国的“第一位教育家和学者”，他的著述“超凡脱俗”，具有极大的权威性；连元朝皇帝（指元世祖忽必烈）亦“对孔子表达了犹如对国君一般的敬意”。魁奈还将孔子学说与古希腊圣贤的学说加以对比，认为一部《论语》“充满了格言和道德原理，胜过希腊七贤之语”，对孔子的景仰之情，溢于言表。

魁奈晚年出版了关于中国的专论《中华帝国的专制制度》一书。这部著作在当时被称为欧洲“崇尚中国运动的顶峰之作”。魁奈在这部著作中详细考察了中国的经济、政治和法律制度，但并对这种制度给予了高度的赞扬。他以

“专制”来概括中国的政治体制，并不是要批评中国。相反，他以西方法律传统中的自然法思想为出发点，认为中国的专制是合乎法律的，中国的法律自古以来便是逐步完善的，它以法律、道德、宗教、政权相结合为特点。中国的皇帝是按照自然秩序治国的典范，只有在中国，才把自然规律作为立法的基础和人们行为的最高准则，因而中国“由于遵守自然规律而得以年代绵长”。

魁奈热烈赞扬中国，有一个明确的政治目标。他企图把分崩离析的法国帝制置于一个新而健全的（即自然的）基础之上；并且希望这样的主张，在一个崇拜中国的时代里得到更大的重视。魁奈的政治理想，是主张建立一种“开明君主制”，要求君主受“自然规律”的约束，遵循“自然秩序”，以保证君主利益和人民利益一致。他提供给法国社会的改良药方，就是依靠“开明君主”实行自上而下的经济改革，把封建君主专制政体同资本主义生产方式的经济秩序结合为一体。

魁奈特别瞩目于中国的君主专制制度。在魁奈看来，中国“完全可以作为一切国家的范例”，因为“广大的中华帝国的政治制度和道德制度是建立在对于自然法则的认识的基础上，而这种制度也就是认识自然法则的结果”。[①]中国的法律制度是建立在自然法基础上的，而自然法的存在使君主不敢违法作恶，能够保证他合法地行使职权，保证掌握最高权力的人积德行善。如果君主迈错了步，偏离了正确的道路，忠实的大臣们会立即向他指出来，使他得以纠正自己的行为。这就是魁奈理解的中国的“开明的”专制统治。他指出，“用专制一词来称呼中国政府，是因为中国的君主独掌国家大权”。但是，“中国的制度系建立于明智和确定不移的法律之上，皇帝执行这些法律，而他自己也审慎地遵守这些法律”。[②]这样的统治形式，在魁奈看来，对统治者来说是一个福音，对臣民来说也是一个受到崇拜的力量。

魁奈对中国的教育制度备加赞扬，他认为，中国的学校教育，不仅是教学

① ［法］弗朗斯瓦·魁奈著：《中华帝国的专制制度》，谈敏译，商务印书馆2018年版，第111页。

② ［法］弗朗斯瓦·魁奈著：《中华帝国的专制制度》，谈敏译，商务印书馆1992年版，《前言》第1页。

生读书写字，而且给予学生获致知识的教育。他认为，如果没有自然法则的知识，便不能明辨是非。良好的教育使中国成为一个完全符合自然法则的模范国家。

魁奈对孔子的学说和中国的文化制度极为推崇，而魁奈本人则被他的弟子们视为孔子事业的直接继承人，被称为“欧洲孔子”。重农学派的成员博多（Abbé Baudau）在谈到魁奈的《经济表》时指出：这位“欧洲孔子”已经发现了法国的基本秩序。他的学生——重农学派经济学家弥拉波（Victorde Riquetti，marquis de Mirabeau，1715—1789）在给卢梭的信中说：纯产品的发现，即我们应该归功于“可敬的欧洲孔子”的这一发现，将有一天会改变世界的面貌。弥拉波在魁奈葬礼上的演说，把魁奈与孔子直接联系起来。他说：

> 孔子的整个教义，在于恢复人受之于天，而为无知和私欲所掩蔽的本性的光辉和美丽。因此他劝国人信事上帝，存敬奉戒惧之心，爱邻如己，克己复礼，以理制欲。非理勿为，非理勿念，非理勿言。对这种宗教道德的伟大教言，似乎不可能再有所增补；但最主要的部分还未做到，即行之于大地；这就是我们老师的工作，他以特别聪睿的耳朵，亲从我们共同的大自然母亲的口中，听到了“纯产品”的秘理。[1]

弥拉波的这一演说，以信奉孔子学说作为对魁奈的盖棺之论，反映了魁奈理论与中国古代学术思想之间的密切关系，而这一点正是魁奈以及整个重农学派的重要理论特征。

---

① 引自［德］利奇温著：《十八世纪中国与欧洲文化的接触》，朱杰勤译，商务印书馆1962年版，第92—93页。

七、启蒙思想家与孔子思想

伏尔泰、魁奈对中国文化的态度代表了法国启蒙运动中一种基本的文化态度。有许多启蒙思想家都或多或少热心于与中国有关的知识，并对中国文化的传入和引起的冲击做出积极的回应。

在法国启蒙运动中，狄德罗（Denis Diderot，1713—1784）是一位具有渊博学识和真知灼见的伟大思想家。和伏尔泰等人一样，狄德罗也具有比较多的关于中国的知识。他在为《百科全书》撰写的“中国”和“中国人的哲学”等条目中，表达了对中国文化的看法。他说：

> 举世公认，中国人历史悠久，智力发达，艺术上卓有成就，而且讲道理，善政治，酷爱哲学；因而，他们比亚洲其他各民族都优秀。依某些著作家的看法，他们甚至可以同欧洲那些最文明的国家争辉。①

狄德罗对中国的古老表示敬意，认为这是一个举世公认的优点；他毫不怀疑中国人的智慧，一再说到中国人“智力发达”“富有才智”，创造出很多相当精美的织品和瓷器。他讲到“中国人的优越”时说：“我们是大诗人、大哲学家、大辩士、大建筑家、大天文家、大地理学者，胜过这善良的人民，却是他们比我们更懂得善意与道德的科学。如果有一天发现这种科学是居一切科学的第一位，那末他们将可以确定地说，他们有两只眼，我们只有一只眼，而全世界其余的人都是盲者了。”②

狄德罗还对中国哲学的历史进行了研究。他认为中国君主的哲学就是道德

① 引自杜寒风著：《走向世界》，《读书》1992年第6期。
② 引自朱谦之著：《中国哲学对欧洲的影响》，上海人民出版社2006年版，第298页。

哲学、政治哲学，古代君主可以被认为是哲人帝王，“五经”是中国最初的并且是最神圣的读物，“四书”则是“五经”的注释。他也给予孔子较高的评价，认为孔子潜心研究的是人和风俗，而不是自然及起因，孔子哲学是承上启下的、正统的中国哲学。他说：“孔子是否为中国的苏格拉底或阿那克萨哥拉（Anaxagoras）是很难决定的。这个问题和中国语言的造诣有关，依据前章对于孔子作品一部分的介绍，孔子谓为自然及其原因之研究者，不如谓其努力于人世及其习俗的研究。”[①]狄德罗还专门介绍了三十五条孔子的“道德警句”。他还对《易经》做了较多的介绍，谈到了《易经》中包含的探求人类思维奥秘的努力和莱布尼茨发明二进制的关系。

霍尔巴赫（Paul Henri Thiry d'Holbach，1723—1789）是启蒙运动的中心人物之一，他的沙龙是当时巴黎最活跃的沙龙之一，是“百科全书派”的重要活动中心。霍尔巴赫也对中国文化进行了比较多的研究，他在《社会的体系》一书中提出了一份研究中国的阅读书目，其中包括：《耶稣会士书简集》、杜赫德的《中华帝国全志》、李明的《中国近事报道（1687—1692）》等。

霍尔巴赫非常推崇孔子以德治国的主张。他自造了一个法文的“德治”新词，并写了《德治或以道德为基础的政府》一书，认为建立于真理之永久基础上的圣人孔子的道德，具有不可思议的力量，能使中国的征服者为其所征服。霍尔巴赫认为，国家的繁荣，必须依靠道德，而中国正是政治与伦理道德结合的典范。所以，“欧洲政府必须以中国为榜样”。他指出：人们感到，在这个幅员辽阔的国家，伦理道德是一切具有理性的人的唯一宗教。“因之道德科学之进一步的研究，遂成为获得职位或立身致仕的唯一法门。”中国是世界上唯一将政治和伦理道德相结合的国家。这个帝国的悠久历史使一切统治者都明了：要使国家繁荣，必须依赖道德。

霍尔巴赫认为，中国人都具有信仰自由，因而享受着幸福和安宁。他认为：

① 引自朱谦之著：《中国哲学对欧洲的影响》，上海人民出版社2006年版，第300页。

亚洲东部有一个幅员辽阔、经济繁荣、物产丰富的国家，这里的人口十分稠密，这里行使的法律是如此英明，连最野蛮的侵略者也恭恭敬敬地效法他们。这个国家就是中国。除了被当作极其危险的宗教教理而从中国驱逐出去的基督教以外，住在这个国家里的所有民族都可以信奉他们所选择的任何一种宗教……中国人享受的幸福和安宁是值得其他许多四分五裂、备受精神痛苦，并且常常为宗教问题而诉诸武力的民族羡慕的。①

法国启蒙哲学家比埃尔·波维尔（Pierre Poivre，1719—1786）也是百科全书派的成员，他曾经到东方旅行，到过中国广东。1763—1764年，他两次写文章寄给里昂学院，并在那里做了演说，后来以《哲学家游记》为题出版。波维尔在书中讲述了亚洲和非洲一些民族的地理、历史、物产、人口以及风情、习俗等，其中介绍了中国的一些情况。由于资料翔实，叙述精炼，受到读者的欢迎。他对中国留下了极佳的印象，对中国的一切都给予了极高的评价。他对农业和植物多有研究，每到一地总要察访当地特有的植物品种，所以有关中国农业的评述在他的著述中占有大量篇幅。他说中国政府的职责首先在于保护农业，而他认为农业发达是衡量人民幸福、政治合理甚至是合乎人性的标志。他指出："中国农业的繁荣胜过世界各国，这不是由于进行各种特殊的勤劳，也不是由于耕作的方式或播种的方法，这是快乐国家必然会这样的。这成为特质，最重要的应推源于政府的做法，那不变的基础根深蒂固地只放在理性的一边。在同时代的人类之中，差不多历史一开始，中国就第一个按照各种法则在自然的指导下，且不可侵犯地维持着从一代传到一代。"②波维尔十分推崇中国的政治法律制度，他热情洋溢地说："如果中国的法律变为各国的法律，中国就可以为世界提供一个作为归向的美妙境界。到北京去！瞻仰着人生中最

① [法] 霍尔巴赫著：《健全的思想——或和超自然观念对立的自然观念》，王荫庭译，商务印书馆1966年版，第140页。

② 引自忻剑飞著：《世界的中国观——近二千年来世界对中国的认识史纲》，学林出版社1991年版，第223页。

伟大的人，他是上天的真正而完全的楷模。”①

法国启蒙运动中的重要人物爱尔维修也曾对中国文化做出热情的评论。他在《精神论》中曾对中国的历史文化表示出热烈的赞美；在另一部著作中，他还借中国学者之口表述了他的宗教观，说宗教信仰产生于无知，神的产生只不过是把人的愚昧无知奉为神圣而已。

启蒙时代法国自由思想家阿尔让（Marquis d'Argens，1704—1771）是当时与伏尔泰、孟德斯鸠等人齐名的作家，他曾仿孟德斯鸠《波斯人信札》的模式，撰写了一部《中国人信札》。《中国人信札》中虚拟的几位中国文人，由于不同的际遇在全球游历，他们在旅行期间的书信往来构成了这部作品的主要内容。书中的中国人不仅仅是传统意义上的中国文人，他们还掌握了西方的古典语言和现代科学，对各地的风俗、信仰、精神和人民性格都做了介绍、分析，更重要的是他们类似人类学家的精神探险，其中包括对儒、释、道思想的反思及其与欧洲思想的比较。阿尔让使用中国人的观点，来揭露作为18世纪欧洲君主国之通病的政治与宗教的不宽容性。他极力向欧洲推荐具有尧舜道德的中国君主之楷模，认为欧洲尚缺少这样的君主。他将中国的儒、释、道与法国诸教派进行比较，批判了欧洲各国有害的教义、不公正的司法机构和行为有劣迹的君主，与此形成鲜明对照的，则是中国的儒学智慧、中国人的道德、中国哲学等好的东西。

八、歌德：魏玛的孔夫子

歌德（Johann Wolfgang von Goethe，1749—1832）生活在18世纪后半期和19世纪前期。他生活的这个时代，洛可可风格的文化意义已经开始减退，但是，中国趣味和中国风格已经渗透到欧洲大地社会生活的各个角落，成为欧

① 引自［德］利奇温著：《十八世纪中国与欧洲文化的接触》，朱杰勤译，商务印书馆1962年版，第82—83页。

洲人日常生活方式的组成部分。歌德时代的欧洲仍然处于中国强大的文化影响之下。

歌德的父辈显然也受过“中国热”的影响。在美茵河畔法兰克福的歌德故居，二楼的主厅名字叫“北京厅”，厅中陈设着中国式的描金红漆家具、蓄着八字长须的彩色小瓷人，墙上贴的也是印有中国图案的壁纸。在同一层楼的音乐室里，摆着一架仿照中国家具风格制作的古老风琴，琴盖上绘有一幅典型的中国风景画：山水、杨柳、宝塔、垂钓，一派中国乡村的静谧气氛。歌德说少年时学画，“临摹那些中国的、富于幻想但又自然的花卉画”。可以说，歌德在少年时代，就已经开始不自觉地受到中国文化的濡染。他在斯特拉斯堡求学时，又通过卢梭接触到了中国的哲学，可能读过《大学》《中庸》《论语》《孟子》《孝经》等中国经典的拉丁文译本。

但是，年轻时的歌德并不喜欢他周围的这些“中国式”的或洛可可式的东西。他多次以讽刺和批评的口吻谈到当时传到欧洲的中国艺术风格，批评当时有人仿作的中国诗，还在一首诗中讽刺当时流行的中国式的造园艺术。他还曾对家中“一些有涡卷形花饰的镜框加以指摘，对某些中国制的壁衣加以讥评”，结果引起父亲的不快。不过，不管是否喜欢，这种“中国风”的家居环境以及整个社会弥漫的“中国风”，对他的成长产生了潜移默化的影响。

1775年，歌德到了魏玛，接触和了解中国文化的机会增多了，对中国文化的看法也逐渐发生了变化。1776年，他搬进伊尔姆河畔的别墅时，在园子里建了一所中国式的用苔藓盖的小屋，作为他体验安静与孤寂的“隐居处”。在歌德参与设计的魏玛公园中，也有中国式的拱桥和圆顶亭子。另外，在歌德的私人收藏品中也有一些中国的工艺品。1786—1788年他在意大利旅行时，对在那不勒斯等地的博物馆中见到的中国工艺品大加赞赏。他评论中国的艺术作品，认为是“出乎其类的美”。他对中国的造型艺术并不熟悉，但对中国工艺品的巧夺天工评价极高。

歌德在魏玛时开始接触和研读了大量有关中国的文献。杜赫德的《中华帝国全志》在当时的魏玛宫廷颇为流行。歌德在1781年时已经读过此书。在这年1月10日的日记中，歌德写下“……读关于神学之通信。啊，文王！”这样的话，这是他在读杜赫德的《中华帝国全志》第2卷关于周文王的论述时的感叹，表露了他对于“以德化民”的“理想君主”的羡慕与惊叹。同年8月，歌德动笔将《中华帝国全志》所载的《赵氏孤儿》故事改编成悲剧《哀兰伯诺》，这是一部被歌德的朋友席勒（Johann Christoph Friedrich von Schiller, 1759—1805）称为可以“引导或敦促人通过作品本身而直探作家心灵的作品之一”。这部悲剧几经修改，时辍时作，一直到1806年还是未能完成，令歌德感到非常遗憾。

歌德一生中，曾有两个时期对中国进行了比较集中和认真的研究。第一个时期开始于1813年，此时歌德已经六十四岁。在欧洲历史上，1813年是一个重要的转折点，拿破仑在莱比锡大会战中的失败，带来了封建复辟的黑暗时期。歌德对欧洲大陆上出现的动乱和历史倒退感到非常失望和厌倦，遂把目光转向东方。卫礼贤曾经指出，歌德思想范围的推广是和他的年岁同时增进的，“人类在他的中心渐成一个整体，东方也随着得了他的注意。最堪注意的，就是他留心研究东方情形底开始，正是拿破仑战争底时候，大多数的德国民族正在受着最大的政治底刺激”[①]。歌德在1813年11月10日给友人的一封信中谈到研究中国的动机：“最近一段时间，与其说是真想干点什么，不如说是为了散散心，我着实做了不少事情，特别是努力地读完了能找到的与中国有关的所有书籍。我差不多是把这个重要的国家保留了下来，搁在了一边，以便在危难之际——像眼下正是这样——能逃到它那里去。即使仅仅在思想上能处于一个全新的环境中，也是大有益处的。”[②]

据魏玛公爵图书馆借书登记的统计，歌德在此期间涉猎的有关中国的图书不下44种，内容包括历史、地理、文学、哲学等。其中，有的书如《马可·波罗游记》，歌德多次借阅过。另外，歌德还曾在耶那大学图书馆和耶那皇宫图书馆借过同类图书。

歌德集中研究中国文化的第二个时期是从1827年开始的。1827年是歌德

① 引自宗白华等著：《歌德研究》，中华书局1936年版，第259页。
② 引自杨武能、莫光华著：《歌德与中国（新版插图增订本）》，四川人民出版社2017年版，第61页。

一生创作中最后一个兴旺时期的开端，这一年也是他接触中国文学作品最多的一年。歌德不仅再次阅读《好逑传》，并且在与艾克曼的谈话中对中国文学的特点做了认真的分析，指出“诗是人类的共同财富”，预言“世界文学的时代已快到来”。他还接连花了好几天时间研究和阅读中国诗体小说《花笺记》，并将附在后面的英译《百美新咏》中的《薛瑶英》和《梅妃》等四首诗转译成德文，发表在他自己出版的《艺术与古代》杂志上。他称《花笺记》为“一部伟大的诗篇”。他还读了中国另一部小说《玉娇梨》的法译本，并在书上写了很多评注。另外，他还在这一年读了法国人大卫选译的《中国短篇小说集》，这个集子计收《今古奇观》里的小说十篇，其中四篇原已包括在《中华帝国全志》之内。歌德在晚年大量认真研读中国文学作品，从中获得了许多启示和灵感。歌德最后几年的创作，可能在许多方面受到了中国文化的影响。

歌德在当时就被人称为“魏玛的孔夫子”“魏玛的中国人”。

孔子的儒家伦理学说在17、18世纪时广泛传播于欧洲文化思想界，并且产生了深刻的影响。中国儒家典籍的西译本在欧洲许多知识分子中传阅。歌德曾阅读过卫方济的拉丁文译本“六经”，并通过大量接触中国文学作品和其他有关中国的文献，对儒家的伦理学说和思想有了比较多的了解。这些都在歌德的思想和作品中留下了影响的印记。德国汉学家卫礼贤曾指出，中国道德的出发点和歌德人类教育的出发点相同。卫礼贤把歌德在《威廉·迈斯特的漫游时代》中的话和《孝经》具体对照，认为它们十分相似，只是“他有没有见过《孝经》，则吾人现尚不能断定”[①]。

《威廉·迈斯特的漫游时代》是歌德晚年的一部重要作品，表达了改良社会现状的乌托邦理想。书中有一部分是对“教育省”的描写。在“教育省”这一理想的人类社会制度下，自觉人格修养的因素得到发展，这种人格修养以集体主义为方向，目的则在于进行共同的有益活动。歌德特别强调教育的优先地位，其最主要的一点在于三种敬畏的学说。三种敬畏，一是对于处于人之上的

---

①［德］卫礼贤著：《歌德与中国文化》，载宗白华等著《歌德研究》，中华书局1936年版，第283页。

事物的敬畏，另一个是对于人之下的事物的敬畏，第三种敬畏涉及与它相等的一切。敬畏的这三种要素当然象征性地表示人在自然界和社会中的地位。有研究者指出，歌德的这种“三敬畏”学说很可能受到了孔子教育思想的启发。在强调实践和“因材施教”方面，歌德与孔子也多有相似之处。

歌德对儒家伦理学说持积极赞赏的态度。他特别推崇儒家提倡孝道。1817年，他读了元杂剧《散家财天赐老生儿》。这部杂剧讲的是财主刘禹年老无子，为了不绝香火后代，先是向穷人散钱，以求上天给以子嗣；待到侍妾小梅为他生了儿子后，又将财产分为三份，女儿、侄儿和自己的儿子各得一份，以息财产继承权利之争，即所谓“疏财留子”。歌德在读后写给友人的一封信中说：“我们一谈到远东，就不能不联想到最近新介绍来的中国戏剧。这里描写一位断了香火不久就要死去的老人的感情，最深刻动人。”①

1827年1月31日，歌德在与艾克曼的谈话中提到他正在读一部中国传奇，即《好逑传》。艾克曼说：“中国传奇！那一定显得很奇怪呀。”对此，歌德说：

> 并不像人们所猜想的那样奇怪。中国人在思想、行为和情感方面几乎和我们一样，使我们很快感到他们是我们的同类人，只是在他们那里一切都比我们这里更明朗，更纯洁，也更合乎道德。在他们那里，一切都是明智的，中庸的，没有强烈的情欲和富有诗意的激奋，因此和我写的《赫尔曼与窦绿苔》以及理查生写的小说有很多类似之处。他们还有一个特点，即外部的自然是始终与人物生活在一起的。人们经常听到金鱼在池塘里劈劈啪啪地戏水，鸟儿在枝头唱个不停，白天总是阳光灿烂，夜晚也总是月白风清。②

---

① 引自杨武能、莫光华著：《歌德与中国（新版插图增订本）》，四川人民出版社2017年版，第58页。

② 引自［德］艾克曼著：《歌德谈话录（全译本）》，洪天富译，译林出版社2002版，第220页。

歌德具体分析了中国小说留给他的印象，赞赏中国文化中人与自然的和谐一致。他特别注重中国文化的道德价值，认为“中国的礼节可为其文明的代表”。他把《好逑传》与法国诗人贝朗瑞的作品相比，认为贝朗瑞的诗歌几乎每一首都是根据一种不道德的题材而创作的，而中国诗人却彻底地坚持道德，有许多典故都涉及道德和礼仪。在另一处，歌德还将当时读到的中国剧本与一部德国作品比较，认为两者很相近，“所不同的，在德国人，家庭及社会环境的空气和新异事物已尽够剧中的需要，而在中国人的作品里，除具有这种本事外，还加有宗教的和社会的礼仪的点缀”[①]。在中国的文学作品中，歌德看到了如他所描绘的那么一幅明朗、和谐、合乎道德的社会图画，在那儿没有他厌恶的矛盾、斗争和动乱，只有阳光灿烂、花香鸟语、月白风清。歌德认为，在这样“纯洁的东方”，道德发挥了重要功能，他说：“正是这种在一切方面推行的严格的节制，使得中国维持了几千年，而且还会长存下去。”[②]

歌德这位伟大的文学家和思想家，拥有广阔的胸怀。他在世界文化的视野中注视着中国，他在远方的中国文化那里看到了世界文化时代的到来。在歌德晚年的时候，欧洲中心主义正在崛起，欧洲人的“中国图像”也正在发生变化，偏见、歪曲和歧视将代替对中国文化的热烈赞颂之情。而正是在这样的情况下，歌德仍关注着东方，关注着世界文化时代的来临。也许这正是这位文化巨人的最可贵之处。

九、爱默生：美国的孔夫子

在美国独立战争前后，美国的思想家们与欧洲学术界有着密切的联系，特别是与法国的启蒙运动思想家保持着密切的接触，许多人都曾在巴黎居住过，

① 引自忻剑飞著：《世界的中国观——近二千年来世界对中国的认识史纲》，学林出版社1991年版，第250页。

② 引自［德］艾克曼著：《歌德谈话录（全译本）》，洪天富译，译林出版社2002版，第220页。

比如富兰克林就曾与许多法国学者建立了亲密的友谊。因此，法国启蒙思想家们关于中国的知识和了解，以及他们对于中国的乌托邦式的憧憬，对孔子儒家思想的推崇，也极大地影响了美国思想家们对中国的认识。另一方面，许多在伦敦和巴黎出版的有关中国的书籍，也都很快传到北美殖民地，如1735年法国人杜赫德编纂的《中华帝国通志》很快就传到了美洲。富兰克林在1738年就曾引证过这部书。18世纪，美国的一些政治与知识精英接收了欧洲耶稣会士和启蒙思想家们的看法，把中国看作一个理性、自由和美德的榜样，“中国”因此也成为寄托美国理想的“乌托邦”。和在欧洲的情况一样，中国也成为美国启蒙运动的思想来源之一。美国历史学家伊罗生（Harold R.Isaacs，1910—1986）在《美国的中国形象》中指出：

> 美国一些最早期和非常重要的领导人，受到欧洲启蒙时代作家和思想家的许多影响，对中国文明的优点十分敬慕，甚至认为值得在他们自己的新世界中进行效仿。①

在美国人心目中，美国作为一个新国家，在道德上应该是高尚的，在政治上应该是开明的，在宗教上应该是宽容和理性的，在经济上应该是繁荣的，成为自由农场主组成的农业理想国。而美国人想象中的中国正好与此相吻合。欧洲人的著作中所描述的中国，有众多的人口、广袤的国土、贤明的政治、繁荣的农业，实行多元宽容的宗教政策，都是美国人所羡慕的。在他们看来，美国就应该成为中国那样的国家。

本杰明·富兰克林（Benjamin Franklin，1706—1790）是美国开国元勋之一，向来被认为是把西欧文明传到美国的使者。作为美国文化创始人之一，他已经成为美国梦、美国理想的象征。富兰克林不仅积极地向美国介绍欧洲的启蒙运动思想，也从中国文明中汲取了不少文化元素，来回答和解决他在北美建

---

①［美］哈罗德·伊罗生著：《美国的中国形象》，于殿利、陆日宇译，中华书局2006年版，第39页。

立一个新国家过程中所遇到的问题。

富兰克林很早就接触到孔子的学说。1724年，富兰克林借钱前往伦敦，目的是去购买一台印刷设备。他利用在伦敦的时间拼命研读各种书籍，其中一本便是1691年伦敦出版的《孔子道德学说》。书中有关君子如何修养自己的身心，然后向子民传播，以及“修身、齐家、养性”等理念给年轻的富兰克林留下了深刻的印象。二十二岁那年，富兰克林列出了他所认为的最重要的13条做人的“美德”，来完善自己的人格，这些准则同孔子的学说有很多相似之处。他称这些养成美德的方法为“道德的艺术”。1738年，富兰克林在他主办的《宾夕法尼亚公报》上发表《孔子的伦理》一文，文章节录了《大学》中的许多内容，特别是《大学》中关于如何“正心”“诚意”“修身”等的内容。富兰克林把孔子看作一位道德思想家。在他看来，孔子作为一位哲人关注和讨论的主要是三个方面的事情：（1）为了培育我们的思想和规范我们的行为方式，我们应该做什么；（2）指导和教育他人的方法；（3）每个人都应该追求至善，通过坚持至善达到安详宁静。

富兰克林接受了启蒙思想家们的看法，把中国看作一个实行开明专制的国家。这个国家是由熟知儒家经典的官吏统治的和谐社会，艺术和哲学发达，依靠德行进行治理。无论是统治者还是普通民众，都崇尚美德。富兰克林从这种社会中发现了革新殖民地社会和建设新国家的灵感。他认为，新的共和国需要具有共和美德的公民，而中国似乎是德行政治的典范，而且儒家伦理和中国人的道德实践可以为美国人养成共和美德提供借鉴。

在美国思想史上，爱默生（Ralph Waldo Emerson，1803—1882）具有特别重要的影响，是确立美国文化精神的代表人物。美国前总统林肯称他为“美国的孔夫子”“美国文明之父”。1837年，爱默生以《美国学者》为题发表了一篇著名的演讲词，宣告美国文学已脱离英国文学而独立，告诫美国学者不要让学究习气蔓延，不要盲目地追随传统，不要进行纯粹的摹仿。另外，这篇演讲还抨击了美国社会的拜金主义，强调人的价值。这篇演讲被誉为美国思想文化领域的“独立宣言”。一年之后，爱默生在《神学院献辞》中批评了基督教唯一神教派死气沉沉的局面，竭力推崇人的至高无上，提倡靠直觉认识真理。

“相信你自己的思想，相信你内心深处认为对你合适的东西对一切人都适用……”文学批评家劳伦斯·布尔在《爱默生传》中说，爱默生与他的学说，是美国最重要的世俗宗教。爱默生经常和他的朋友梭罗、霍桑、阿尔柯、玛格利特等人举行小型聚会，探讨神学、哲学和社会学问题。这种聚会在当时被称为“超验主义俱乐部”，爱默生也自然而然地成为超验主义的领袖。

从19世纪40年代开始，爱默生和他所在的新英格兰文化圈开始对东方文化表现出很高的热情。他们出版的刊物《日晷》在题为《各族圣经》的专栏里连续发表了东方圣哲们的语录。在美国思想家中，爱默生最早表现出对东方思想的兴趣，他的传记作家称他为“美国的孔子，新英格兰的琐罗亚斯德，马萨诸塞的佛陀”[①]。

爱默生通过多种渠道来了解中国文化。当时开展的中美贸易使中国在新英格兰成为一个家喻户晓的名字。美国商船“中国皇后号”首航中国成功，打通了中美贸易渠道，波士顿和塞勒姆成为美国最大的外贸口岸，而且塞勒姆的口岸比波士顿的规模还要大。在波士顿的文化圈中，中国成为热门话题，爱默生的弟弟爱德华在大学时所写的一篇关于中国的论文还得了奖。爱默生还有一些从事中国事务的朋友，如马萨诸塞州参议员查尔斯·萨姆纳、后来担任美国驻华公使的蒲安臣等，他们都曾带给爱默生一些有关中国的资料和信息。爱默生还阅读过许多西方人写的中国游记和其他著作，他对中国文化特别是孔子学说有比较多的了解。

爱默生十分敬重儒家，尤其十分敬重孔子和孟子。他经常把孔子与基督教中的摩西、耶稣，东方哲学家摩奴、琐罗亚斯德相提并论。他阅读了好几个版本的“四书”，先后摘引了近百条孔孟语录，从中汲取营养，启迪自己的灵感。他1835年出版了《长生鸟》一书，副标题是“古代精品拾零”，其中论述了8位古代思想家的智慧，介绍孔子的第一章为全书的重点，称赞孔子作为道德师表，在基督降生前的大批哲学家中堪称第一。

---

① 引自钱满素著：《爱默生和中国——对个人主义的反思》，生活·读书·新知三联书店1996年版，第47页。

1836年，爱默生读了新教传教士乔舒亚·马什曼翻译的《孔子》，其中附有原文及作者对中国语言文字的评述。爱默生很喜欢这本书，他在笔记中抄录了几十段文字。后来他从中选了21段刊在1843年4月号的《日晷》上。1843年，他得到一本戴维·科利翻译的《中国古典：通称四书》，爱默生亲切地说这本书是"我的中国书"。这本书中介绍了孟子。同年10月号的《日晷》刊载了长达六页的《四书语录》。爱默生在序言中写道："这个译本——它似乎是为学语言而作的练习——是我们迄今为止见到的中国文学中最有价值的贡献。书中的新部分是两卷《孟子》：上孟和下孟，由孔子以后约一百年的孟子所作。"①在1845年的日记中，他写道："孔子，民族的光荣，孔子，绝对东方的圣人，他是个中间人。他是哲学中的华盛顿、仲裁人，现代史中的中庸之道。"这一切都表明他对孔子的深深敬仰和热爱。1867年，爱默生借到理雅各的《中国经典》第一卷，他在日记中写道："我在读一位更好的帕斯卡尔。"

美国学者伊罗生指出："爱默生欣喜地读过被译成欧洲文字的中国名著，并从中吸取营养，用以阐述他自己对绅士风度、个人伦理道德和社会行为、政治道德以及类似于手表机械构造中各部件之间相互作用形式的、人们彼此之间的职责等观点。"②

1868年，由蒲安臣（Anson Burlingame，1820—1870）率领的中国外交使团访问了波士顿，市长为此举行了欢迎宴会。爱默生作为美国知识分子的代表，在宴会上发表演说。他首先对一个古老王朝突然进入"民族之林"表示由衷的惊喜，他说："这一幸事……标志着一个新时期的开始，它也是科学的不可抗拒的结果，这科学给了我们蒸汽动力和电报。"他称赞中国的实用工艺如陶瓷、丝绸和茶叶对于世界是不可或缺的，尤其是热情地赞颂孔子，说孔子的"中庸之道"比耶稣提出的"为人准则"足足早了500年。爱默生说，孔子的道德学说"虽然是针对一个与我们完全不同的社会，但我们今天

---

① 引自钱满素著：《爱默生和中国——对个人主义的反思》，生活·读书·新知三联书店1996年版，第64页。

② ［美］哈罗德·伊罗生著：《美国的中国形象》，于殿利、陆日宇译，中华书局2006年版，第76页。

读来仍受益不浅”[①]。

在爱默生为首的当地文化圈中，其他作家也都不同程度地表现出对中国文化的兴趣，如梭罗（Henry David Thoreau，1817—1862）也对中国文化有许多了解，并将其融合到自己的作品中。林语堂指出：“就其整个人生观来说，梭罗在所有美国作家中最具中国情趣。作为中国人，我感到与梭罗心心相通。我可以将梭罗的文字译成中文，把它们当作中国诗人的诗作向国人展示，没有谁会发生怀疑。”

1837年，年仅二十岁的梭罗成为爱默生的助手，开始阅读中国、印度、波斯等国的典籍。1843年，梭罗协助爱默生编辑《日晷》杂志的“伦理典籍”栏目，分两期（4月号和10月号）专门介绍孔子和“四书”，第二次摘录时按内容分为六小节，并附上标题，如《士篇》《道篇》《革新篇》《战争篇》《政治篇》《美德篇》等。他从“四书”中摘录的多数是关于人性本善和教育人修炼自身以达到真善美境地的格言。

梭罗在其后的作品中，多次引用《论语》《大学》《中庸》《孟子》的语录。在《瓦尔登湖》中，他引用“四书”有十多处。在《青青豆叶》一章中，梭罗对自己说：“在下一个夏季里，我不需用那么多的劳力来播种豆子和玉米，我要匀出精力，用来播种——如诚实、真理、朴实、信心、纯真等。”这些品德，在梭罗眼里远“比其他产物要高尚”。他还引用了《论语》中的“德不孤，必有邻”，以说明他为什么会远离城市的喧嚣而独居林中——有德行的人是不会孤独的。不仅如此，德行还能感召他人，并为世人所效仿。所以在第九章，梭罗再次引用《论语》中的话：“子为政，焉用杀？子欲善而民善矣。君子之德风，小人之德草。草上之风，必偃。”梭罗理解的德行的本质就是激扬人性的善：“善是永不言败的并被人类永远赞颂的胜利者。”为了进一步说明这一观点，梭罗援引了《孟子》的话：“人之所以异于禽兽者几希，庶民去之，君子存之”，意思是人若丢弃了善良的品性就和禽兽无异。

---

① 引自钱满素著：《爱默生和中国——对个人主义的反思》，生活·读书·新知三联书店1996年版，第141页。

此外，梭罗还转录了《孟子·告子上》中相当长的一段语录，以树木砍伐为例，说明人性中的善也需要不断滋养保护，方能茁壮："其日夜之所息，雨露之所润，非无萌蘖之生焉，牛羊又从而牧之，是以若彼濯濯也。人见其濯濯也，以为未尝有材焉，此岂山之性也哉？虽存乎人者，岂无仁义之心哉？其所以放其良心者，亦犹斧斤之于木也，旦旦而伐之，可以为美乎？其日夜之所息，平旦之气，其好恶与人相近也者几希，则其旦昼之所为，有梏亡之矣。梏之反覆，则其夜气不足以存；夜气不足以存，则其违禽兽不远矣。人见其禽兽也，而以为未尝有才焉者，是岂人之情也哉？"

在《瓦尔登湖》中，梭罗反复强调，现代人的苦恼源于为物质世俗的东西所累，从而失去了生活的真谛。但人们往往认识不到这一点，只是无奈地抱怨"人生之路就是这样啊！"他清楚地看到了世人的"无知"，因此在第一章专门借用《论语》中孔子的话告诉人们什么是知："知之为知之，不知为不知，是知也。"梭罗认为人生就是一个不断求索的过程，通过不断的锤炼，锻造出一个全新的自我。在第二章"我活在何处，我为何而活"中，他再次引用了《大学》里的话："苟日新，日日新，又日新。"他相信"人们无疑是具备了有意识去提高生活水平的能力的"，这也是他离群索居的真正目的。他告诉我们："我幽居在森林之中，是因为我希望小心谨慎地生活，只想去面对生活的基本要素，看看自己能否学会生活必定会传授于我的东西，以免死到临头，才发现自己白活了一场。"这与孔子"学而时习之"以及曾子"吾日三省我身"的观点是何其相似！在《瓦尔登湖》临结束时，梭罗更是以孔子的"三军可夺帅也，匹夫不可夺志也"表达出在浑浊世事中坚守自己心志的决心。

《论语》中孔子描绘出这样一种理想的生活：一箪食，一瓢饮，在陋巷，人不改其乐。一千多年后，梭罗在瓦尔登湖的拓荒和居留则是对此最好的实践。他仅用28美元就建起了他的木屋，8个月的花费不过20美元。在梭罗看来，"只需要几样工具就可以生存下去，一把刀，一把斧，一把铁锹，一辆手推车，已经足够；对于勤奋好学的人来说，灯光、文具，加上几本书，这已经是第二位的必需品了"。而"大多数的奢侈品，大部分的所谓生活的悠闲自在，不仅没有多大必要，而且对人类的发展实在是个阻碍"。除了生活上的简朴，更重要的一点是摆脱世俗的羁绊，获得精神上的自由。正如孔子所说："不义而富且贵，于我如浮云。"梭罗也告诫人们："不要太顾虑于发展，不要汲汲于你的影响，这些都是身外之物。"只有在纯净朴实的生活中，摈弃凡俗的困扰，才能插上理想的翅膀，获得内心的安宁。

第三编

孔子与现代世界

Part III

Confucius and the Modern World

郝大维和安乐哲在《通过孔子而思》中指出："我们相信，通过孔子而思，我们的研究会有利于当下哲学思想核心问题的探讨。更明确地说，我们希望，通过展现孔子思想最具活力的那些层面，我们的工作推进对于孔子思想的研究，为重新体认哲学活动本质与功能有所贡献。"

汤因比在《人类与大地母亲》一书中写道："在本书写作的年代，人们已经看到，美国在文明中心的优势似乎也将是昙花一现……未来是难以预测的，但在文明中心历史的下一个章节中，主导作用可能会从美洲转移到东亚。"中国对"处于深浅莫测的人类历史长河关键阶段的全人类来说，都是一项伟业"。对中国在未来所要发挥的作用，人们正"拭目以待"。

|第十二章|
19世纪传教士对孔子的再发现

一、现代化中的西方与东方

18世纪中叶以后，工业革命首先在英国开始，它极大地提高了劳动生产率，开辟了人类征服自然的广阔可能性，使整个社会生产方式乃至社会生活面貌都发生了重大变化。工业革命不仅创造了新的生产技术和新的社会生产力，改变了社会生产方式，而且极大地改变了社会生活面貌，创造了一种崭新的文明形态。

工业革命开启了人类历史的新时代，即现代化的时代。现代化是一个世界性的历史进程，是18世纪后半期西方工业革命后出现的全球发展总趋势。广义的现代化主要是指自工业革命以来现代生产力导致的社会生产方式的大变革，引起世界经济加速发展和社会适应性变化的大趋势。具体地说，这是以现代工业、科学和技术革命为推动力，实现传统农业社会向现代工业社会的大转变，使工业主义渗透到经济、政治、文化、思想各个领域，并引起社会组织与社会行为深刻变革的过程。狭义的现代化主要是指第三世界经济落后国家采取适合自己的高效率途径，通过有计划的经济技术改造和学习世界先进国家，带动广泛的社会改革，以迅速赶上先进工业国和适应世界环境的发展过程。也就是说，现代化进程的客观内容，是欠发达和不发达国家在现代化国际体系的影响下，向现代工业社会转变、加速社会发展和缩小与发达国家差距的过程。

西方工业文明向世界各地广泛传播，促使世界文化格局发生了实质性变化，即由各民族独立发展的多元文化变为世界性的一元文化、由东方文化领先的格局变为西方文化领先的格局。马克思和恩格斯在概述这一变化时指出：

> 资产阶级，由于开拓了世界市场，使一切国家的生产和消费都成为世界性的了。……各民族的精神产品成了公共的财产。民族的片面性和局限性日益成为不可能，于是由许多种民族的和地方的文学形成了一种世界的文学。
>
> 资产阶级，由于一切生产工具的迅速改进，由于交通的极其便利，把一切民族甚至最野蛮的民族都卷到文明中来了。……
>
> ……正像它使农村从属于城市一样，它使未开化和半开化的国家从属于文明的国家，使农民的民族从属于资产阶级的民族，使东方从属于西方。”①

随着西方工业文明的发展，以农业文明为基础的中华文化的发展进行明显落后了。这一时期的东西文化交流，由之前的主要是西方向东方学习，变为主要是东方向西方学习，主要的态势是西学东渐。西方文化在东方广泛传播，并产生重大影响。

因此，东方各国都致力于向西方学习，吸收工业文明的先进成果，对本民族文化进行现代化改造，以跟上时代发展的步伐。

这样，也就出现了对传统文化价值的重估。在东亚各国现代化初期，普遍

①《马克思恩格斯选集》（第一卷），人民出版社2012年版，第404—405页。

的看法是，以孔子儒学为核心的传统思想，是现代化的阻碍，是阻碍社会进步的精神枷锁，因此必须抛弃。日本在明治维新时期，就曾出现了反对儒学的全盘西化的主张，中国也出现了激烈的反传统运动。在西方，也有一些人认为，东亚国家由于儒家思想的束缚，不能自身发展出现代化。有人认为，现代化意味着对孔子儒学的超越与克服，东亚国家的现代化只能是全面地向西方学习。

与此相应，西方人对中华文化的看法也发生了变化，他们从基于工业文明发展起来的进步主义历史观和优越感出发，以殖民主义的傲慢和偏见，从早先对中国的赞美、歌颂和向往变成了轻蔑、贬低和敌视。19世纪西方人再度东来时，其主要成员是殖民者和商人，而16—18世纪来华的主要是传教士，两个时期在这一点上完全不同。16—18世纪来华的传教士关注的、热心考察的主要是中国的宗教、民俗和学术思想，主要是一种文化的视野；19世纪来华的殖民者和商人关注的主要是中国的财富和市场，他们以一种经济的眼光，更关心的是如何更多地向中国倾销工业品，把中国拖进“世界市场”，如何更多地掠夺中国的财富。

但是，说中华传统文化落后了，是就其整体所处的文化历史发展阶段而言的，并不是说它在一切方面、一切领域都是落后的。历代文化发展所创造的优秀成果、层层积累的文化遗产，并没有因为工业文明的冲击而失去其世界性价值。在19世纪，世界范围的交通、通信更为便捷，人员的往来、物质和文化的交流更为频繁，中华文化的海外传播比之前更具有广泛性和丰富性。在这种情况下，世界才能够更多更全面地认识中国，认识中华文化。

到了20世纪下半期，经过现代化运动洗礼和改造的中华文化，以新的姿态、新的生命力在世界文化总体对话中塑造着自己的形象。东亚其他国家，如日本、韩国等，也迅速发展起来，成为在现代化进程上取得成功的典型国家。这让人们开始重新审视以中华文化为核心的东方传统的价值，重新审视以孔子儒家思想为代表的东方思想传统在现代化中的作用。人们也开始重新注意到儒家思想在现代世界文明发展中的作用。

世界重新发现了孔子。

二、“传教士的改宗”

在19世纪后半期，一直到20世纪中期，从英国、美国等西方国家，有大批新教传教士进入中国开展传教活动。传教士们是在西方殖民主义势力的直接保护下进入中国的。传教士群体自觉不自觉地与当时的殖民主义者分享同一时代的文化观念，即以征服“落后”地区和推进“文明”扩张为核心的帝国主义精神。正是这种帝国主义精神，使传教士们带着征服者的心理、施主的傲慢和种族偏见来到中国。他们相信自己掌握着普世的真理和最高评判标准，有权谴责和挑战中国的风俗和习惯，改变中国的文化和精神传统，并最终用基督教来取代中国的传统信仰。

但是，当他们来到中国，沉浸在中华文化之中，中华文化智慧的魅力征服了他们，改变了他们的态度，使他们成为中华文化智慧的服膺者、传播者。

19世纪的来华传教士们，和他们的前辈利玛窦等人一样，都是文化修养比较高的知识分子。他们在致力于传播基督教的同时，也积极开展文教、医药等文化事业，为西方文化的东传做出了很大的贡献。与此同时，他们长期在中国生活，有的长达十几年甚至几十年，与中国各阶层人士广泛接触，对中国文化耳濡目染，也因此对中国文化抱有极大的兴趣。所以，他们中的一些人，致力于对中国文化的研究，有的甚至成为成就斐然的汉学家。一些人致力于对中国的观察，深入到社会各阶层，进行实地的调查研究，还有的教会团体有计划地进行中国国情的调查与研究。可以说，这一代传教士，由于具有现代社会科学的研究背景，由于他们人数众多并且有机会深入到中国社会的各个层面，所以他们对中国国情以及中国文化的认识和理解，要比明清之际那一批传教士深刻得多，研究的范围也更为广泛。他们的研究成果在向西方介绍中国文化方面发挥了重要作用。因此，19世纪的来华传教士们，也和他们的前辈一样，成了中华文化西传的一个重要角色。

传教士们到中国以后，大部分人或是出于对中华文化的敬慕，或是出于传教策略的考虑，都积极主动地学习中国文化。美国传教士李佳白（Gilbert Reid，1857—1927）认为，在中国活动应当“采用中国方法，讲中国经书，这样能使华人反教仇外之趋向渐次消灭，且可得到中国许多有势力之朋友”。他特别强调：“既能通达中国之学，中国之礼，则能与中国儒士官绅接见，情谊交孚。”传教士们研究中国文化和中国国情，是他们在华活动的重要组成部分。这种研究不仅对传教事业本身有很大的作用，而且影响了西方人对中国的认识，推动了早期西方汉学的发展。

大多数传教士在中国度过了人生中最美好的岁月，他们把中国作为自己的第二故乡。在漫长的岁月中，特别是在深入中国腹地的过程中，他们游览了中国的大好河山和诸多人文景观。在考察游历中记录、搜集的大批中国典籍和风俗文化资料，更使他们领略到中国文化独有的魅力。他们在震惊、激动之中逐渐对中国文化产生浓郁兴趣，逐渐由为传教增加亲和力或为商业征服铺平道路，转为发自内心的仰慕，逐渐由收集风俗文化典籍资料，转为对这些资料的研究和探求，甚至由业余爱好变成终生追求。

美国浸礼会传教士葛德基（Earl Herbert Cressy）1919年6月在《亚洲》杂志上撰文，指出一个非常有意思的现象：一个回美国度假的传教士自称是“作为西方精神生活的使者来到远东”，是向“异教国家”布道的，但在远东居住一段时间后，他开始向美国人介绍远东的文化遗产，并在远东文化的影响下修正自己的教义。于是，他“两次成为传教士：第一次是向接受他的国家（中国）传教，第二次是向本国传教”。葛德基称这一现象为“传教士的改宗”（conversion of missionaries）。他评论说：

> 他带着赐予（基督）启示的激情来到远东，但是，在传播过程中东方却给了他启示，他出来是为了改变东方，但回去的时候自己却成了被改变的人……远东对传教士的改变使他不仅是一个宣教士，还是一个国际主义者，即世界两大文明的中介。在国外，他代表一种普世的宗教，体现了西方追求社会正义和世界大同理想的努力。在国内，他改变着千百万宣教事业支持者的态度……帮助他们更加欣赏远东文

明的伟大和优秀。[①]

他这里说的“改宗”不是指这位传教士改变信仰，成为儒教徒，而是指他改变传教思想，特别是对中国文化的看法发生了很大的变化——从文化征服者变成文化合作者；从一个敌视儒家传统，企图把基督教强加给中国的文化帝国主义者变成了欣赏中国文化的伟大与优秀并积极倡导宗教合作的文化交流者。他们对中国文化怀着深深的敬意，对中国怀有深厚的感情。傅兰雅（John Fryer，1839—1928）就曾说过：“我几十年生活（编者注：在中国），全靠中国人民养我。我必须想一个办法报答中国人民。”英国传教士麦高温（John Macgowan）也说：

> 我在中国生活了50年，几乎与每个阶层的人都有过很深的交往，从中得到了莫大的快慰。我越是深入到中国人生活的内部，我的心就越是被他们深深吸引。他们确实是一个非常可爱的民族，在充满欢乐的时刻，在笼罩着悲哀的时刻，以及在激发起正义感的时刻，他们都证明了自己真正拥有作为一个伟大民族的品质。[②]

这种变化也是19世纪下半叶到20世纪初西方传教士活动的一个整体性变化。美国传教士乐灵生（Frank J. Rawlinson）指出，在1907—1920年，传教士对中国文化与宗教的态度逐渐“发生了变化”，“无论是中国基督教领袖还是传教士，现在都对保持中国文明中有价值的元素感兴趣”。“在1907年，中国被认为是基督教世界的小学生，而教会是中国的老师，但现在（指1920年），二者互为学生（learners）和仆人。”[③]传教士胡美（Edward H. Hume）提出，

---

① 引自王立新：《美国传教士对中国文化态度的演变（1830—1932）》，《历史研究》2012年第2期。

② ［英］麦高温著：《中国人生活的明与暗》，朱涛、倪静译，中华书局2006年版，《前言》第1页。

③ 引自王立新：《美国传教士对中国文化态度的演变（1830—1932）》，《历史研究》2012年第2期。

中国已经进入拒绝“让西方来拯救其心灵”的新阶段，传教事业要想在中国继续获得发展，传教士“必须以谦卑的宗教学生的身份接近东方，而且终其一生都必须一直是学生”，并与东方人合作，“共同寻找永恒的真理”。[①]

为了使西方各国教会团体了解中国国情，作为制定对中国的传教政策和鼓励教徒捐款接济对外传教事业的参考，传教士们写了大量信件和报告，向西方介绍中国。“对国内而言，传教士一直认为向他们的赞助者报告情况是一项急迫任务：他们在中国的经历促使他们加入了自九世纪的日本和尚圆仁开始的一直在努力描述中国的外国人的行列。”他们是外国人中最全面“向西方公众报告中国情况的人”。[②]

另外，他们还创办期刊，翻译中国典籍，撰写研究著作，有人还在回国后举办关于中国问题的讲座，建立中国问题研究中心。这些工作都促进了西方对中国的了解。这一时期传教士们有关中国的著述，无论在数量上还是在研究问题的深度与广度上，都远远超过了明清之际来华的传教士们。伟烈亚力（Alexander Wylie，1815—1887）统计了截至1867年在华的338名传教士的出版物，其中以中文发表的就有787种。许多传教士都是多产的写作者，担当了向西方社会介绍中国历史文化和中国国情的角色。这些成果在西方有着广泛的影响，如卫三畏、卫礼贤、明恩溥等人的著作，都被西方各国的汉学界视为经典之作。

美国汉学家费正清、刘广京在主编的《剑桥中国晚清史》中写道：“基督教传教士团体在数量上只是中国这个舞台上的配角，但它们对外国侨民团体的贡献，无论在精神或知识方面，都是不可忽视的。”[③]对于传教士们向西方介绍中国和中国文化的工作，费正清指出，他们是“最详细地向西方公众介绍中国的在华外国人”。

① 引自王立新：《美国传教士对中国文化态度的演变（1830—1932）》，《历史研究》2012年第2期。

② 陶文钊编选：《费正清集》，林海、符致兴等译，天津人民出版社1992年版，第249、236页。

③［美］费正清编：《剑桥中国晚清史（1800—1911）》（上卷），中国社会科学院历史研究所编译室译，中国社会科学出版社1985年版，第221页。

> 随着对中国文化传统越来越多的了解，传教士作者们受到了深刻的影响。他们努力以学者的角色适应中国文化传统并致力于在这种传统中发挥其影响力，在此过程中，他们发现自己站在双行道上。他们在把中国的形象传递给西方的同时，也使中国人形成了对外部世界的看法。他们的个人目的是在宗教方面影响中国人，但结果他们的历史职能是进行观念和形象的双向传递。①

费正清还指出："像麦都思、郭施拉和裨治文等传教先驱在知识方面对西方的影响要比在宗教方面对中国的影响更大。例如，早期的中国问题刊物《中国丛报》在世界上实际产生的影响与《圣经》有代表性的译本的影响同样长远。"②所以，费正清认为，对美国在华传教运动的研究，还要研究传教运动影响的回流对传教士们在美国国内的支持者和普通民众的影响。

三、传教士对儒家典籍的翻译与介绍

传教士们来华的目的，是传播基督教文化，试图把中国纳入西方基督教的文化势力范围。因为宗教的传播，直接触及信仰的"终极关怀"这一深层的精神文化问题，所以与本土文化的冲撞，特别是与本土精神文化的冲撞，可能更为尖锐和激烈。明清之际的传教士们，如利玛窦等人，采取向中国儒家思想妥协的策略，用儒家思想诠释、介绍基督教思想文化，取得了一定效果。但后来发生了"礼仪之争"，这种策略也宣告中断。19世纪来华的传教士们最初也忽略了中国传统儒家思想的力量，他们中的大多数人认为，可以凭借大炮和不平等条约，用西方的上帝来"开导这个半开化的异教国家"，来征讨这个"自古以来被魔鬼占领的在地球上最顽固的堡垒"。"孔子或耶稣"，要么是孔子，要

① 陶文钊编选：《费正清集》，林海、符致兴等译，天津人民出版社1992年版，第239页。
② 陶文钊编选：《费正清集》，林海、符致兴等译，天津人民出版社1992年版，第253页。

么是耶稣，两者必居其一。但是，他们凭借这样的信念进行传教事业，效果并不乐观。经过几十年，他们方才意识到老一辈传教士们所说的是真的，传教的阻力主要来自士大夫阶层，而士大夫的精神支柱就是儒家思想。如果企图在中国扩展教会势力，光靠在下层老百姓中吸收或收买教徒是无法办到的，只有对儒家思想做一些必要的妥协并加以利用，才能在中国的上层统治集团和士大夫阶层取得突破。于是，他们转向“孔子加耶稣”的策略，把基督教的一部分教义同儒家的礼教、思想加以结合。

因此，传教士们开始研究儒家思想，翻译和介绍儒家经典，从而加深了对儒家思想文化的理解。一批传教士致力于翻译和介绍中国的经籍，其中特别著名的有英国传教士理雅各和艾约瑟、德国传教士花之安和卫礼贤、法国耶稣会士顾赛芬等。传教士们对儒家思想的翻译、研究和介绍，成为中国孔子儒家文化西传的一条重要渠道。

早在1809年，在印度的英国传教士马歇曼（Joshua Marshman，1768—1837）就出版了《论语》的英语节译本。马礼逊（Robert Morrison，1782—1834）于1812年将《大学》翻译成了英语。英国传教士柯大卫（Kedwards）第一个将“四书”译成英语，1828年在马六甲出版《四书译注》，提供了比较完整的“四书”译本。英国传教士艾约瑟（Joseph Edkins，1823—1905）译出的中国典籍名目繁多，如《借靴》（《琵琶记》）、《素问》、《道德经》、《旧唐郭子仪传》，内容包括戏剧、医药、哲学及史学等许多方面。

德国传教士花之安（Ernst Faber，1839—1899）极力推崇明清耶稣会士所主张的“孔子加耶稣”的理论，主张传教士必须充分利用中国传统儒家思想，以达到传播基督教的目的。他热衷于对中国古代宗教与哲学的研究，特别是对儒学有较深入的研究，把《论语》《孟子》《列子》《墨子》等书译为德文，著有《中国史编年手册》《儒学汇纂》《中国宗教科学导论》《孟子思想》等，被誉为“19世纪最高深的汉学家”。1890年，在华基督教传教士们在上海举行会议，会议委托花之安用中文撰写一部评议中国经书的著作。花之安原来计划写五卷，第一卷和第二卷写对中国经书伦理的评议，第三卷写对中国文学的评议，第四卷写中国历史与基督教国家历史的对比，第五卷写中国今日之要务。

可惜这个计划没有完全实现。1893年，花之安应邀参加在美国芝加哥举行的世界宗教研究会，他在大会上宣读了有关儒学的论文。

法国天主教会的传教士们也很重视对中国儒学的研究。19世纪中叶耶稣会重返中国之后，建立了两个中国学研究基地：一个在直隶省河间府献县（今属河北省），一个在上海徐家汇。法国耶稣会士顾赛芬（Séraphin Couvreur，1835—1919）1870年来到中国，先在北京学习汉语，后在直隶省河间府直隶东南教会任传教士多年。他酷爱中国古典文学，编写过辞书并翻译了大量中国典籍，是这个时期汉学家中翻译、研究中国典籍成绩卓著者之一。法国汉学家戴密微（Paul Henri Demieville，1894—1979）指出，顾赛芬是“中国文化的极大爱好者。无论谁胆敢诋毁这一文化，他就必然会挺身而出地为之辩护”[①]。

顾赛芬在1895年翻译出版了“四书”（《大学》《中庸》《孟子》《论语》），1896年翻译出版了《诗经》，1897年翻译出版了《书经》。《礼记》共2卷，1899年翻译出版，在1913—1916年发行。《〈春秋〉和〈左传〉》共3卷，1914年翻译出版。《仪礼》1916年翻译出版。

顾赛芬把汉文典籍译成法文和拉丁文的双语释义，特别是拉丁文比较简洁，行文自由，能逐字逐句地直译汉语原文，用它进行翻译使译文显得精练可读。他的翻译严格忠于当时中国官方推崇的朱熹学派的诠注，对于注释他并不做进一步的阐释，很少带有个人的见解，为后人研究提供了比较客观的依据。

四、理雅各与《中国经典》

在研究儒家思想、翻译介绍儒家经典方面，英国传教士理雅各成绩最为显著。他与法国学者顾赛芬、德国学者卫礼贤并称汉籍欧译“三大师”，也是法国汉学奖项儒莲奖的第一位获得者。

---

①［法］戴密微著：《法国汉学研究史》，载［法］戴仁编《法国中国学的历史与现状》，耿昇译，上海辞书出版社2010年版，第102页。

理雅各（James Legge，1815—1897）于1839年被派遣来东方传教。在南洋马六甲，理雅各担任伦敦圣教书会的记者与顾问，兼任马六甲英华书院的助理，同时管理书院的印刷事宜。1841年，理雅各任英华书院校长。1843年，在理雅各的主持下，英华书院迁至香港，并改变了办学宗旨，成为专门招收当地中国青少年入学的一所教会学校。理雅各除负责校务外，还直接从事传教活动。

理雅各是一位学者型传教士，他在办学和从事传教活动的同时，注重研究中国传统文化，特别是孔子的儒家思想。他认为，中华文明虽与西方文明有很大区别，但绝非野蛮文明，因为几千年来，中国人民在那块土地上繁衍生息，当诸多的优秀文明经历了兴旺、鼎盛和衰亡后，中华文明仍然存在，所以中华民族必定有颇具力量的美德和社会规范。在他看来，这个原则在很大程度上可以归结为世界上罕见的“对学问的高度尊重”。他说，“他们拥有宝贵的文化遗产”，“他们很突出地是一个有学问的、或者更恰当地说是善于阅读的民族”。[①]他把铸造了中华民族精神特性和思想文化根基的儒家经典，作为自己开启中华民族思想文化的钥匙。他告诫在华活动的外国传教士们：“只有透彻地掌握中国人的经书，亲自考察中国圣贤所建立的道德、社会和政治生活基础的整个思想领域，才能被认为与自己所处的地位和承担的职责相称。”[②]理雅各认为，基督教与儒家思想有许多共同点，可以在某些方面做出妥协。他非常推崇孔子，说“我越研究他的为人和学说，对他的评价就越高”。他称颂孔子说：

> 孔子是古代著作事迹的保存者，中国黄金时代箴言的诠注者、解释者。过去他是中国人中的中国人，现在正如所有的人相信他那样，又以最好的和最崇高的身份代表着人类最美的理想。[③]

---

① 引自雷雨田主编：《近代来粤传教士评传》，百家出版社2004年版，第295页。

② 引自顾长声著：《从马礼逊到司徒雷登——来华新教传教士评传》，上海人民出版社1985年版，第126页。

③ 引自顾长声著：《传教士与近代中国》，上海人民出版社2013年版，第157页。

理雅各在中西文化交流上的主要贡献在于他翻译了大量中国典籍。从1861年起，他的翻译著作陆续在香港出版，总名为《中国经典》。他以《孟子·万章上》的名句作为《中国经典》的题记："不以文害辞，不以辞害志。以意逆志，是为得之。"《中国经典》的第一卷为《论语》《大学》《中庸》，第二卷为《孟子》，第三卷为《书经》，第四卷为《诗经》，第五卷为《春秋》，各自附以原文、注释及长篇绪论。当时，一些传教士如湛约翰、麦高温、史超活、合信、谢扶利和华人黄胜等参加了助译工作。1873年理雅各回国后，他继续翻译了《易经》《礼记》等。1882年翻译出版了《易经》，为《中国经典》的第六卷；1885年翻译出版了《礼记》，为《中国经典》的第七卷。此外，他还翻译了《孝经》《道德经》《庄子》等名著，以及法显的《佛国记》。去世前，他翻译出版了屈原的《离骚》。理雅各在《中国经典》第一卷的序言中叙述了他翻译和出版的经过：

> 本书译者于一八三九年年底作为一个传教士来到了东方，在马六甲居住了三、四年。他在离开英国前，有幸在伦敦大学吉德教授（现已过世）处学习了几个月的汉文，使得他得以在一八四〇年初开始阅读本卷中所译的第一部作品（《论语》）。……随着时间的推移，他开始认为在汉语上确已获得了进步，他想可以大胆地自己着手翻译了。他按照自己所订的计划研究和翻译，并且进行注释。他认为此项工作并未使他对日常的积极从事的传教和教学业务转变方向，但是他决不容许自己浪费任何光阴。一八五六年，他第一次向他的一些朋友们谈到自己的打算，朋友之一有循道会的郭修理牧师。编译的稿件不久就可送到印刷所，但却发生了出版费用的问题。他希望那时能获得在华英商或别国商人的捐助，以便使他能按照计划，继续编译下去。不久，郭修理牧师不动声色地把我（的）全部翻译计划告诉了他的朋友约瑟·贾丁先生。他向我叙述了贾丁先生的意见，我得以和那位绅士进行商谈。他非常慷慨地答应愿意承担印刷费用。……贾丁先生对

我的编译计划表示完全赞成。他对我说：“我知道在华外商是慷慨的，他们有许多人将随时愿意帮助这样一种计划。你不用费力去向他们募捐。如果你已译好准备出版的话，钱由我来付。我们的钱是在中国赚的，只要从中得到好处，我们就应该乐于帮助。……我希望这些译本的出版将会给传教士和其他研究中国语言文学的学者以真正的服务。”①

理雅各翻译中国典籍的工作得到中国学者王韬的很大帮助。王韬在传统学术文化方面有很深的造诣，是晚清著名思想家。1849年，王韬在墨海书馆工作，1862年到香港，成为理雅各译书工作的助手。王韬与理雅各早在上海时就已相识。王韬由于经学功底深厚，并有10多年在墨海书馆与传教士合作译书的经验，所以与理雅各的合作非常顺利。王韬对待这项工作十分认真。他们每译一经，王韬都事先广搜博集，详加考订，然后集历代各家注疏之长，并加入自己的研究心得，写成笔记，以供翻译之用。对理雅各弄不懂或有疑问的地方，他们还进行讨论讲解。王韬的具体帮助，使理雅各翻译《书经》《竹书纪年》《诗经》《春秋》《左传》《礼记》等书的工作得以顺利完成。

从16世纪末到18世纪初，西方来华的传教士们对中国典籍也曾多有译述，但都只译片段，且因汉语不精，或对于儒学经义钻研不透，或请学养浅陋的华人合译，译文往往语句粗劣，语义欠通。《中国经典》的翻译是理雅各倾注几十年心血才得以完成的一项宏大工程。在整个翻译过程中，理雅各始终保持严谨的治学态度，注重旁征博引，力求持之有据，绝不主观臆断。在他以前，别人用拉丁、英、法、意等语种译出的有关文字，凡能找到的，他都拿来仔细比较，认真参考，然后再反复斟酌，慎重落笔，甚至常常数易其稿。

19世纪90年代，理雅各对他的系列译作《中国经典》进行修订，作为他在牛津大学的教学材料。修订后的《中国经典》于1893年至1895年在牛津大

---

① 引自顾长声著：《从马礼逊到司徒雷登——来华新教传教士评传》，上海人民出版社1985年版，第127—128页。

学克拉伦登（Clarendon）出版社再版。理雅各的译本迄今已逾百年，仍被认为是中国经典的标准译本。理雅各自己叙述说：

> 对于儒家经典，我已经具有足以胜任将其翻译成英文的中文学术水平，这是五到二十年辛勤钻研的结果。这样的努力是必须的，这样世界上的其他民族就可以认识这个伟大的帝国，而且特别是我们传教士给这里的民众传教，也需要充分的智慧，这样才能够获得长久的结果。我认为如果所有儒家经典都能够翻译出版并且还附有注解的话，这将有助于未来的传教士们的工作。①

理雅各的女儿这样评论他的事业：

> 他感到方方面面都需要他。他认为他们的文明与我们的极为不同，但是他们早已经摆脱了野蛮愚昧。“一旦我们想到四千年来人们已经开始在这里生存并且收获，成长繁衍，我们禁不住就会推测到，这个民族可能具有某些更高的品性——亚述人、波斯人、希腊人、罗马人，以及其他一些更现代的帝国，兴起教化又衰落，但是，中华帝国依然耸立，还有它的四万万国民。为什么会这样呢？很清楚，在它的国民当中，一定存在着某种最伟大的德性和力量而成就的道德和社会原则。”②

英国汉学家翟理思（Herbert Allen Giles，1845—1935）说：“五十余年来，使得英国读者皆能博览孔子经典者，吾人不能不感激理雅各氏不朽之作也。”1898年，《北华捷报》上刊登了一篇题为《理雅各教授》的文章，对理雅各的学术成就给予了很高的评价，其中说到他翻译中国典籍的工作：

---

① 引自段怀清、周俐玲编著：《〈中国评论〉与晚清中英文学交流》，广东人民出版社2006年版，第77页。

② 引自段怀清、周俐玲编著：《〈中国评论〉与晚清中英文学交流》，广东人民出版社2006年版，第77页。

> 牛津的克拉伦登出版社出版了收录《中国经典》部分内容的新版本，还将印行完整的版本。“四书”为两大卷，《书经》、《诗经》和《易经》三大卷，《春秋》和《礼记》共七卷，装订起来总共为八开本的十一大卷。除此之外，在《东方圣书》中还有两卷道家著作，包括《老子》和《庄子》以及《太上感应篇》。这些译本对道教及其哲学进行了生动的介绍。理雅各的学术研究是一丝不苟的，但是他的思想并不深奥。在《道教入门》中他用了一章篇幅说明道教始于老子之前，第二章探讨了道教的权威性和真实性以及两位作者著作的编排情况，第三章论证了“道”的意义和道教要旨，第四章介绍了中国最伟大的历史学家司马迁对两位大师的评价，第五章是对《太上感应篇》的介绍。这些章节提供了值得了解的生动事实，雄辩地说明了作者撰著鸿篇巨制的能力，以及面面俱到相互衔接的初衷。①

理雅各系统地翻译介绍中国儒家经典，对中西文化交流贡献很大，也使他获得了很高的声誉。1870年，英国阿伯丁大学授予他法学博士学位。理雅各回国后，大力主张加强对中国的研究，特别是对中国社会思想的支柱——儒家思想和典籍的研究。当时英国的一些原来在中国当外交官或经商的英国人，提出应在牛津大学设立汉学讲座，并推荐理雅各为该讲座的第一任教授。他们募集了捐款，专供牛津大学开设汉文讲座之用。英国舆论对此也积极支持，有一家报纸发表评论说：“我们在东方，特别是在中国的利益，超过了所有其他欧洲国家加在一起的利益，但在研究东方语言和文献方面，却做得很少。……在这方面少做或者不做，甚至从商业观点来说，也是难以理解的。”在前驻华公使阿礼国（Rutherford Alcock）等人的支持下，理雅各于1876年受聘为牛津大学第一位汉学讲座教授。他在这个讲座岗位上工作了二十余年，直到1897年去世。他先后讲演中国历史、文学、人物、天文、社会和宗教等多方面的内

① 引自熊文华著：《英国汉学史》，学苑出版社2007年版，第69页。

容，广泛介绍中国文化，培养了很多新一代的汉学家。理雅各对中国的了解可谓详细，求教的信很多，很难统计，咨询的领域涉及中国文学、历史、传记、天文等，也有不少信件的内容是请他翻译文件和翻译刻在碗、扇等上面的文字，还有人把翻译的稿子和研究汉字的论文寄给他审阅，为此理雅各回复了大量信件，介绍了相关知识。

此外，他还撰写了许多关于中国文化的著作，包括《法显行传》《西安府大秦景教流行中国碑考》《孔子——中国的圣贤》《孟子——中国的哲学家》《中国文学中的爱情故事与小说》《中国编年史》《离骚及其作者》《帝国儒学讲稿四篇》《封建的中国》《道德经》《道教论》《中国的诗》《扶桑为何及在何处？是在美国吗?》《中国古代文明》《基督教与儒教之比较》《孔子生平及其学说》《孟子生平及其学说》等。

理雅各用五十余年的时间，架起了一座中西方的桥梁。理雅各在英国乃至西方的中国学界都有很大的影响。理雅各的好友，与他同期来华的传教士艾约瑟指出：

> 他的目标在于打开并阐明中国人的思想领域，揭示人民的道德、社会和政治生活的基础。这种工作百年当中只可能被人们极为罕见地做一次。在做这件事的过程当中，他感觉到自己是在为传教士们以及其他一些学习中国语言和文学的学生们做一项真正的服务。他还认为，这也是为那些西方读者和思想者服务。从国土幅员之辽阔，人口之庞大，以及民族特性等来考虑，中国都可以说是世界上最重要的国家。获悉了儒家“圣经”所包含的内容，也就使我们处于一种有利的地位来判断其人民。从这里，欧洲的政治家们可以看到其人民道德标准之本质。他们所阅读的历史、他们风格之楷模、他们的保守主义之基础，都可由此而得到评估。
>
> ……他殚精竭虑经年累月的付出，那些卷帙浩繁的译著，依然包含着丰富的事实，通过这些事实，欧洲和美国的观察者可以如此正确地判断中国人，因为这是他们生活的箴言，在他们的生活当中流行，

这里所包含所阐明的思想观点，规范着他们的学者和人民的思想。这里所包含的原则，打破了区域性的界限，将整个民族连接在一起。[①]

五、卫礼贤：中国在西方的精神使者

在19世纪来华的传教士中，对传播中华文化和儒家思想贡献最大的，是德国传教士卫礼贤。实际上卫礼贤来华时已是19世纪和20世纪交替之际，他的传教活动是在20世纪初叶，即中国的清末民初和新文化运动时期。然而，从他在传播中华文化、推动西方人了解和研究中华文化所做的工作来看，卫礼贤被视为19世纪中期以后来华的那一代传教士的杰出代表。

卫礼贤本名是理查德·威廉（Richard Wilhelm，1873—1930），“卫礼贤”是他自己取的汉名，另外还有一个字叫“希圣”。1899年，他作为传教士，远赴山东青岛。卫礼贤是一个对文学与艺术有着较高天赋和良好修养的人，所以一踏上中国的土地，他对于了解中华民族及其思想与文化的兴趣就远远超出了宗教事务本身。卫礼贤发现，在中国根本不存在需要他去感化或者惩戒的异教徒，相反，倒有着悠久的、令人敬仰的精神文化。这些发现决定了卫礼贤同情中国人民的基本立场，使他对中国古老的文化着了迷。他在中国生活期间，对传教活动并不热心，以致没有发展一个教徒，而是把主要精力用在办医院、办学校和学习钻研中国文化上。

卫礼贤前后在中国生活了二十五年，前二十二年主要居住在青岛。他通过学习和掌握汉语，不仅能直接与中国民众交往，亲自去各地考察游览，而且学会了阅读中文书籍，从而增进了对中国历史和现状的理解，加深了对中国传统文化的热爱。卫礼贤创办的学校中，聘请的中国教员有不少是熟读儒家经籍的旧文人，他们几乎都是科举出身的举人或贡生，其中不乏饱学之士。例如山东

---

① 引自段怀清、周俐玲编著：《〈中国评论〉与晚清中英文学交流》，广东人民出版社2006年版，第63页。

平度籍举人邢克昌，就是卫礼贤最早的经学老师。卫礼贤对《论语》《大学》《诗经》等儒家经籍的学习、理解及早期翻译，多得益于他的帮助。礼贤书院教师臧毓臣回忆说：“卫君最好学，手不停挥，目不停览，虽炎夏不避，危坐译读晏如也，是故精通华语及文义。”[①]正是在办学和同这些旧文人打交道的过程中，卫礼贤对中国古典文化有了更进一步的了解。

卫礼贤在中国生活的二十多年中，在许多方面都与中国文化融合在一起，在思想感情上，他似乎找到了心灵的故乡。

辛亥革命前后，不少清王朝的孤臣遗老避居青岛。卫礼贤与他们多有来往，其中包括溥伟、康有为、辜鸿铭、劳乃宣等名流。卫礼贤在礼贤书院内建了一所“尊孔文社”。尊孔文社不仅是一个研究儒学的机构，还是卫礼贤联系前清遗老的一个组织。尊孔文社成为青岛文化人讲经论道、高谈阔论的场所。文社的礼堂中悬挂孔子画像，在这里人们不仅探讨中国传统文化，也经常进行中西方学术交流，既安排中国学者讲授中国文化，也安排德国学者讲授西方文化。尊孔文社成为青岛不可多得的一道文化风景线。据卫礼贤的妻子回忆说，当时在青岛德国租界中避难的前清贵族、官员、学者中，很多人都加入了文社，如当时已经78岁的周馥及其子财政总长周学熙，北洋政府总统徐世昌及其兄弟徐世光，两江总督张人骏，曾任奉天都督的赵尔巽，学部副大臣刘廷琛，以及翰林院编修商衍瀛等。

1914年，在劳乃宣等人的协助下，卫礼贤在尊孔文社内建起了一座藏书楼，这是青岛第一座现代图书馆，也是中国早期图书馆之一。楼内藏书3万余册，广收经、史、子、集、诸子之书，也收藏中外现代图书，外文图书以德文为多。分类仿美杜威《十进分类法》加以修订改编而成，读者多为尊孔文社的社友和礼贤书院的师生。劳乃宣写了一篇《青岛尊孔文社藏书楼记》，称“德国卫礼贤以西人而读吾圣人之书，明吾圣人之道者也。时居青岛闻而忧之，与中国寓岛诸同人结尊孔文社以求圣人之道，议建藏书楼以藏经籍……”

---

①《礼贤中学校二十五周年纪念册》，引自张大英著：《德国来青传教士卫礼贤与中国典籍译介》，中国海洋大学出版社2018年版，第121—122页。

1920年，卫礼贤曾短期回国，到1922年，他被任命为德国公使馆的学术顾问，再次来华。嗣后，他又受蔡元培之聘，任北京大学的德文教授。在北京期间，他结识了蔡元培、梁启超、胡适等许多著名中国学者，还与徐志摩、梅兰芳等人交往密切。胡适在日记中称卫礼贤“对于中国学术，有一种心悦诚服的热诚，故能十分奋勇，译出十几部古书，风行德国”。1923年，卫礼贤与罗振玉、王国维、辜鸿铭等人筹建了“东方学社”，以促进东西方的文化交流。

通过尊孔文社和东方学社，卫礼贤与中国的知识分子建立了广泛的联系。而与这些中国文人的交往，对卫礼贤的中国观产生了积极的影响。正如有的学者指出的那样：“卫礼贤的正面中国形象产生于他与中国学者（‘中国那些受过最好教育的精英’）之间的良好交往。他在中国的大部分社会活动便是由这种交往组成的，尤其是在清朝的覆灭与中华民国成立的那个时期，许多末代政客和士大夫蜂拥来到当时那个自由的青岛。卫礼贤以为，个别士大夫的形象能够超越个体而具有集体形象的本质特征。可以说，中国士大夫对卫礼贤的中国形象产生了很大的影响。”[①]

卫礼贤为传播中国文化做了大量的组织工作，起到了很大的作用。但是，他的更突出的贡献，是对中国典籍尤其是儒家经典的翻译介绍以及对中国历史文化的研究。

在中国生活期间，卫礼贤就致力于儒家经典的翻译工作。早期，他向德语读者译介了一些中国的古典作品，其中以儒家典籍为主，也包括其他文学作品。除了《三字经》，卫礼贤还先后在德文报刊上发表了他节译的《诗经》《大学》《论语》《三国演义》《聊斋》《吕氏春秋》等。1910年，他翻译的《论语》全文由迪德里希斯出版社出版。1911年以后，卫礼贤更多地转向了学术研究，尤其是学术翻译工作。他翻译出版了《论语》修订版和《老子》《列子》《庄子》《孟子》《大学》以及《中国的民间童话》等。虽然它们大多并不是第一次被翻译成欧洲语言，但人们公认卫礼贤的翻译是最好的。这些作品使

---

①［德］马汉茂、汉雅娜，［中］张西平、李雪涛主编：《德国汉学：历史、发展、人物与视角》，李雪涛等译，大象出版社2005年版，第82页。

卫礼贤不仅在德国，而且在整个欧洲的汉学界都赢得了声誉。

卫礼贤回国后，陆续翻译完成和出版了一系列中国古典的作品。在卫礼贤的所有译作中，以《易经》的翻译最享盛誉，“具有特别大的影响力”。这是卫礼贤耗费心血最多的一部作品，从开始着手学习、研究和翻译它，到最后出版，花了十多年的时间。他曾说：

> 中国思想学说的基础在于《易经》，老子的道教和孔子的儒教一样均源于此。这部奇书大概产生于远古时代，至少它的基本概念是如此。历经时代的变迁，三千年最成熟的生活的智慧渐渐集中在……本文的注解和诠释上。而其对东方思想生活的影响一直存在到今天。因此我们可以毫不夸张地说，我们接触的这部书是世界上最重要的一部作品。①

卫礼贤译的《易经》于1924年在耶拿出版，流传很广。德国作家黑塞（Hermann Hesse）对卫礼贤翻译的《易经》评论说：“除了《道德经》之外，没有一本中国古典作品像威廉翻译的《易经》那样，迎合了魏玛共和国有教养的德语阶层的中国热。”卫礼贤深入地掌握了《易经》所具有的中国文化渊源、背景，使译本拥有广泛读者，至今仍再版发行，成为西方公认的权威版本，相继被转译成英、法、西班牙、荷兰、意大利等国的多种文字，传遍整个西方世界。

卫礼贤还在德国学界发表了多次演讲，宣扬古老的《易经》精神，希望德国人能借鉴东方文化，重塑他们的民族品格，拯救处于毁灭边沿的世界和动荡不安的魏玛共和国。他认为《易经》的核心精神是对立与协同。受此启发，他认为当时纷乱的世界局势只是一种暂时的状态，只要拥抱世界主义，未来必将走向协同。卫礼贤的易学思想是对《易经》精神的引申，他从心理学的角度对《易经》进行了阐释，使得《易经》为西方大众所理解，从而为《易经》的传

---

① 引自张国刚著：《德国的汉学研究》，中华书局1994年版，第47页。

播做出了巨大的贡献。

瑞士心理学家荣格（Carl G. Jung，1875—1961）曾为卫礼贤的《易经》译本撰写了长篇序言。荣格称赞卫礼贤译的《易经》是西方“无与伦比的版本”，这部东方最深刻的著作第一次以生动可读的形式介绍到西方来，“是卫礼贤最重要的成果”。荣格还说：“他为理解《易经》原文的象征意义尽力开辟道路。他之所以能做到这点，因为他从德高望重的劳乃宣（Lao Nai-hsüan）学习《易经》的哲学和用法；并在许多年期间一直实践这个问卜的独特方法。他掌握《易经》原文的灵活意思，这使他的《易经》版本在看法上具有一种深度，那是仅凭对中国哲学的学术知识不可企及的。”[①]荣格指出，西方传统哲学注重因果性，把它放在公理的地位，而忽视偶然性。中国却相反，注重偶然性。《易经》研究的正是偶然性产生的各种情形。近代物理学家发现了因果性只是统计的正确，宇宙本身是偶然性的。所以，现在一刹那的某种情况可以反映宇宙的情况以及历史发展过程，正如观察树木的年轮一样。受这部《易经》的启发，荣格提出了他的重要创见——“共时性原则”（synchronicity），并将这种原则作为其分析心理学发展的基石。因为建立在共时性原则基础上的思维方式，在《易经》中表现得最为充分。荣格还为卫礼贤另一部有关养生学的译著《太乙金华宗旨》的译本写了序言，再次盛赞卫礼贤的功绩。

除了完成《易经》的翻译工作，卫礼贤还翻译了《中德的四季与晨昏》《黄河精灵——中国的民间童话》《吕氏春秋》《礼记》等。此外，他还在各种报刊上译介了其他一些中国古典作品尤其是文学作品，如《今古奇观》（节译）、《蝴蝶梦》、《聊斋志异》（选译）、《韩非子》和《中庸》等。

卫礼贤译的中国经籍有不少一版再版，流传至今。德国著名汉学家福赫伯（Herbert Franke）在1968年出版的《德国大学的汉学》一书中评论卫礼贤翻译中国经典的功绩说：

> 儒家和道家经典著作所反映的中国思想世界一般说没有受到德国

① ［瑞士］C. G. 荣格：《〈易经〉英译版前言》，楼格译，《周易研究》1991年第2期。

哲学界的重视，只有极少数哲学家在他们的著作里或课堂上多少提及一点中国哲学，有一阵子读书人对中国思想的浓厚兴趣变得浓厚起来，这首先要归功于卫礼贤。他在世纪之交作为新教传教士去中国，返回德国后越发感到传教士有利于传播中国文化。他那数不清的著作已经或多或少地把中国的形象印刻在德国读者的心中。卫礼贤的翻译作品从整个成就来看不会很快被超过，至今几乎还没有更新的中国古典哲学著作的德文本问世。[①]

卫礼贤不仅是一位杰出的翻译家，而且是一位著述宏富的汉学家。在中国期间，卫礼贤撰写了一系列文章，向西方尤其是德国读者介绍中国的风土与人情、历史与文化等。1903年，卫礼贤在青岛做过一个学术报告，题目是《孔子在人类代表人物中的地位》，对孔子给予了高度的评价。

中国著名的新儒家张君劢在其《世界公民卫礼贤》一文中说："卫礼贤来到中国时，是一名神学家和传教士，他离开中国时却成为孔子的信徒。"张君劢写道："他曾对我说，令我感到欣慰的是，作为一介传教士，在中国我没有发展一个教徒。"卫礼贤潜心学习研究中国文化三十多年，出版了十余种专著，包括《孔夫子在人类杰出代表中的地位》《中国：国土与自然》《中国人的生活智慧》《老子与道家》《中国心灵》《中国文学史》等。其中，《中国心灵》一书是他最重要的著作，一出版就被译成英文和法文，在其他欧美国家也很有影响。这部著作内容丰富，涉及中国的地理、民俗、政治、文化、艺术、教育、哲学、宗教以及社会变迁等方面。

在《中国心灵》一书中，卫礼贤表达了他对儒家文化的深刻理解，他说：

孔子建立了一个世纪又一个世纪以来支撑和包含中国文化的精神力量的大厦。他的最精深的思想是阴、阳之力的最终和谐。和谐是某

---

① 引自郑天星：《传教士与中学西渐——以德国汉学家卫礼贤为中心》，《宗教学研究》1997年第2期。

种永恒的东西，仅存在于先验世界的本性之中。

…………

文化不是为了违背或扭曲人性而是使人性美化、纯洁。因此，他视家庭为社会的基础。家庭之内存有一种具有自然倾向的情感。父亲之爱与夫妻、兄弟姊妹之爱一样完全出自于本能。……这样家庭关系便趋于和谐，通过文雅的方式去传递爱。家庭的教化很轻易转化为国礼。尊崇父亲，服从兄长反过来转化为忠君和顺从上级。因此责任变成为爱的延伸，国家变成一个扩大的家庭。[①]

卫礼贤还认为，在人类历史上众多的伟大人物中，恐怕没有第二个人能像孔子一样，如此成功地让自己的思想精髓得到大众的认可。卫礼贤认为，孔子的学说理应属于全世界，而不应当仅仅属于中国的某一个时代。

但是，卫礼贤也看到了儒家体系日益没落的现实。他认为，在现代西方文明的冲击下，儒家体系的教诲已经到了尽头。这一切并非偶然。也许在新的世界里，孔子思想中的某些东西注定要消亡，可是其中永恒的东西——自然与文化的和谐这样伟大的真理依然会存在。它将是新哲学和人类新发展的巨大推动力。

卫礼贤大力宣传、介绍、推崇中国文化，不仅仅是出于对这一古老文明传统的敬意，更是试图通过中西文化的交流和融合，追求自莱布尼茨和歌德以来德国哲人大力倡导的“世界文化”的文化理想。卫礼贤认为，在当今现存的所有文化中，西方文化和中华文化各代表一种具有强大生命力的类型。它们各自都在深刻的意义上独立不倚，都从自己独特的方面深入到共同人性的本源。因此它们特别适合于相互影响，相互提高，相互促进。他指出：人类的新文化将传遍全球。它不会像过去的个别文化那样，由生活着的和有机联系着的各组或部分合成，而将以过去的个别文化的碎块为组成部分，形成一种更高层次的文

① ［德］卫礼贤著：《中国心灵》，王宇洁等译，国际文化出版公司1998年版，第284—285页。

化。为了臻于完善，人类的新文化需要做到两点：一要深深地沉潜到自己的下意识中去，直至由此打开一条通往全部生机的道路，这是东方的精神；二是最大限度地强化自治的人，以适应整个外界的要求，这是西方的精神。“只有在这个基础上，东西方才能成为唇齿相依、彼此都不可或缺的好兄弟。”①张君劢指出，这种精神财富的交流，将形成一种新的世界文化，“卫礼贤曾是并且始终是这方面的创造者。他应当被安放到专门供奉文化交流的英雄们的殿堂之中。如果他是中国人，人们也许会把他供奉在文庙，那里会集了伟大哲人孔子的历代信徒”。卫礼贤“促进了东方对西方文化的认识和西方对东方文化的认识”，堪称“当代的世界公民”。②

卫礼贤毕生致力于在西方传播中华文化，架起了一座沟通东西文化的桥梁。卫礼贤的大量著作、论文、译著、演讲，在当时的德国乃至整个西方都产生了很大影响。通过卫礼贤，西方思想界的一大批代表人物接触到了中国文化，从中国的哲学思想中得到了或多或少的启迪。他们中最著名的有作家黑塞、布莱希特、霍夫曼斯塔尔、里卡达·胡赫，哲学家杜里舒、马丁·布伯、施本格勒以及心理学家荣格等。“德国几代人关于中国思想方面的知识都应当归功于这位早先在中国从事基督教传播，而后又在德国致力于中国文化传播的理查德·威廉。”③荣格在回忆卫礼贤的文章中就说：“我确实感到，我由于他而大大地充实丰富起来了；我觉得，我从他那儿得到的教益，比从其他任何人得到的都多。”由于卫礼贤的贡献，人们称他为“伟大的德意志中国人”“中国在西方的精神使者”。荣格还说：“东方的精神的确拍打着我们的大门。我觉得，在我们这里，实现这种思想，寻求天道，已成为一种集体现象，这种现象来势之猛，超过了人们一般的想象。”

德国汉学家瓦拉文斯（H. Wairavens）说，“第一次世界大战后，德国对

---

①［德］卫礼贤著：《中国心灵》，王宇洁等译，国际文化出版公司1998年版，第298页。

②孙立新、蒋锐主编：《东西方之间：中外学者论卫礼贤》，山东大学出版社2004年版，第28—29页。

③［德］夏瑞春编：《德国思想家论中国》，陈爱政等译，江苏人民出版社1989年版，第278页。

中国的兴趣达到了一个高潮”，为此，“我们应该特别感谢卫礼贤，他有那么多译作、论著，作了那么多学术报告”，还建立了中国学院，架起了东西方联系的桥梁。[①]

六、传教士对孔子儒家思想的深入研究

近代来华的传教士们，不仅翻译和介绍了大量儒家典籍，而且有一些人对儒家思想进行了比较深入的研究。通过这些研究以及他们在中国实际生活的体验，他们对于儒学在中国政治统治和日常生活中的地位有了比较深刻的认识。花之安曾说：“儒学包含了所有中国的教义和实践，它已经成为中国人宗教、社会和政治生活的特色。因此，儒学是理解中国和中国人的钥匙。”卫三畏（Samuel Wells Williams，1812—1884）也指出：“‘四书’、‘五经’……对千百万人的思想施加了无可比拟的影响……除了《圣经》以外，是任何别种书都无法与之匹敌的。”

这些致力于研究中国儒家文化的传教士大部分对孔子十分推崇和敬仰，认为孔子是一位伟大的道德家，在思想深度和影响上可与苏格拉底、柏拉图相媲美。理雅各曾说，孔子是“一个真正的伟人”，因为“对他的品格和观点研究得越深入，我就越尊重他”。花之安则认为，孔子是他那个时代“最有学问的学者”，是一个具有政治本能和社会感情的人。卫礼贤对孔子的学说尤其推崇备至，认为“凡所谓经济学说、社会学说，皆不如孔教”。西方人只知道爱国，其“国之下缺家，国之上缺天下，非孔教无以弥补之”。他们对以孔子为代表、以儒家文化为核心的中国传统文化也给予了高度评价。马礼逊认为，孔子的一生虽没有惊天动地的事迹，但他的箴言被历代帝王奉为“万世真理”。

---

① 引自李喜所主编，元青等著：《五千年中外文化交流史》（第四卷），世界知识出版社2002年版，第457页。

传教士们都很推崇儒教的道德思想，认为儒家思想是最完美的道德体系，而孔子比其他任何一位古代圣贤对善良行为的形成和发展都发挥了更大的作用。丁韪良明确指出，孔子是一个伦理道德教师，他提出的格言如同“金科玉律”，是儒学思想的首要原则，他倡导的仁爱与谦恭是所有美德中的重中之重。明恩溥说，正是孔子的教训使得中国人有着人类不依赖于神就能提出最高水平的道德法则，其水晶一样的信条一直是从历史上所能得到的最丰富的遗产。

不过，他们并不把儒家学说看作一种宗教，认为儒学是一种思想体系，而不是宗教。马礼逊称赞孔子是“一位智者和正直的人”，但他的思想不能称作宗教，因为孔子“不承认将来有天国的存在，也不承认人们对造物主应有的责任”。正是这种无神论思想成为中国公众信仰的基础，才导致中国人产生了极大的骄傲和不敬神的心理。明恩溥（Arthur H. Smith，1845—1932）认为，儒学只是一种道德哲学，“由于儒学没有限定人与某一个神的关系，而仅仅是提出了一种道德伦理体系，其学说显然不能被称为宗教”。英国传教士库寿龄（Samuel Couling，1859—1922）花费十余年时间编著的《中国百科全书》也曾概括说，儒教不鼓励对于一个人格神的信仰，不进行祈祷，不考虑人的永生，因此它不是西方意义上的宗教。他们发现中国人的孔子崇拜并不具有神性崇拜的意义。在作为儒教上层文人唯一的庙宇——孔庙中，孔子被奉为“圣人”，以表达人们对他的崇敬，但是人们并没有向孔子祷告，也不请求他降福或希望得到他的帮助。也就是说，中国人的尊孔并不具有宗教崇拜性。不过，他们也指出了儒学有某种宗教色彩。明恩溥认为：“儒教部分地可以看作政治和社会的伦理，部分地可以看作一种国家宗教，包括对自然、已故圣贤的灵魂和祖先崇拜。因此从一种观点说，它是宗教；从另一种观点说，它又不是。”库寿龄也说，儒家学说尽管不是宗教，但其中包含着可以发展为宗教的教义，而且它对于千百万人来说，已经成为宗教的替代品了。

丁韪良（William Alexander Parsons Martin，1827—1916）注意到，在中国，佛教和道教已陷入不可挽回的衰退状态，但纪念孔子的影响，依然像遮蔽着他的墓地的松柏一样充满活力。丁韪良承认孔子不是普通的教师，而是“中华民族的道德家”，其道德说教“依然维系着社会的秩序”。与他同时代的传教士一样，丁韪良也非常赞赏孔子的道德古训，尤其是“五伦”“五常”“孝悌”和“己所不欲，勿施于人”。他认为，“五伦”构成了“社会结构的整个框架”，“五常”是“社会安泰之本”。

丁韪良对于孔子对待鬼神和来生的说法持批判态度。虽然他认为在异教世界的圣贤中，孔子在德性和思想方面与基督最接近，但他尖锐地批评说，孔子强烈地倾向于不可知论，拒绝对人们看不到的东西做肯定的陈述。孔子所说的“敬鬼神而远之”“不知生，焉知死”“未能事人，焉能事鬼”，都成为他批评孔子的依据。丁韪良认为儒教是一种宗教，其依据是孔子把祭祀死者视为人的主要义务。他坚决认为，“这一点比其他任何东西都重要，正是这一点使儒教成为一种宗教，一直流传至今”。

七、融合中西文化的一条道路：“孔子加耶稣”

丁韪良对中国文化有着广泛的了解，阅读过相当多的中国典籍以及古代的许多文学作品，对于中国的历史、哲学、宗教和社会生活都有相当多的认识。一方面，丁韪良肯定儒家传统是中华文明的根基，对维系社会秩序、建立国家制度影响很大；另一方面，他又批评儒家为无神论和崇拜偶像开辟了道路，在中国人无理性的习惯方面留下了印记。孔子所宣扬的是一种哲学，而不是一种宗教，孔子总是有意地回避所有关于本体论和超自然的问题，因此可以比较肯定地说，儒教是主张无神论的。他依照基督教的标准，断言孔子并没有被奉为神，对他的敬拜纯粹是纪念性的。他由此得出结论：儒教不是中国人接受基督教的障碍。于是，他提出“孔子加基督”而非“孔子或基督”应当成为传教士向中国人宣教时遵循的法则。这跟利玛窦合儒、补儒终至超儒的路线一致，在祭祖、拜孔问题上态度开明。

丁韪良认为，儒教是中华文明整个结构的基础，其经典是中国的经典，所以传教士可以攻击佛教和道教而不招致民众的反感，但他们必须对儒教表示友好和尊敬，决不可以攻击它，而应该“竭力显示基督教作为一种神启宗教可以对付它”。大多数传教士在肯定以儒学为核心的中国传统文化有一定价值的前提下，主张“孔子加耶稣”（或称“耶儒合流”），即把儒家学说与基督教相结合，以便更好地传教。

实际上，“孔子加耶稣”的思想是19世纪30年代以后西方传教士所着力提倡的一种在中国的文化策略，是融合中西文化的一条道路。这个主张和当年利玛窦那一代耶稣会传教士传教策略的出发点是一样的。他们深刻地认识到孔子儒家思想的精神实质和在中国社会中的巨大影响，如果与这样伟大的思想体系对抗，是不可能实现他们的传教目标的。而突出儒家思想与基督教的共同点，借助儒家思想文化的影响力来论证基督教，则会为他们的传教事业开辟出比较顺利的道路。他们强调儒学不是宗教，但又有某些宗教性，论证他们“耶儒合流”的主张。他们认为，完全否定儒家文化既不合情理，也不现实，最好的办法是把二者结合起来。这样，既可以吸引一批士大夫容忍甚至接受基督教，也可以使中国基督教徒感受到基督教教义是更为完善的体系。

丁韪良写了大量文章来宣传“孔子加耶稣”的主张，他宣称，并不需要儒教徒放弃孔子是特殊宗师的信念，“孔子加耶稣”这一公式对儒教徒来说已经没有不可逾越的障碍。

林乐知（Young John Allen，1836—1907）是最早提出“耶儒合流”的传教士。林乐知到中国后，起了个中国名字，叫林约翰，后取中国名言“一物不知，儒者之耻”之意，更名林乐知，字荣章，有时常自称“美国进士”，这都显示出他对中国文化的浓厚兴趣。他努力学习中国文化，广泛结交社会名流。林乐知对中国社会和文化的了解日益加深。他反复思考的一个问题是：如何适应中国文化，让基督教在中国广泛传播。他认为儒家伦理思想中的许多精湛言辞与基督教伦理极为吻合。他用儒学来阐释基督教教义，甚至将“三纲五常”与基督教教义一一印证，认定二者情理相通，本质无异。

总之，在林乐知看来，孔子和耶稣如同一人，儒学和基督教本义相同。但是，林乐知认为儒家思想还不够完善，应该用基督教来弥补儒家思想的某些不足之处。

花之安在《自西徂东》一书中，以儒学中的仁、义、礼、智、信“五常”对中西伦理进行了对比分析。他认为，“儒学和基督教这两种体系有许多相似和相同之处，说明和了解这些有利于二者的信徒相互理解”，并指出了基督教和儒学的10多处相似点。他主张把孔子与耶稣结合起来，把中西方的伦理道德观念熔为一炉，以说服中国的君子们信仰基督教。

理雅各则强调说，儒教关于人的道德责任的教义是很有价值的，从它所津津乐道的四样东西——学问、伦理、忠诚、真实的后三样来看，与基督教中的摩西法律及福音书的论点是完全一致的，这些信条影响下的世界必将会是一个美好的世界。传教士们特别赞赏儒学的伦理思想，因为他们从中发现了其与基督教更多的相似之处。他们认为，“己所不欲，勿施于人”的儒学格言是基督教箴言“你们愿意别人怎样对待你们，你们就要怎样对待别人”的“反面金律”。明恩溥说：“它可以被看作儒学道德的最高点，也是基督教之外所有道德训戒的顶峰。”安保罗指出，孔子所说的“己所不欲，勿施于人”，同样也是基督教倡导的个体之人“守身之金箴”，耶稣教导其门徒“无论何事，你们愿人怎样待你们，你们就怎样待人”，其要义概括为一个字就是“恕”。总之，“孔子之高超远道，与基督教诲人伦常之道相合而无相背矣”。麦高温颂扬孔子倡导的忠、孝等观念，说：“如果一个人不是从小生长在中国，他便不可能理解（编者注：孝）这种伟大的美德在这位圣人的教导下是如何渗透到中国社会的各个方面的。”“忠”这个字眼经常激发出人们懒散的表面下深藏的民族之心，激起那郁积在人们心中沉睡已久的热情。

美国传教士卫三畏在《中国总论》中通过对中国历史的研究，充分认识到儒家思想在中国社会中的重要地位，认识到儒家思想对中国人的心理和行为的巨大影响。他认为儒家思想的许多精华，如伦理道德观、人格品性等都是值得人们乐以称道的。他在《中国总论》中首次将孔子的儒家学说和佛教、基督教以及伊斯兰教相提并论，认为它们同样具有永恒的价值。他认为中国需要基督教教义并不意味着要摧毁中国传统文明，而是要进一步完善后者，使它更加有价值。他认为，孔子哲学最大的特点是对尊长的服从，以及温和正直地与同辈人交往。孔子的许多思想都是值得赞扬的，就是与希腊和罗马圣人的学说相比，他的作品也毫不逊色。儒家哲学向内用功，也就是通过认识自己，进而认识和掌握整个世界。儒家的哲学又是一种实践哲学，注重在实际生活中的认知，注重实践层面的操作，而不把重点放在纯理性的思辨上。尽管他指出了儒家思想影响下的不少长处，但他仍然认为中华民族需要拯救。《中国总论》反复强调的一个论点就是：中国人不仅需要标志西方文明的技术，而且还需要耶稣基督的教义。他站在传教士立场上的西方文化本体论，希望建构出“孔子加耶稣”的思想模式。

李佳白也认为，传教士有必要吸收儒家教义，使传教活动与中国文化相适应。因此，李佳白在孔子的故乡，“着华服用发辫，一如华人仪式也”；同时，“一手握《圣经》，一手持‘四书’，如听众不愿听基督教，则另讲以孔教”。

| 第十三章 |
向西方推介孔子的中国学者

一、辜鸿铭：对儒学思想精义的经典阐扬

20世纪前期，在西方学者热衷于描写和想象中国的同时，也有一些中国学者和作家直接面向西方读者，为他们写作介绍中国及中国文化的作品。他们为介绍和传播中华文化做出了自己的贡献。

这里也有国内思想文化动态的背景。在20世纪30年代，也就是在新文化运动全盘反对儒家思想之后不久，在中国思想文化界就出现了中西文化的论战。一批被称为“文化本位主义”或“文化保守主义”的学者们以认同、回归民族文化传统为特点，认为经济、政治层面的现代化固然带来文化习俗、观念的现代化，但这种变化并不一定是全盘的，并不必然蕴含文化价值层面上的全面反传统。他们所主张的，实际上是要通过恢复传统文化的积极性因素和主体性功能，使其适应现代化的趋势，以重建和振兴民族文化。这期间，有十位教授联名发表《中国本位的文化建设宣言》，有“新儒学”思潮的出现，孔子的儒家思想以适应时代要求的新形式，得到了新的复兴和发扬。所以，尽管有过新文化运动的冲击，许多中国学者仍然坚持儒家文化的价值，仍然在理直气壮

地尊崇孔子，提倡儒学。这一情况是我们讲近现代思想史的时候经常忽略的。

在近现代中国学术界，辜鸿铭是一位非常突出的人物。辜鸿铭在西方读书的时期，正是西方文化保守主义也就是浪漫主义的盛行期，爱默生、阿诺德、纽曼、卡莱尔以及其他英国浪漫派诗人如柯勒律治、华尔华兹的学说，都对辜鸿铭的思想产生了影响，因此有学者认为，辜鸿铭“不仅在中国，乃至在整个东方世界，都可谓第一个系统接触、了解，并深受浪漫主义思想影响的人”。辜鸿铭在英国爱丁堡大学学习期间，师从英国著名文学家托马斯·卡莱尔（Thomas Carlyle，1795—1881）。卡莱尔强烈的批判意识，仿佛已经注入了灵魂深处。辜鸿铭深受其影响，成为浪漫主义的忠实信徒。同时，辜鸿铭进入西方社会之后一直生活在贵族化的家庭环境里，贵族家庭的保守性与对现实社会的批判性深深感染了他，使他对西方现代社会从开始了解就具备了深刻的批判意识。他厌恶欧洲工业革命造成的种种社会弊病，慨叹于欧洲道德的沦丧、文明的衰退。当卡莱尔对中国历史文化表现出极大的崇敬时，辜鸿铭感受到强烈的民族自豪感和使命感。

辜鸿铭阅读了大量西方著作，涉及文学、哲学、宗教、自然科学、政治等领域。他对弥尔顿、莎士比亚、歌德、卡莱尔、爱默生、阿诺德等人的作品和思想有深入的了解。辜鸿铭还遍游英、法、德、意、奥等国，认真详细地考察欧洲的政治、经济、文化，了解各国的风土人情、社会习俗。他对西方文明的种种弊端，可谓了解颇多。正是由于他对西方现代社会弊端的深刻认识，才使他摆脱了狭隘与浮躁，要做一个博大、深沉、纯朴、灵敏的中国人。

1882年，他转往香港，在那里住了三四年，继续学习中文，闭门苦读经史子籍。其间，他还专门到上海拜师学习古籍经典。1885年，辜鸿铭应邀入张之洞幕府，担任洋文案，深得器重，与张之洞闽粤相随约二十年。张府里聚集着一批国学根底深厚的幕僚，张之洞本人也是个旧学造诣很深的学者。辜鸿铭充分利用这一有利条件，认真请教。二十年他勤学不辍，博览经史子籍，诗歌词赋，“沉酣寝馈其中，积有岁年，学以大成”。1915年，北大聘辜鸿铭为教授，主讲英国文学。

辜鸿铭一生著述颇丰，且多用流利的英文写成，其中主要有：《尊王篇》

《当今，皇上们，请深思！日俄战争的道德原因》《中国牛津运动故事》《中国人的精神》等。

《中国人的精神》（又名《春秋大义》）是辜鸿铭向西方宣传中国传统文化的代表作，1915年在北京首次出版。书中力阐中华民族道德精神和中国文明的价值，倡导中国文化救西论。全书分为序言、导论、正文和附录四个部分。导论阐述“良民宗教”；正文第一章论“中国人的精神”，第二章论“中国的女性”，第三章论“中国的语言”，第四章论“约翰·史密斯在中国”，第五章论“一个著名的汉学家”，第六章、第七章论“中国学”，附录论“崇拜群众的宗教”（或名“战争与出路”）。

辜鸿铭撰写这些著作和文章，目的在于向西方宣传介绍中国文化，在西方人眼中树立正确的中国形象。因为在他看来，当时的西方人，特别是传教士们所介绍的中国形象，在很大程度上是不正确的或是歪曲的。对西方一些“大汉学家”对中国文化的诬蔑和歪曲，辜鸿铭表现出异常的气愤，他指责道：“现在外国人当中存在着一种错误的倾向，他们中有的不会中文，也不了解儒家学说，却是什么都研究；有的懂些汉语，却对中国知识浅尝辄止，不打算再作进一步的了解，动辄以汉学家自命，随便冠以中国学家的头衔，有的甚至还自诩为大师……”他指出，“迄今为止，所有外国学者关于中国学问和中国文学的研究成果缺乏人道的和实践的意义”，其错并不在于中国学问和文学本身，而在于传教士和汉学家的所谓研究上。[①]他还批评西方汉学家带着一种令人无法忍受的优越感来研究和认识中国，对中国人、中国历史和中国文化明显抱有偏见，他们的著作有意无意地歪曲中国人的形象、扭曲中国历史文化的本来面目和价值。他认为，西方汉学家们的研究十分浅薄，他们对西方人不能正确了解中国文化的真相和价值负有不可推卸的责任。他对西方汉学的发展一直保持关注，并随时发表批评意见。

所以，辜鸿铭写作的目的，就是要纠正由汉学家和传教士们造成的谬误，向西方人正确地宣传介绍中国文化。

---

①《辜鸿铭文集》（下卷），黄兴涛等译，海南出版社1996年版，第110页。

辜鸿铭在《中国人的精神》序言中说："事实上，要懂得真正的中国人和中国文明，那个人必须是深沉的、博大的和淳朴的。因为中国人的性格和中国文明的三大特征，正是深沉、博大和淳朴。"

辜鸿铭说，因为中国人用心灵过着纯朴的生活，人们对社会的认知是用心去思考而不是仅用脑来思考的。在人性问题上，儒家正统思想是"人之初，性本善"，因而整个社会处于一种理想状态中，在这个社会里没有个人，只有家庭。面对血浓于水的亲情，中国人的优秀品质就显现出来了。中国人之所以深沉，是因为每个人都有自己无比敬仰的领袖，都有自己家庭中可尊敬的亲人——父母兄弟，有自己"良民宗教"的"教堂"中供奉的祖先，面对先人的光辉与家人的期望，每个人都不得不深沉。中国人之所以纯朴，是中国几千年农业文明的结果。每个中国人都生活在对别人信任的基础上，而且中国传统的"忠义"之道使人们对每一个自己所给予期望的人以信任，因而在这个相互坦诚以待的社会有机体中，人们就不会有西方的"夏洛克"式的唯利是图，而是完全用心灵过着纯朴的生活。中国人之所以博大，是因为我们有广阔的历史文明，有辽阔的疆土。在这片开阔的土地上，人们创造了辉煌，也承受了巨大的苦难，而正是这些辉煌与苦难造就了中国人博大的胸襟。中国人之所以灵敏，是因为一个社会，尤其是中国这样一个庞杂的社会，每一个因子必须具有灵敏的品质，如果没有，则整个社会就不能正常运转。

辜鸿铭在论证"中国人的精神乃是一种永葆青春的精神，是族类不朽的精神"时说："是同情的或真正的人类智能造就了中国式的人之类型，从而形成了真正的中国人那种难以言表的温文尔雅。这种真正的人类的智能，是同情与智能的有机结合。它使人的心与脑得以调和。一言以蔽之，它是心灵与理智的和谐。"①

辜鸿铭以中国人的精神为突破口，对中国社会进行了深刻解剖。他接受孔子的论断——"天地之道，造端乎夫妇"。他从夫妻关系着手，反复论证

① 辜鸿铭著：《中国人的精神：汉英对照》，黄兴涛、宋小庆译，古吴轩出版社2008年版，第32页。

“无我”哲学，他认为“真正的中国妇女是没有自我的”，在中国，“女性的理想不是让一个男人终其一生去抚爱和崇拜她”，而是“作为一个妻子，要绝对地、无私地为丈夫而生活”。同样，中国男人的生存也是无我的，他“不仅对他的家庭尽责，还必须对他的国王和国家尽责，而且，在此过程中，他有时甚至要献出生命”。因此他论证中国男人奉行的是“忠诚教”。忠诚在儒学的经义中也是一种“无我”。所以他说：“除非外国人逐渐理解了这两种‘教’，中国人的‘忠诚教‘和‘忘我教’，否则他们绝不能够理解真正的中国男人，或真正的中国妇女。”

辜鸿铭还将儒家经典《论语》《中庸》《大学》等译成英文，在清末民初的中书英译中享有盛誉。

早在明清之际，来华的传教士们就陆续把中国典籍翻译成欧洲文字，19世纪后期来华的传教士如理雅各、卫礼贤等人，在翻译介绍中国经典方面做了大量的工作。这些译作虽然产生了很大的影响，但毕竟在语言、文化、思维方式等方面与中国人存在着巨大差异，很难完全表达出原作的本意。辜鸿铭早在1884年发表的《中国学》一文中就指出：理雅各翻译《中国经典》的工作不过是应时之需，虽然数量惊人，但并不都令人满意。他在英译《论语》序言中说：

> 自从理雅各博士开始发表关于“中国经典”翻译的最初部分，迄今已40年了。现在，任何人，哪怕是对中国语言一窍不通的人，只要反复耐心地翻阅理雅各博士的译文，都将禁不住感到它多么令人不满意。因为理雅各博士开始从事这项工作的时候，他的文学训练还很不足，完全缺乏评判能力和文学感知力。他自始至终都表明他只不过是个大汉学家，也就是说，只是一个对中国经书具有死知识的博学的权威而已。……尽管他的工作尽了力所能及的努力，是完全严谨的，但他却没能克服其极其僵硬和狭隘的头脑之限制，这是他的性情气质造成的结果。[①]

① 《辜鸿铭文集》（下册），黄兴涛等译，海南出版社1996年版，第345页。

辜鸿铭认为正是这些传教士和汉学家歪曲了儒家经典的原义，糟蹋了中国文化，从而导致西方人对中国人和中国文明产生种种偏见。为了消除这些偏见，他决定自己翻译儒家经典。1898年辜鸿铭在上海出版了他的第一本译著《论语》，1906年又推出了第二本译著《中庸》，后来他又翻译了《大学》。他在《论语》译序中声称：

> 我们只是想借此表达这样一个愿望：即受过教育的有头脑的英国人，但愿在耐心地读过我们这本译书后，能引起对中国人现有成见的反思，不仅修正谬见，而且改变对于中国无论是个人、还是国际交往的态度。①

他在《中庸》的译序中说：

> 如果这本出自中国古代智慧的小书能有助于欧美人民，尤其是那些正在中国的欧美人更好地理解"道"，形成一种更明白更深刻的道德责任感，以便能使他们在对待中国和中国人时，抛弃那种欧洲"枪炮"和"暴力"文明的精神和态度，而代之以道，无论是以个人的方式，还是作为一个民族同中国人交往的过程中，都遵从道德责任感——那么，我将感到我多年理解和翻译这本书所花费的劳动没有白费。②

辜鸿铭在翻译儒家经典的过程中，对儒家经典比此前一般传教士和汉学家有更为全面的贯通和深入的理解。同时，译文流畅自然，显示出高超的英语文学修养。辜鸿铭翻译儒家典籍的一个重要特点是：他运用西方话语，对中国文

---

①《辜鸿铭文集》（下册），黄兴涛等译，海南出版社1996年版，第346—347页。
②《辜鸿铭文集》（下册），黄兴涛等译，海南出版社1996年版，第513页。

化中的“仁”“义”“礼”等重要概念进行了独到的翻译。

林语堂对于辜鸿铭的英译儒经给予很高的评价。他在《从异教徒到基督教徒》中这样评价道：

> 他了不起的功绩是翻译了儒家“四书”的三部，不只是忠实的翻译，而且是一种创造性的翻译，古代经典的光透过一种深的了然的哲学的注入。他事实上扮演东方观念与西方观念的电镀匠。他的孔子的言论，饰以歌德、席勒、罗斯金，及朱贝尔的有启发性的妙语。有关儒家书籍的翻译，得力于他对原作的深切了解。

林语堂还指出，辜鸿铭翻译的《中庸》总体上“是如此的卓越聪明，同时又是如此的正确和明白”，“它使得现代人易于懂得”。他还对辜鸿铭没有翻译更多的儒家经典感到遗憾。

辜鸿铭倾毕生精力于阐扬、传播东方文化。他对孔子儒家思想和中华传统文化的介绍，对儒家经典的翻译，在当时的国际上享有盛誉，具有相当大的影响，他也成为西方人心目中的东方文化、孔子思想的代言人。西方人对他甚为推崇，尊之为东方文化的“圣哲”。当时西方人曾流传一句话：到中国可以不看紫禁城，不可不看辜鸿铭。

二、林语堂：把中国文化有效地推向西方

林语堂（1895—1976）是中国著名的文学家和学者。他在文学、哲学、红学、语言学和中外文化交流等众多领域都取得了巨大的成就，曾任国际笔会副会长，并被提名为诺贝尔文学奖候选人，在文学界和学术界都产生了深远影响，是一位跨越国界的世界文化名人。

1933年5月的一个晚上，美国女作家赛珍珠到林语堂家做客。当赛珍珠谈起不满于中国题材的外国作家的作品时，林语堂说：“我倒很想写一本中国的

书，说一说我对我国的实感。”赛珍珠说：“我盼望已久，希望有个中国人写一本关于中国的书。”在赛珍珠的鼓励下，林语堂用了十个月时间写出了这部叫作《吾国与吾民》的书。

《吾国与吾民》这部著作经赛珍珠推荐，于1935年在美国出版。林语堂用坦率幽默的笔调、睿智通达的语言娓娓道出了中国人的道德、精神状态与向往，以及中国的社会、文艺与生活情趣。他在该书中发挥自己“两脚踏东西文化”的优势，常用中西比较的眼光看问题。林语堂在自序中声称，本书不是为中国“伟大的爱国者”和西方的“爱国者”而作，只是为那些“没有失去自己最高人类价值”的人而写。

《吾国与吾民》全书共有九章，分别为“中国人民”“中国人之德性”“中国人的心灵”“人生之理想”“妇女生活”“社会生活和政治生活”“文学生活”“艺术家生活”“生活的艺术”。作者以一种整体式的笔触向人们展示了一位文化学者眼中的中国，其方方面面的精细描写让人重新认识一个伟大的国家。林语堂在书中追溯了中华民族曾经的辉煌，中国是一个一度雄视世界的强大国家，并为全世界做出了巨大贡献。在艺术文化和生活领域，过去的中国是遥遥领先的，令许多国家不能望其项背。然而在国内战争和帝国主义的侵略中，这个曾经充满活力与斗志的民族显得异常漠然。整个国家的漠然引发了作者的思考，力求探究中国的前途，寻找中国“成功地生存下去”的条件。

在该书的“中国人之德性”一章中，林语堂从民主性的角度粗略地勾勒了中华民族的特点，这些特点既包括了好的品质，也包括了一些很糟糕的东西。而且有些特点粗略看来并无大碍，甚至会被误认为是优点，但很值得细细地探究。依照林语堂的看法，中国人公认的“遇事忍耐”“退一步海阔天空”的思想就很要不得；在中国人中，这种品质被过分地发展了，从而演变成为一种“恶习”，即对暴政的屈服和逆来顺受的普遍心理，将中国引入了一个更为痛苦和艰难的境地。“遇事忍耐”之所以会成为中华民族的一个主导思想，很大程度上源于传统的家族制度，在当时“遇事忍耐”被曲解为“识大体”“顾大局”的代名词，从而扼杀了个人应有的地位和价值。

在“中国人的心灵”一章中，林语堂将“智力”摆在了首位，因为尊重脑力劳动者是中国文明的显著特点。作者对中国人的“智慧”表达了自己的担忧，因为在中国并不缺乏智慧，相反，过多的例如“超脱老狡”“避世洁身”这样的“智慧”，成为中华民族的隐患。作者认为“女性化”在中国人心灵中是具有普遍意义的，正因为如此，中国人的心灵又是“缺乏科学”的，而且还习惯用情理作为思考和判断的准则，这是与严密的逻辑推演相对抗的，却比后者更加尊重人性、更符合现实。

在“人生之理想”一章中，林语堂阐述了中国的人文主义、宗教、中庸之道（儒家思想）、道教和佛教思想，分析了这些因素在中国人思考人生意义的过程中产生的重大影响。在“妇女生活”一章中，他研究了“妇女的从属地位”“家庭与婚姻”“理想的女性”“女子教育”“恋爱与求婚”“妓女与姬妾”“缠足”“妇女解放”等当时中国的社会现象及问题。在“社会生活和政治生活”一章中，他回答了中国人缺乏公共精神的原因，揭露了家庭制度对社会的负面影响，并具体探讨了家族制度所造成的“裙带关系”、社会腐败及“礼俗”等社会问题。在“文学生活”一章中，他阐述了中国人对文化的划分，中国人的语言与思维，中国人对学术的盲目崇尚，中国的散文、诗歌、戏剧、小说以及国内的文学革命和西方文学对中国的影响，还分析了文学与政治的关系。“艺术家生活”通过介绍中国的艺术家、书法、绘画和建筑，体现出中国人的精神风貌。“生活的艺术”包括人生的乐趣、住宅与庭院、饮食、人生的归宿四部分内容。在后来修订本的最后一章“中日战争之我见”中，林语堂以中日战争为出发点，探讨了日本失败的结局和中国发展的趋势及未来的前途，反映了中国对领袖人才的呼吁和寻求。

《吾国与吾民》在美国出版后，获得了巨大的成功，引起很大反响。英国学者雷蒙·道森（Raymond Dawson）指出：“林语堂的观点在构成现代西方人对中国的观念上起了重要作用。”[①]赛珍珠在这本书的序言中说：

---

①［英］雷蒙·道森著：《中国变色龙——对于欧洲中国文明观的分析》，常绍民、明毅译，中华书局2006年版，第268页。

这本书问世了，正如所有伟大的书籍终会问世一样。它满足了以上所有这些要求。它实事求是，不为真实而羞愧。它写得骄傲，写得幽默，写得美妙，既严肃又欢快，对古今中国都能给予正确的理解和评价。我认为这是迄今为止最真实、最深刻、最完备、最重要的一部关于中国的著作。更值得称道的是，它是由一位中国人写的，一位现代的中国人，他的根基深深地扎在过去，他丰硕的果实却结在今天。

《纽约时报》星期日书评副刊发表克尼迪（R. E. Kennedy）的评论文章说："读林先生的书使人得到很大的启发。我非常感激他，因为他的书使我大开眼界。只有一个中国人才能这样坦诚、信实而又毫不偏颇地论述他的同胞。"美国《星期六文学评论周刊》也请著名评论家伯发（Nathaniel Peffer）撰写书评。伯发认为："林先生在欧洲美国都住过，能以慧眼评论西方的文化习俗。他对西方文明有着丰富的认识，不仅认识而且了解西方文明。他的笔锋温和幽默。他这本书是以英文写作、以中国为题材的最佳之作。"

扑面而来的盛誉，使《吾国与吾民》在欧美作家占据的世袭领地上一举荣登畅销书排行榜，1935年发行后短短的四个月时间，就创造了印刷发行七版的奇迹。它在世界各地供不应求，伦敦的威廉·海涅曼（William Heinemann）公司在1939年又出版了该书修订本，增加了"中日战争之我见"一章。该书后来成为林语堂在西方文坛上的成名作与代表作。

《吾国与吾民》是林语堂在西方文坛上推介中国的开始，也是中国人真正向西方世界宣传中国文化的开端。《吾国与吾民》出版后，1936年，夏威夷大学邀请林语堂前去执教，赛珍珠也一再邀请他到美国去写作。于是，林语堂在经过一番准备之后举家赴美，开始了他在西方文坛上的写作生涯。

1937年，林语堂在美国出版了《生活的艺术》。这是林语堂旅美专事创作后的第一部书，也是继《吾国与吾民》之后再获成功的又一英文作品。1938年，林语堂应兰登书屋约请，编写了《孔子的智慧》一书。

林语堂不仅撰写和翻译了一系列在西方引起广泛影响的著作，还经常在报刊上发表文章，介绍中国的抗日战争，为抗战做宣传，同时与各界人士有广泛的接触和交流。他的这些努力，在西方社会产生了广泛影响。我国著名学者乐黛云说："在中国没有一个人能够像林语堂这样把中国文化这么有效地推向西方。"在一些评论家看来，林语堂是文化界的龙凤，他的一生融会了东西方的智慧、风度和气质，是足比古代的仁者。

三、现代"新儒学"：文化保守主义的思考与努力

"新儒学"的出现是现代中国思想史上的一个重要现象。在中国哲学史上，曾出现过一次新儒学哲学思潮，那就是宋明理学。汉代经学衰微以后，道教兴起，乃至佛教风弥，儒家哲学长期受到这些所谓"异端"的挑战。正统思想家们经过几代人的努力，终于完成了对"异端"的消融改造，创立了新式的儒家哲学——受到佛教和道教影响的宋明理学。

近代以来，"中学"与"西学"或者"旧学"与"新学"的关系问题成了哲学上的中心问题。20世纪20年代，中国发生了轰轰烈烈的新文化运动。新文化运动是一次彻底的反对封建主义的思想解放运动，它的影响是深远的，它是中国近代思想史上的"文艺复兴"。但新文化运动的倡导者对中国传统文化基本采取简单化的全盘否定态度，反传统的呼声日烈并逐渐成为主潮。与对待传统采取全面否定的态度相适应，新文化运动的启蒙先贤们把全面移植西方文化视为革新中国的唯一出路。为了回应近代中国内忧外患下累积着的那些问题，也是深受现实中由新文化运动启蒙者们鼓倡而成的全面、激烈的反传统思潮的刺激，另一种类型的知识者以接续民族历史文化命脉的使命意识，从文化保守主义的学理立场进行着思考、探寻和努力，由此而有了现代"新儒学"的出现。新儒学是在中华传统文化应对西方文化冲击和挑战时做出积极反应的努力，也是儒家思想文化传统适应现代化需要的努力，其本身也可以被视作儒家思想文化现代化的一种尝试或探索。

20世纪50年代起，唐君毅、牟宗三、徐复观等第二代新儒家便将港台发

展成新儒学最重要的阵地，他们在台湾讲学、任教、创办杂志、出版著作、培养学生，其中尤以牟宗三与台湾的渊源最深。1958年元月，唐君毅、牟宗三、徐复观与张君劢四人在台湾《民主评论》上发表《为中国文化敬告世界人士宣言》（以下简称《宣言》），这意味着现代新儒家学术团体的形成。《宣言》尝试与西方学者沟通，指出西方汉学传统难以同情理解中国文化的生命精神，而中国文化的生命精神在于“心性之学”。心性之学对中国文化的发展有利有弊，利者在于心性之学让人得以挺立道德的主体性，领会到天道性命相贯通的纵向一体之义，是中华文化悠久不息之源；弊者则在于横向建设不足，未能充分发展出如西方一般的科学成就和民主政治，需要向西方学习。《宣言》彰显出了宋明理学以来的新儒学传统，并且开启了儒学的现代性转进之路，同时体现出台湾作为新儒学重要阵营的地位。

在新儒家这个学术群体中，有一些人拥有早年美国留学的经历，如冯友兰等，或者曾到美国进行过学术活动，如张君劢、贺麟等。而他们的一些后继者，如陈荣捷、杜维明、成中英、刘述先等人，则在美国开辟了儒学研究的新天地。他们不仅将前一代学者如梁漱溟、冯友兰、熊十力、方东美、唐君毅、牟宗三等人的著作和研究成果传播到美国，而且自身也出版了许多学术专著，并且与国际学术界有着广泛的交流。他们的研究成果及学术活动，使美国的儒学研究水平大大提高，使新儒学的理论和思想得到广泛传播。

陈荣捷（1901—1994）是最早开始在美国进行学术活动的第三代新儒学学者，是20世纪后半期欧美学术界公认的中国哲学权威、英文世界中国哲学研究的领袖，也是国际汉学界新儒学与朱熹研究的泰斗。陈荣捷对儒学有相当深入的研究，尤长于宋明理学的研究，是朱熹哲学研究方面的国际性权威。他认为，孔子“从总的方面铸造了中国文化”，在“特殊方面铸造了中国哲学”，为中国后来哲学的发展规定了方向并建立了模式；孔子所规定的中国哲学的显著特征是人文主义，孔子把人文主义变成中国哲学中最强大的动力，不仅确立了“正名”“中庸”“道”“天”的基本概念，更特别发展了“仁”的学说，使“仁”的概念成为中国哲学的中心问题；孔子最关心的是一个以良好的政府与和谐的人伦关系为基础的社会，主张“德治”；孔子关于“善”的标准是

“义”；孔子是中国历史上第一个把毕生精力奉献于教育事业的人。陈荣捷对朱熹有十分深入的研究，认为朱熹对中国思想产生的影响与孔子几乎相等，朱熹是过去八个世纪中儒家传统最权威的解释者，其思想学说影响整个东亚地区。陈荣捷在把儒家思想学说传播到西方世界方面做出了较大的贡献，被誉为“北美大陆的儒家拓荒者”。陈荣捷的著作主要有《朱学论集》《中国和西方对仁的解说》《西方对儒学的研究》《现代中国的宗教趋势》，此外还有中国文化和儒学方面的不少译著和编译著作。

作为现代新儒家学派的新生代学人，杜维明把自己“看作一个五四精神的继承者”，将儒家文化置于世界思潮的背景中进行研究，直接关切如何使传统文化与中国的现代化问题接轨。自20世纪80年代以来，杜维明通过借鉴哲学人类学、文化人类学、比较文化学、比较宗教学、知识社会学等跨学科研究的方法，比较多地阐发了儒家思想的现代意义和儒家第三期发展的前景问题，勾画了当代新儒学理论的基本构架，在东亚和西方世界产生了相当大的影响。

杜维明早年以研究宋、明儒学思想而成名。但是进入20世纪80年代以后，他讲的最多的是儒家思想所具备的现代意义等内容。他提出要从三个层次上回应西方文化的挑战。第一是超越的层次。主要是指儒家对于基督教所提出的问题，尤其是对基督教徒关于超越的理解和身心性命之学应有创造性的回应。第二是社会政治的层次，他非常希望儒学和马克思主义进行深入的对话，并在其中找到结合点。第三个层次是所谓的“深度心理学”，如弗洛伊德的学说，特别是关于人性阴暗面的理论。他认为存在主义等思想和这种深度心理学也有某种联系。他认为儒家对人性阴暗面的理解比较肤浅，因此期望在人性论上能回应深度心理学的挑战。杜维明认为儒学必须面临美国文化、欧洲文化、东亚文化（即工业东亚）的挑战，把它的真正内涵在一个多元的文化背景中展示出来，并在这些文化中播种生根，然后才能以康庄的姿态回到中国，健康地发展。他自称“对此相当乐观”。在全球意识与寻根意识的两极张力下，杜维明对儒学第三期复兴的前景做出了展望。他要以儒学的“文法”理解和讲述西方文化，或者用现代西方文化的“词汇”来丰富和润泽儒家传统，再用以这种方式达到第三期发展的儒家传统重新涵盖中国文化。这就是他的结论。杜维明认为，儒学文明至今仍然具有作为全球轴心文明重要组成部分的精神力量，具有现代价值。在当代世界的文明对话中，以儒家、道家和大乘佛家为代表的中华文明应该是十分积极的参与者。

杜维明对儒学精神的现代认同与显扬，做了大量艰苦又颇具开拓性的工作。这集中体现在他以《人性与自我修养》《儒学思想：以创造转化为自我认同》《中庸：论儒学的宗教性》等为代表的一系列著作中。杜维明在世界性的现实经验和文化背景下产生的“全球意识”与“寻根意识”的冲突中，广泛地吸纳各种现代思想资源和哲学理念来论证自己的命题和观点，取得了一系列学术成果，在世界范围内产生了广泛的影响。

成中英的研究领域为中西哲学比较、儒家哲学及本体诠释学。其治学基本思路是深入西方哲学的核心，弘扬中国哲学的精华，推动融合中国哲学的世界哲学的创立。他的学术著作有《本题与诠释》《道与心：成中英自选集》《论中西哲学精神》《知识与价值》《易学本体论》《中国哲学与中国文化》《科学真理与人类价值》《合外内之道：儒家哲学论》等，以及学术论文近百篇。

成中英为学以西方哲学家奎因的本体论和方法论思想为基础，博采中国古代诸家之长，形成自己的思想体系方法，主要体现为他的本体诠释学。他的本体诠释学的原则，从语言、概念、观念和本体上沟通中西哲学，对中国哲学进行“解构”，以达到“重建”和“创新”，使之现代化，并走向世界。本体诠释学深受西方哲学的影响，特别是受后者的理性分析方法的影响。但它的最终指向是中国哲学，因为作为诠释的最高层级的哲学本体，是以一体二元的生命本体为依归的，知识也统一于心性论，即所谓价值的知识论。在创立本体诠释学之前，成中英长期埋头于对《周易》的研究中，玩易观象甚深，他的“和谐化”洞见、有关的系统观和思维原则，就是源自《周易》，得自《周易》的熏陶。在成中英的研究中，中西比较哲学一直是他的重点。所以，尽管从表面上看，本体诠释学的西化色彩较浓，但它的根确确实实深植于中国哲学的观念之中。

成中英从20世纪80年代初开始提出本体诠释学的构想，随后发表过一系列的演讲，也写了不少的文章，在世界范围内引起一些反响。他说自己的研究，阐述了儒家哲学与现代性的关系，也陈述了儒家哲学亟须开拓的价值与意义。更重要的是，发掘儒家哲学内在的义理结构与人性指挥，力求其整体的圆融一致。“我的基本方法是把儒家的思想做深度哲学的处理，而不是只问其如何与现代接轨而已。我认为如果我们能对儒家的思想作最大幅度的哲学的理性的理解，儒家思想的现代性、后现代性与后后现代性也都会有适当的定位和公平的评价。尤其在补足西方文化的价值缺陷、促进中国文化与社会的进步发展和开拓世界人类的价值前途（包含生命伦理、生态伦理与经济伦理等方面）这三大课题上，儒家哲学都可以作出非常重大的贡献。”[①]

成中英运用西方哲学的方法对儒学进行研究，认为孔子以“仁”为中心，深切关注整个人类的福祉，孜孜不倦地探求自己内在和外在的生命意义与真理；孔子以一种自我修养及精神成长的内在历程，成为现代人心灵与精神的具体范例。成中英对宋明理学也有一定的研究，他综合孔子、二程、朱熹的哲学，认为儒家思想的基本命题是理知即良知，良知即理知，知识与道德二者互为基础，这是中国哲学独有的智慧。这一智慧可以解救西方理性主义在现代社会中所遇到的困境，从而使人类文明沿着正确方向健康发展。成中英对中国哲学如何落实到现实社会中去的思考，主要在管理哲学方面有一定论述，以为中国哲学能够应用到现代管理科学中去。

刘述先是美国南伊利诺伊大学哲学博士，曾任台湾东海大学副教授、南伊利诺大学哲学教授、香港中文大学哲学系讲座教授、台湾“中研院”中国文哲研究所特聘讲座教授。他以“传统思想的疏释”“传统与现代接合的构想”“系统哲学的探索”为治学重点，立志建构“一套哲学，一方面继承中国哲学的大传统，另一方面又能面临现代的挑战”，著有《中国哲学与现代化》《大陆与海外——传统的反省与转化》《儒家思想与现代化》《传统与现代的探索》《儒家思想开拓的尝试》等。

刘述先对西方哲学有相当深入的了解。其父亲刘静窗与熊十力关系甚密，

---

① 杨永明主编：《当代儒学》（第8辑），广西师范大学出版社2015年版，第214页。

由于家学的影响，刘述先对儒学的研究颇受熊十力弟子唐君毅、牟宗三、徐复观等当代新儒家的影响。他既不认为自己是新儒家，也不反对别人说他是新儒家。他说："重要的不是名词，而是实质。儒家的传统是，孔孟认为人有内在的泉源，进一步发挥为社会伦理的网络，这是儒家思想的精华。如果你认为这种思想是新儒家，那么我就是新儒家。……我自己不反对被称为新儒家，但有许多想法与传统思想有极大距离。"①

刘述先主张维持儒家的理想，尽力阐述孔子思想的现代意义，认为中国传统文化中的许多东西确实已不适用于今天的现实，所表现出的抱残守缺会阻碍时代的进步，但儒家有其真精神，那些只守着儒家外在躯壳而丢弃内在真精神的人，不是真儒者，而是儒家的罪人。儒学最中心的本质就是"内在仁心的亲切体证"，他把孔子的"仁"解释为普遍的同情心，根据朱熹以"生"释仁的思想，把仁视为创造、刚健、不断开拓的精神力量。刘述先认为，儒家的生命哲学与生命情调，是一种真正的开敞的生命观，与抱残守缺的闭锁心灵截然不同，从长远的眼光来看，儒家的生命哲学与生命情调，将在中国文化的发展上成为一个重要的支柱，甚至在世界的哲学里也是如此。为了用现代方式阐述儒学的价值，刘述先借用西方哲学的"超越性""内在性"的范畴来分析儒家的"天人合一"理论，以表达他关于人的内在生生不息的精神生命源泉的思想。

美国的新儒家具有深厚的西学基础，这就使他们坚持的儒家思想与西方文化的平等对话成为可能。他们以非常开放的心态，使用了有广泛意义的综合方法，把现代西方最流行的过程哲学、分析哲学、解释学、现象学、存在主义、结构主义等各种哲学与中国哲学融为一体，建构起一套对话派的新儒学和诠释派的新儒学，丰富了儒家思想的内容。他们力求使中国传统哲学现代化，达到东方与西方的融合、人文精神与科技精神的共存、价值理性与工具理性的平衡，以满足中国发展科学民主的现代化需要，又能解救西方现代化以后遇到的人文价值失落的危机。美国新儒家的这些工作，使西方学术界

① 转引自向世陵主编：《理学与现代新儒学》，长春出版社2011年版，第40页。

进一步加深了对中华文化和孔子儒家思想的了解和认识，特别是对于儒家思想的现代意义有了更多的了解，并把儒家思想作为东西方文化对话的一个方面。儒家思想与西方哲学的对话，成为西方现代学术界发展的一个值得关注的动向。

| 第十四章 |
西方思想家与孔子的对话

一、矛盾性评价：赫尔德对孔子思想的看法

在18世纪，与英、法两国文学艺术家们对中国和中国文化很感兴趣一样，德国的学术思想界也很重视中国和中国文化。1724年，毕尔芬格（Bülffinger）编辑的拉丁语《孔子格言》出版；1794年，舒尔茨（Ch. Schuukl-tze）编辑的德文《孔夫子的格言与警句》出版。孔子的伦理思想进一步普及到民间。

由于传教士们的介绍以及莱布尼茨、沃尔夫等人的大力宣扬，18—19世纪的时候，德国学术界已经具备了较为丰富和具体的中国知识，中国哲学和中国文化已进入德国哲学家们思辨的视野，孔子及其学说进入到与西方哲学对话的层面。如18世纪后期德国最重要的哲学家康德（Immanuel Kant，1724—1804）在晚年谈话中，就曾谈到中国的大运河、长城、民族习俗、语言文字、法律、宗教等方面的情况，他还提到孔子哲学，称孔子是“中国的苏格拉底”。

与康德同时代的德国文艺理论家赫尔德（Johann Gottfried von Herder，

1744—1803）在18世纪德国的文学复兴中扮演着极为重要的角色，他也影响了“狂飙及跃进时代”的兴起和浪漫主义文学。他在《关于人类历史的哲学思想》一书中论及了中国文化。赫尔德生活的时代，风行一时的“中国热”已近尾声，他在其著作中提到了当年中国文化在欧洲受欢迎的情况。他说：“中国的哲学，首先是中国的政治道德学……在欧洲备受欢迎。德国的莱布尼茨、比尔芬格（编者注：Georg Bernhard Bilfiger，1693—1750）、沃尔夫都对它表示了关注，尤其是沃尔夫对它几乎表现出以往不曾有过的狂热。在法国，中国人的经籍以各种不同版本刊行，法文译本以其优美流畅的文笔表达出中国人的智慧……”“中国人这种优越的国家政体主要经传教士介绍，在欧洲家喻户晓，人尽皆知。不仅那些喜爱思辨的哲学家、甚至就连政治家们也都几乎称赞它为安邦治国的最高典范。”①赫尔德充分肯定了中国文化对世界文明的伟大贡献，他指出：

> 中华民族那种吃苦耐劳的精神、那种感觉上的敏锐性以及他们精湛的艺术，都将永远受到世人称赞。在瓷器、丝绸、火药和铅的发明制造方面，或许还有指南针、活字印刷术、桥梁建筑、造船工艺以及许多其他精巧的手工艺术方面，中国人都领先于欧洲人，只是他们在精神上缺乏一种对几乎所有这些发明艺术做进一步改进完善的动力。②

但是，赫尔德从他的美学观点出发，对受中国艺术影响而形成的洛可可风格持激烈的批评态度，抨击洛可可风格的精雕细琢、矫揉造作。连带而及，赫尔德也对中国文化进行了多方面的批评。

赫尔德对于中国和中华文明的基本判断，继承了18世纪孟德斯鸠（Mon-

---

① 引自［德］夏瑞春编：《德国思想家论中国》，陈爱政等译，江苏人民出版社1989年版，第97、84页。

② 引自［德］夏瑞春编：《德国思想家论中国》，陈爱政等译，江苏人民出版社1989年版，第92页。

tesquieu，1689—1755）等人对于专制主义的批判和亚当·斯密（Adam Smith，1723—1790）等人的中国发展停滞论的观点。“专制主义”和“社会停滞状态”也是19世纪西方中国观的基本出发点，赫尔德从社会教育和道德规范的角度来论述这一观点。他认为中国具有某种独一无二的、不可改变的“东方性”。赫尔德说：

> 对我来说，孔子是一个伟大的名字，尽管我马上得承认它是一副枷锁，它不仅仅套在了孔子自己的头上，而且他怀着最美好的愿望，通过他的政治道德说教把这副枷锁永远地强加给了那些愚昧迷信的下层民众和中国的整个国家机构。在这副枷锁的束缚之下，中国人以及世界上受孔子思想教育的其他民族仿佛一直停留在幼儿期，因为这种道德学说呆板机械，永远禁锢着人们的思想，使其不能自由地发展，使得专制帝国中产生不出第二个孔子。①

赫尔德认为，中国人吃苦耐劳、乐天知命，对专制君主百依百顺，创造出了令世人惊叹的工程或艺术，如道路、运河、假山、万里长城。但这无法阻挡这个民族的衰落，因为专制政治与奴化教育窒息了这个民族文明发展的生机。他说：“这种束缚人的理智、才干与情感的幼稚的做法势必削弱整个国家的实力。如果教育只是矫揉造作的形式，倘若虚假与规矩充斥并束缚生活的各个方面，那么国家还会有什么巨大的作用！人类思想和精神还会有什么崇高的作用！”②专制主义窒息了民族的创造性和文化活力。他认为：“拿欧洲人的标准来衡量，这个民族在科学上建树甚微。几千年来，他们始终停滞不前。我们能不对此感到惊讶吗？就连他们那些谈论道德和法令的书本也总是变着法儿，反反复复、详详细细地在同一个话题上兜圈子，千篇一律地吹捧那种孩童的义

① 引自［德］夏瑞春编：《德国思想家论中国》，陈爱政等译，江苏人民出版社1989版，第91页。

② 引自［德］夏瑞春编：《德国思想家论中国》，陈爱政等译，江苏人民出版社1989版，第88页。

务。他们的天文学、音乐、诗歌、兵法、绘画和建筑如同千百年前一样，仍旧是他们永恒法令和千古不变的幼稚可笑的政体的孩子。”[①]

赫尔德之后的德国哲学家，如费希特、费尔巴哈等，都对中华文化给予了关注，而黑格尔（Georg Wilhelm Friedrich Hegel，1770—1831）关于中华文化的论述代表了当时德国思想界的总体看法。

黑格尔和他同时代的其他学者一样，具有较为丰富的中国知识。黑格尔在1822—1823年开始在柏林大学讲授《历史哲学》时，他将三分之一的时间都用在准备“绪论”和“中国”一章上面去了。他曾读过冯秉正翻译的《通鉴纲目》，读过来华传教士们编译的《中国丛刊》和钱德明的《关于中国人的追述》，利用过法国学者关于中国文学的研究，包括雷慕沙（Jean Pierre Abel Rémusat，1788—1832）的《关于老子生平与意见的追述》。从黑格尔本人的自述来看，他还很可能读过《论语》《易经》《道德经》等中国典籍的译本，如柏应理的《中国哲学家孔子》以及马嘎尔尼出访中国的报道。黑格尔对前代人的中国研究也很熟悉，例如他曾多次提到莱布尼茨和孟德斯鸠的有关论述。黑格尔哲学的研究者威特福格尔（K. A. Wittfegel，1896—1988）指出：“黑格尔借着这种种巨量的参考材料，自己感觉着有了不少的知识上的培养，我们现在确已十分认识中国了。我们已有了中国文学和它的全部生活，以至它的历史之深切的知识。”[②]

黑格尔说孔子的哲学“是一种道德哲学”，“他的著作在中国是最受尊重的。他曾经注释了经籍，特别是历史方面的（他还著了一部史书）。他的其他作品是哲学方面的，也是对传统典籍的注释。他的道德教训给他带来最大的名誉。他的教训是最受中国人尊重的权威”。黑格尔比较了中国人和西方人的道德，他认为，道德在中国人看来是一种很高的修养，道德义务本身就是法律、规律命定的规定，这是“一个国家的道德”；而西方是法律的制定以及公民法

---

① 引自［德］夏瑞春编：《德国思想家论中国》，陈爱政等译，江苏人民出版社1989版，第89页。

② 引自忻剑飞著：《世界的中国观——近二千年来世界对中国的认识史纲》，学林出版社2013年版，第253—254页。

律体系即包含有道德本质的规定，所以道德即表现并发挥在法律的领域里，道德并不是单纯地独立自存的东西。黑格尔认为，孔子的道德是国家的道德，孔子的哲学是国家的哲学，因此，孔子的道德哲学在中国延续了数千年而不衰。

黑格尔对于中华文化和孔子儒家思想的评论，是在19世纪上半期西方哲学与中国思想的一次直接的对话，这是在哲学层面上的对话，是体现人类意识的高层次对话。

二、终极关怀的觉醒：雅斯贝斯论中国哲学

自从17世纪开始，孔子思想经来华传教士的译介以及启蒙思想家的推崇，特别是19世纪新教传教士们及西方各国汉学家们的大力宣传，西方学术界对孔子的儒家思想已经比较熟悉了。对于20世纪的西方学者来说，孔子儒家思想已经是人类思想史上不可或缺的重要组成部分。孔子儒家思想已经进入他们的知识体系并作为他们的思想背景而存在。所以，西方的许多学者，包括哲学家、心理学家和社会学家等，如雅斯贝尔斯、海德格尔、荣格、马科斯·韦伯、汤因比等人，都注意吸收先辈们研究孔子思想的成果，也在相关的论述中涉及对孔子儒家思想的评论。他们的这些评论，都是现代西方学术界与孔子思想进行哲学对话的一部分。

雅斯贝斯（Karl Jaspers，1883—1969）是20世纪德国著名哲学家，存在主义哲学主要代表之一。在他的哲学和历史研究中，也多次提到中国及中国文化。

“轴心时代”是雅斯贝斯历史哲学中的中心概念。他认为公元前800年至公元前200年，尤其是公元前600年至公元前300年，是人类文明的“轴心时代”。在他看来，在那个时代，古希腊、希伯来、中国和印度的古代文化都发生了“终极关怀的觉醒”。

雅斯贝斯一直关注着东方思想，对中国文化有着浓厚的兴趣。早在20世纪30年代初，雅斯贝斯就预感到了“世界哲学”的时代即将来临。自1922年

起，他在哲学史研讨班中开始吸收大量印度思想和中国思想。在20世纪30年代，他潜心研究亚洲思想，特别是中国思想。

雅斯贝斯研读了大量中国典籍。他熟悉理查德·威廉的译本《孔子与孟轲或孟子的谈话》《道德经》《易经》《黄金甲的秘密》，以及阿尔弗雷德·佛尔克的《中国哲学史》等。他也接触过禅宗佛教，例如日本学者铃木大拙的《楞伽经研究》，并且接触过日本神道教。他还仔细阅读过法国汉学家马塞尔·葛兰言（Marcel Granet，1884—1940）的《中国人的宗教》《中国文明》《中国人的思维》。此外，他读过关于中国童话、传说和庆典方面的著作，例如《中国鬼神与爱情故事选》。雅斯贝斯尤其专心研究中国的文学作品。除诗歌外，他也阅读著名长篇小说，当时这些小说是由弗朗茨·库恩译成德文的，例如《好逑传》《金瓶梅》《红楼梦》《水浒传》《三国演义》。晚年时，他对中国文学依旧兴趣盎然，爱不释手。对他来说，阅读中国诗歌和小说跟读中国哲学一样重要，因为他接近中国文化，并非仅仅作为哲学家或博学的人接近，而是作为一个普通人接近。

第二次世界大战后，雅斯贝斯首次对中国公开发表言论，阐明了他自身与亚洲特别是与中国相知相遇的意义。他在演讲《论欧洲精神》中表达了自己对中国文化的认同。

但是，与胡塞尔（Edmund Husserl，1859—1938）、海德格尔（Martin Heidegger，1889—1976）等人的立场不同，雅斯贝斯把转向亚洲、回归亚洲本身视为欧洲人内心深处的转向，即在一面“镜子”中，认出欧洲未曾实现的那个人类的可能性。因此，他一再强调，中国对他而言几乎成了第二家乡，在这里，他仿佛就在家里一样。在此，所谓“家乡”“在家里”意味着一种人性之中的“在家”，一种生存状态的“在家”。

雅斯贝斯认为，他在中国发现了超出任何一个西方国家所赢得东西时的那种不可逾越的真理和深邃的安宁。在中国，他还发现了无比深刻的政治伦理思想。对他来说，中国比印度更像是第二故乡，因为中国这面镜子能够更多地给他指明人类的可能性。

在世界哲学史巨著《伟大的哲学家》中，雅斯贝斯专章讨论了孔子其人其说。他写道："与人打交道乃是孔子生命的要素"，因为"人的本质只有在人的共同体中才是现实的"。因此，他要求摈弃关于孔子的种种陈词滥调，即源自后世的"种种僵死而空洞的措辞"，例如孔子是"保守的思想家""纯粹的理性主义者""正直的道德主义者"等。孔子的"道义与政治伦理"追求社会道德崩溃时代中的一种道德重建，而这种道德重建也正是第二次世界大战后雅斯贝斯政治伦理思想的基点。

在雅斯贝斯看来，"末世"从未成为孔子的主题，但是面对来自深度和广度的"尺度和冲动"的根源，孔子义无反顾，率先确定某种"知其不可而为之"的准则。首先，这意味着孔子意识到了我们知识的界限，但更重要的是，在他那里，大全作为"存在"是人类生活的"背景"。其次，这也意味着，不可把孔子与老子简单当作对手来把握。雅斯贝斯把孔子与老子这两位中国大思想家誉作休戚相关、相辅相成的"对极"，从而排除了在某一哲学体系中把握其统一的可能性。换言之，只有在"善于思考又富于阐明生命的中国人的智慧"之中，才能把握到孔子与老子的统一。

三、清醒的宗教、未醉的民族：韦伯论儒家与资本主义

20世纪上半叶，主导西方对中国思想文化研究趋向的是马克斯·韦伯的理论。韦伯认为，西方由于它的新教伦理精神，才生出近代西方的资本主义。相反，中国的儒家伦理没有西方理性的向外发展的精神，它的理性主义是理性地调适现实世界而不是主宰现实世界。在韦伯看来，中国缺乏资本主义发展的社会学基础，无法生出资本主义和现代工业文明。韦伯的这一论断长期被西方学者奉为中国社会思想史研究的圭臬。

马克斯·韦伯（Max Weber，1864—1920）是德国著名的社会学家、历史学家、经济学家，德国社会学的创始人之一。韦伯认为，西方世界在宗教改革以后所形成的基督教新教，对于西方近代资本主义的发展起了促进作用。因为新教伦理不仅和资本主义精神有着一种内在的亲和力，而且是导致资本主义制

度形成的决定力量。韦伯认为，中国之所以没有成功地发展出像西方那样的资本主义，是因为缺乏一种宗教伦理可以作为推动资本主义发展的有力“杠杆”。

1915年，韦伯出版了《中国的宗教：儒教与道教》一书，作为他称之为“世界宗教的经济伦理”的整个系列考察的一部分，从社会、经济、政治、法律等方面对中国传统社会进行了系统的研究，论述了中国的“社会学基础”。

韦伯首先论述了中国社会的经济和政治制度，指出中国的政治制度、血缘关系、农业制度和法律制度存在许多不利于资本主义发展的条件。韦伯着重讨论了中国未能发展出资本主义的原因。韦伯认为，中国有过很富足的经济和令人叹为观止的古代灿烂文化，这些都是中世纪以前西方诸国所无法媲美的。但是在进入近代以后，欧洲经历了宗教改革和启蒙运动，在社会生活理性化方面逐渐后来居上。相比之下，中国社会却逐渐走入下坡路，最终导致资本主义“理性的社会劳动组织”形式未能在中国率先产生。儒教的影响是其中的一个原因，韦伯把其他原因归结为中国的“社会学基础”。为此，韦伯从社会、经济、政治、法律等方面研究中国传统社会，从物质性因素和精神性因素两个方面来研究中国宗教与中国社会的关系。

在韦伯看来，中国之所以没有发展出资本主义，除种种的物质因素外，最基本的原因是缺乏一种像禁欲的新教教义那样的精神气质。韦伯集中考察了理性资本主义无法在中国出现的精神因素。作为居于统治地位的意识形态——儒学（或儒教），始终固着于传统主义，对世界所采取的是适应，要“复礼”“克己”，而不是创造性地把握世界的态度。而道教，崇尚“无为”，无力改变儒教的传统主义。结果是儒教的传统主义加之其中的“君子不器”思想，使得中国的社会经济在当时没能向西方的资本主义道路发展。韦伯认为，中国的宗教具有与社会的制度结构相一致的特点。儒教和道教都有强烈的传统主义色彩，儒教长期以来是统治阶级的意识形态，道教则以民间宗教的形式流传。儒教的主要社会基础是知识分子和官僚阶层，知识分子讲理智，官僚讲现实，在这个意义上，儒家思想具有明显的入世和理性主义倾向。“治国平天下”表现了儒家的入世抱负，“子不语怪力乱神”表明了儒家漠视巫术和魔力的理性主义倾向。事实上，这种入世和理性主义并不彻底，儒教“修身、齐家、治国、平天下”的政治抱负是建立在“格物致知”“诚意正心”的信念伦理基础之上的，而不是主要与世俗社会生活的理性化相联系的。对巫术和魔力的漠然，主要是因为这与君子的生活无关，而并非真正的否定。儒学的内涵与其说是宗教，不如说是伦理、礼仪的体系和实践经验的结合。它的基本态度是不否定现世，也不逃避世界，而强调对世俗的适应。它把追求内心世界的至善至美尊崇为“德”。其理性主义和入世态度主要是寻求“德”的方式与传统主义相结合，而不是引导人们将世俗生活本身理性化。

韦伯认为，士人阶层自古以来就是传统中国社会毫无争议的统治阶层，他们的思想和言行是维护现存社会统治阶级的利益。他们所表达的价值体系——儒教，纯粹是一种入世的道德伦理体系。儒教的核心教义“道”（不是道教中的“道”），是隐藏在宇宙和人类社会之中的一个和谐、寂静与均衡的不变法则。这种法则要求人们将自己所处的人世看作“即存之物”，且无条件地加以接受。为了理性地适应这个“即存世界”，儒教主张通过传统的经典教育造就完美的“中正平和的人格”。所以，儒教认为，中庸之道才是宇宙和社会的不变原则。人们必须小心谨慎地提高自我修养，以此来降低人与社会之间的紧张感，抑制由狂欢、乐极的活动所引发的非理性情感和念头，这样就可以达到长寿、健康以及流芳百世的目的。

儒教认为，“五伦”——君臣、父子、兄弟、夫妇与朋友之间的关系——是“即存世界”的结构核心。在这些关系中，“孝道”是根本的道德义务。农村中的血缘组织（氏族），借助“孝道”和祖先崇拜这两大精神支柱（或称“精神法则”），把其成员的行动牢牢地限制在血缘与私人团体的小圈子里，并助长血缘关系的维系和发展。这种以孝道为核心的家族伦理，不但维系和支配了农村的人际关系和社会关系，而且扩展到抑制整个中国的各种组织中。在这种伦理的支配下，所有的共同体、社会组织的行动都被系于“人”，而不是系于功能性的职务——“事业”。在各种群体和社会组织中，缺少角色分工和事务的功能划分，一切由有家族性权威的人来决定。在韦伯看来，这种孝道严重地影响了中国资本主义精神的形成，因为它无助于资本主义“理性的社会劳动组织”的形成。

所以，韦伯把儒教列为清醒的宗教，把中华民族列为未醉的民族。但他也清楚地看到了，“中国人的精神灵魂从来未被哪位先知或神圣革过命，中国人的性格从不受哪位超凡的伦理神的影响。担任这种角色的只有受传统与习惯制约的精神权威——家孝”[①]。

四、在中国发现文明的曙光：汤因比的新中国观

英国历史学家汤因比（Arnold J. Toynbee，1889—1975）以十二大卷的鸿篇巨制《历史研究》著称于世。

汤因比曾长期在伦敦大学教授希腊语言与历史学，但他不是个纯书斋型学者。他曾数次进入英国外交部工作，“一战”后作为英国代表团成员参加过巴黎和会，从事过情报工作，当过《曼彻斯特卫报》的战地记者，还于1925—1955年担任过英国皇家国际事务学会外交研究部主任。1929年11月16日，他首先来到了中国东北，先后访问了沈阳、哈尔滨和大连，接着进入北京，在此逗留半个多月，然后赴上海，途中专访了当时英国的租借地威海卫，在上海期间还去了一趟南京，最后从上海乘船离开，此时已是1930年的1月3日了。中国其实仅是汤因比为期半年的环球旅行的一部分，但他把自己旅途即写即发的全部记述结集后命名为《中国之旅》出版。

汤因比对中国东北的兴趣可以被看作一位长期致力于国际关系研究的专家对浓缩在该地区的中日、中苏关系的职业兴趣。他把北京称作“世界的首都”，北京在他的眼中“非常壮观，一点也不逊色于罗马、纽约或君士坦丁堡”。他走访了许多名胜古迹，如城内的北海、景山、天坛、元大都遗址、国子监、故宫，郊区的西山大觉寺、十三陵。

汤因比在南方感触较多的是中国的农民起义和革命运动，如太平天国、辛亥革命、国民革命等。在南京，他有机会接触国民政府的高层，但他看不惯这

---

① 沙莲香主编：《外国人看中国人100年》，山西教育出版社1999年版，第284页。

些官僚“蔑视过去、鼓吹当前、迷信未来”的嘴脸。他指出：在相互对立的政府、党派、军阀的争夺中，最终获胜的那一方并非因为用武力取得了统一，而是因为赋予了人民其内心深处最想要得到的那些东西。

汤因比在中国之旅三十余年后最终完成的《历史研究》有多处谈到中国历史与文明。汤因比在《历史研究》第一部《历史形态》第七章“希腊模式与中国模式”中说：“孔子是位保守主义者，他从未梦想过中国会实现有效的政治统一。秦始皇的事业或许让他震惊，汉高祖刘邦修复统一一事也不见得会使他多么高兴。孔夫子如同柏拉图和亚里士多德，视政治分立为正常现象。”汤因比说，“在公元前221年政治统一之前，中国早已实现了文化统一。在这方面，中国最伟大、最富创造性的思想文化运动发生在兵连祸结的春秋战国时代，即完成政治统一之前。这是包括孔子在内的几乎所有中国哲学学派奠基人所在的时代”。

汤因比从历史角度将社会分出不同模式，又将这些模式析出要素，并指出其间有许多机制是各文化的生命历程中共同的或相似的。汤因比说，我们可以把中国模式的晚后阶段同希腊模式的早期阶段结合在一起，组建成一个改良的模式。这一文明史的组合模式显示这些社会在开始时存在着文化统一，却没有政治统一。这种政治局面有利于社会和文化的进步，但代价是各国之间连绵不断的战争。随着这个社会的成长壮大，这种战争变得越来越惨烈，迟早要引起社会的崩溃。在旷日持久的“麻烦时期”过后，混乱局面为一个大一统国家的建立所治愈。这个统一国家周期性地陷入无政府状态，但无论这类中间期长短与否，它们总会被政治统一所克服。在最初的统一过去之后，一定有某种强大的力量维持着这种治乱交替的过程。统一被修复的现象一而再、再而三地发生，甚至在极为漫长混乱以致传统上可能认为无法修复的“中间期”过去之后，仍会恢复统一。

对人类六千多年文明史中的各种文明范型进行“诊断”之后，汤因比写道：

我们现在可以进一步指出，在这二十八个文明中，至少有十八个

> 已经死亡和消失了。其余尚存的十个文明乃是我们自己的西方社会、在近东的东正教社会主体部分、它的在俄罗斯的分支部分、伊斯兰教社会、印度社会、在中国的远东社会的主体部分、它的在日本的分支部分，还有那三个停止了发展的波利尼西亚文明、爱斯基摩文明和游牧民族文明。如果我们再进一步仔细考察这十个现存的文明的情况，我们就会发现其中波利尼西亚社会和游牧民族社会已经是处于最后垂死挣扎的阶段，而在其余八个文明里的七个都在不同程度上处于被第八个，也就是我们自己的西方文明，消灭或同化的威胁当中。此外，在那七个文明当中，至少有六个（除去爱斯基摩文明，因为这个文明在幼年时期就停止了生长）已经表现出许多衰老和死亡的现象。①

汤因比根据他分析的结论，为中国文明开列了一份验证书。他说："如果我们转向中国社会的解体，我们可以认为衰落之期起于公元前634年楚晋之间的不幸冲突。"这里，他肯定了早在公元前634年中国文明就开始衰落了。同样的说法在其著作中被多次反复论及。比如，"古代中国……其显著衰亡之期比罗马帝国约早二个世纪"。关于中国文明衰落的表征，汤因比用他的衰落理论从多重角度进行了阐释。如他认为历史上文明社会大凡出现大一统的社会现象，该文明就步入衰亡的行列了，其原因正是少数人失去了创造性的行为而滥施权力。照此标准，他认为公元前221年秦灭齐统一全国，是"古代中国混乱时代的起讫日"。这里的"混乱"是衰落的特定现象。这种逻辑使他也顺理成章地认为，"中国的历史，我们可以说它的衰落的开始发生在公元九世纪的最后二十五年的唐帝国崩溃的时候，其后就出现了正常的解体过程"。有关中国文明衰落的表现及特征，汤因比还有多种论点，如"二拍半"节奏、"僵化"现象等，虽然对特定现象的解释不同，但结论都一样，中国文明早已越过了它辉煌的历程而进入了漫长的解体过程，虽未彻底瓦解，却处于僵化冥眠之中。

虽然汤因比在《历史研究》中认为中国文明很早就开始衰落了，但是在晚

---

① ［英］汤因比著：《历史研究》（中册），曹末风等译，上海人民出版社1962年版，第1页。

年时，他改变了自己对中国文明的认识，这源于他对人类未来命运强烈的关心和深深的忧虑。他对以西方文明为特征的现代社会给人类带来的始料不及的灾难表现出真切痛思，由此而将探索的目光专注于远东社会——主要是中国古代文明身上，在对其深厚的文明史内涵作一番评估之后，从中产生深刻领悟。在1973年写作《人类与大地母亲》时，他写道："在本书写作的年代，人们已经看到，美国在文明中心的优势似乎也将是昙花一现……未来是难以预测的，但在文明中心历史的下一个章节中，主导作用可能会从美洲转移到东亚。"中国对"处于深浅莫测的人类历史长河关键阶段的全人类来说，都是一项伟业"。对中国在未来所要发挥的作用，人们正"拭目以待"。

汤因比在自己的历史哲学中发现：人类文明进步的历程伴随着一股可怕的音符，即人类往往过分夸大了精神属性的一面，而忽略了自己也是地球生物圈一环的自然属性；精神和自然属性的严重分裂导致人类对赖以生存的自然环境毫无节度的开发，于是带来了今天普遍出现的资源枯竭、生态破坏、环境污染。西方社会不能解救人类面临的生存困境，因为近二百年的历史表明，对技术的盲崇及滥施恰好是他们曾饮誉而自豪的西方社会根深蒂固的观念。汤因比以"人类与大地母亲"为主题对西方社会所做的分析，鲜明地表达了他的一个思想：要避免像西方社会因技术的滥施给人类带来的悲剧，就必须培育起能使精神与自然相协调的人文精神；要消除战争，就需要一种制约战争的政治哲学。中国文明独特的性质可以弥补西方文明的两难症结。他认为道家学说倡导的"天人"和谐一体的哲学是目前挽救生物圈的可以信赖的精神思想。他认为，公元前4世纪的中国哲学，与所有的时代和地区，尤其是20世纪人类状况有关。他所指的中国哲学，就是以老子为代表的道家思想。他认为道家思想的精神要义有两点对今天特别有意义，那就是鼓励人们的行为要与自然和谐统一；道家明确指控技术和管理方式的进步直接损害人与自然应建立起的平衡关系。当然汤因比并非称道道家倡导的返归原始、一概反对社会进步的保守政治观，而主要着意在将蛰伏于道家哲学中的那种精神潜能——人与自然的统一与和谐这一内在理念，升华为人类普遍的行为道德准则。它的精神本质对于今天西方社会宣扬的精神与自然严重裂变的思想，更有利于使人的行为在生物圈内自行节控，它对于改变越来越严重的生态灾难无疑有深刻而积极的启示。基于这种认识，他才将解决20世纪人类面临的危机和下一个世纪人类的命运寄托在产生上述深邃思想并且今天还活跃着的中国身上。

汤因比认为，古代中国有一种寻求天下统一的“博天精神之道”，它也是我们医治人类面临困境的一条途径。它就是孔子哲学和墨子的道德观念。他认为大一统天下的政治格局是中国文明从古到今的一大特征。维系这一局面的是以孔子学说为核心的儒家思想。儒家学说和以它为理想建立起来的政治伦理“转而被想象为一种超人的或非人格的精神或法律”。它确立了人们普天之下人心一致的社会行为规范，其影响之巨大深远至今仍是中国人的思维和行动原则。他又说，墨子学说尽管未能取得官方学说的地位，但墨子宣扬的“兼爱”思想培养起一种中国人的道德：“仁者都应该平等地关心他的人类同胞。”它“激励所有文职官员为全人类仁慈地执行他的职责……”汤因比极为欣赏儒家天下一家的政治哲学观，赞美墨子爱护关心人类的伦理道德。两者结合为一体的政治哲学，与西方力陈的那种以地区性民族主权为政治理想的政治哲学有天壤之别，后者“只能促进充满活力的裂变，但不能实现安定和统一”。在这个意义上，汤因比对中国文明寄予莫大的希望，认为具备了上述政治哲学和伦理的中国文明，是消除人类战争、维护地区性和平、重建人类与生物圈之间平衡的最佳道路。

汤因比还认为，中国不仅在理念上为人类奉献了上述普遍的道德观，而且它的历史进程也表现出超常的天下大一统的连贯性。他说，当今世界上没有哪一种文明能够分享中国文明这样数千年生生不息的历史，中国文明的三个阶段都没能中断这种连续性。他说：“东方的商文明及其前身黄河流域的新石器时代文化，并不像苏美尔文明及其前身美索不达米亚和伊朗西部的新石器时代文化那样有过明显的断层。”在汤因比眼里，周朝文化实际上是一种分裂的文化政治，中国完成真正统一起自秦始皇的秦朝。但他同样确信，政治上的统一根本上是文化的统一。因而他认为，“公元前221年中国在文化上也是一个统一体”。他同样也肯定在近五千年的文明史上，中国政治上的统一也多次被分裂所破坏，但他指出：“迄今为止，中国政治上暂时的分裂总是不断地得到修正。”中国文明确保统一的状况最终使他断言，公元前221年中国政治统一被证明是永恒的。中国文明史这种罕见的特征，使他将建立世界性政府的希望寄托在中国文明身上。汤因比正是从中国悠久的文明史中寻找到了他的历史哲学的真正内涵，也正是基于上述分析，他才树立起自己新的中国观。

汤因比在与池田大作的谈话集《展望21世纪》里，做出了明确的表述：

> 将来统一世界的大概不是西欧国家，也不是西欧化的国家，而是中国。并且正因为中国有担任这样的未来政治任务的征兆，所以今天中国在世界上才有令人惊叹的感望。……恐怕可以说正是中国肩负着不止给半个世界而且给整个世界带来政治统一与和平的命运。
>
> …………
>
> 中国今后在地球人类社会中将要起什么作用呢？由于西欧各民族势力的扩张和暂时的统治所形成的地球人类社会，已经摆脱了这种统治力量，今后仍会按现在的状况继续存在下去。在最近新形成的地球人类社会中，中国仅仅就停留于三大国、五大国或者更多的强国之一员的地位吗？或者成为全世界的“中华王国”，才是今后中国所肩负的使命呢？
>
> …………
>
> 因此按我的设想，全人类发展到形成单一社会之时，可能就是实现世界统一之日。在原子能时代的今天，这种统一靠武力征服——过去把地球上的广大部分统一起来的传统方法——已经难以做到。同时，我所预见的和平统一，一定是以地理和文化主轴为中心，不断结晶扩大起来的。我预感到这个主轴不在美国、欧洲和苏联，而是在东亚。
>
> 由中国、日本、朝鲜、越南组成的东亚，拥有众多的人口。这些民族的活力、勤奋、勇气、聪明，比世界上任何民族都毫无逊色。无论从地理上看，从具有中国文化和佛教这一共同遗产来看，或者从对外来近代西欧文明不得不妥协这一共同课题来看，他们都是联结在一

> 条纽带上的。并且就中国人来说，几千年来，比世界任何民族都成功地把几亿民众，从政治文化上团结起来。他们显示出这种在政治、文化上统一的本领，具有无与伦比的成功经验。这样的统一正是今天世界的绝对要求。[①]

同时，他指出了这个推论的八大根据：一是在过去的21个世纪里，中国保持了迈向全世界的帝国、成为名副其实的地区性国家的榜样，积累了很多经验——用我们中国人自己的方式来说，即保持了中华民族的国家统一大势和文化特色没有变。二是中华民族在漫长历史中培育了独特的世界精神。三是儒教的人道主义。四是儒教与佛教所共有的合理主义。五是东亚人对宇宙的神秘性具有敏感，认为人想要支配宇宙就会遭到挫败。汤因比认为这是道教最宝贵的直感。六是这种直感是佛教、神道与中国哲学的所有流派（除已灭绝的法家）共有的。人的目的不是支配自然，而是与自然保持协调。七是在过去的军事与科技对抗中，西方虽占了优势，但东方各国可以打败他们。八是日本人与越南人具有敢于挑战西方的勇气。汤因比认为要保持这种勇气，但今后要把它用于世界的和平事业。

总之，汤因比的新中国观，是他对人类五千多年文明史的一种沉思，是对中国文明史的一种认识，更是对人类即将跨入21世纪的命运的一种展望。这种新中国观使他深信不疑，21世纪人类命运的新气象将升腾于东方——中国。汤因比的这个论断代表了许多西方思想家的看法。他们在探讨摆脱工业化给社会造成的困境和危机出路的时候，都不约而同地把目光投向东方，希望在古老的中国智慧中找到启发。他们在东方的中华文明中看到了未来的希望。

---

①［英］汤因比、［日］池田大作著：《展望21世纪：汤因比与池田大作对话录》，荀春生等译，国际文化出版公司1997年版，第278—284页。

| 第十五章 |

东亚奇迹与儒家伦理精神

一、东亚奇迹：现代化的新模式

在历史上，东亚地区长期处于中华文明的势力范围，深受中华文明的影响，特别是以孔子儒家思想为核心的中华文化精神，对这些地区民族的文化精神的塑造起到了相当大的作用。比如在日本、朝鲜半岛，和在中国一样，孔子儒家思想长期被奉为主流意识形态。19世纪工业文明发展起来以后，这些国家或地区也和中国一样，面临着巨大的挑战，儒家思想受到质疑，被认为是阻碍现代化进步的沉重包袱。正如前面已经提到的，马克斯·韦伯关于东方思想传统不能发展出现代化的理论成为西方判断东亚地区思想文化的出发点。但是，这个论断很快被打破了。

20世纪60年代以后，日本和亚洲“四小龙”经济迅速发展，现代化程度与日俱增，号称“东亚奇迹”。一些学者在探讨日本和亚洲“四小龙”文化背景共同性时发现，这些国家和地区在历史上和文化上都曾属于东亚文化圈。那么，儒家思想文化是否真的完全是阻碍现代化？他们认为，也许恰恰相反，东亚地区的经济发展与儒家伦理精神或许具有一定的因果关系。因此，海外学术界开始把中国儒家文化传统与现代化的关系问题正式提到国际学术研究的日程。探讨儒学思想的现代意义，成为人们关注中华文化的一个新热点。

现代化是一个世界性的历史进程，是18世纪后半期西方工业革命后出现的全球发展总趋势。这个进程可以有广义和狭义两种理解。广义的现代化主要是指自工业革命以来现代生产力带来的社会生产方式的大变革，引起世界经济加速发展和社会适应性变化的大趋势。具体地说，这是以现代工业、科学和技术革命为推动力，实现传统的农业社会向现代工业社会的大转变，使工业主义渗透到经济、政治、文化、思想各个领域，并引起社会组织与社会行为深刻变革的过程。狭义的现代化主要是指第三世界经济落后国家采取适合自己的高效率途径，通过有计划的经济技术改造和学习世界先进国家，带动广泛的社会改革，以迅速赶上先进工业国和适应世界环境的发展过程。也就是说，现代化进程的客观内容，是欠发达和不发达国家在现代化国际体系的影响下，向现代工业社会转变、加速社会发展和缩小与发达国家差距的过程。①

许多研究现代化问题的学者都认为，由于世界范围内的现代化是从西方开始发动和起步的，所以，后发展国家或不发达国家的现代化，只能学习西方的模式，走西方式现代化的道路。从马克斯·韦伯到塔尔科特·帕森斯（T. Parsons）再到尤尔根·哈贝马斯（Jurgen Habermas），西方学者一般肯定西方的现代化与现代性具有政治、经济、文化的一整套关联性和不可分割性，因而现代化和现代性实质上即西方化和西方性，而且具有普世价值。想实现现代化，必须也只有“命定地西方化”。所有走上工业化之路的国家，无论起点如何不同，最后必然出现政治、经济、文化全套性的越来越高的相似性。

但是，自20世纪60年代以来，日本和亚洲“四小龙”迅速崛起，不但创造了经济高速增长的“东亚奇迹”，而且开辟了不同于西方模式的现代化道路。

第二次世界大战后近半个世纪中，东亚是世界各地区中变化最大的地区。20世纪50年代初期，贫困落后已逾百年的东亚，被普遍认为是世界上最没有

① 参见罗荣渠著：《现代化新论——世界与中国的现代化进程》（增订本），商务印书馆2009年版，第102页。

希望的地区：这里人口密度极高而自然资源贫乏，刚刚遭受过大战的严重破坏，东南亚国家普遍面临殖民主义者撤退后国家权力重建的种种棘手问题。在许多人看来，这里最不可能发生经济奇迹。但是，这里确实发生了“一系列的经济奇迹”。仅仅经过一代人的时间，东亚又开始令世界刮目相看，它的经济增长速度领先于世界其他地区，也远远超过自工业革命以来西方国家曾经创造过的最高纪录，成为当代世界发展最快、经济最有活力的地区。

东亚地区的现代化进程，具有不同于西方发展模式的特色。除了经济发展的高增长率外，还有很高的积累率和居民储蓄率，“人治式”的家族企业，出口导向的发展战略，经济计划性与国家干预相结合，贫富差距比西方低，较高的就学率；等等。这些都表明，东亚地区现代化的发展与西方模式有很大不同，因而有人提出，东亚是否已经创造出一种“非个人主义类型的资本主义现代化”。东亚地区现代化的发展，对战后几十年来西方的现代化和发展理论提出了挑战。从20世纪70年代开始，国际学术界已开始注意到东亚文化的独特性与传统。日本和“四小龙”显著的共同点是在历史上都属于东亚文化圈，这个文化圈的核心价值受一种非宗教伦理即儒家伦理所支配。那么，东亚地区的成功，是否与这一共同的文化背景有什么内在联系？儒家思想文化是否具有促进或有利于现代化发展的因素？这些问题引起了人们的热烈讨论，以经济为主要取向的发展研究转到文化取向上来，中国儒家思想文化传统与现代化的关系也成为人们广泛谈论、探讨和研究的话题。正如日本学者中岛峰雄所指出的：“由于‘儒家文化区’的日本和亚洲工业化国家正在创造卓越的经济成就，外界的视线自然集中于被称之为‘儒家文化区’的国家。‘儒家文化区’是否能作为发展中的非西方国家的典范，成了目前人们争论的热门话题。”他还肯定地说：“儒家学说是当今东亚工业化国家的现代化和经济发展中的毋庸置疑的重要因素。儒家学说是他们社会和经济发展的精神源泉。”①

“东亚奇迹”有力地促进了人们对儒家学说的了解，推动了儒家文化在海

① ［日］中岛峰雄著：《东亚“儒家文化区”比较研究》，张海燕译，《国外社会科学》1989年第5期。

外更广泛的传播，也增强了人们了解和研究中华文化的兴趣与愿望。

二、儒家思想与日本的现代化

与西方学者对儒家文化的浓厚兴趣相呼应，东亚各国也加强了对儒家文化的研究，并自觉地在社会生活中倡导儒家文化精神，从历史的文化传统中寻求现代化的人文资源和支持力量。

1982年，日本学者森岛通夫出版了《日本为什么“成功”——西方的技术和日本的民族精神》一书，认为“新教（清教）的传播和资产阶级的兴起是英国近代资本主义建立的先决条件”，而在日本，“德川幕府文化政策的一个结果是使儒教在日本人民中间得到广泛而深入的传播。儒教在日本被理解为一种伦理道德制度，而不是一种宗教，它直接地（或者通过武士道和绅士风度间接地）教导日本人民，节俭的行为是一种高尚的行为。因此，在明治维新末期，日本已经具备了资本主义的第二个先决条件”。“在儒教世界中，个人主义是受到窒息的。然而，由于儒教崇尚理智和理性，它又与近代科学是一致的。”于是，在明治维新之后，“一种以完全不同于英国资本主义的精神来管理的资本主义经济，一种把日本的精神和西方的技术结合起来的经济在日本建立起来了”。[①]

1987年，日本文部省资助建立了跨学校、跨学科的大型研究项目——“关于东亚的经济社会发展和现代化的比较研究”。该研究项目的负责人、东京外国语大学教授中岛岭雄在第一次全体人员会议上做了《为什么提出“儒教文化圈”的理论》的报告，其中指出：

以前的西欧模式的现代化理论、社会主义理论、以罗斯托理论为

① ［日］森岛通夫著：《日本为什么“成功”——西方的技术和日本的民族精神》，胡国成译，四川人民出版社1986年版，第125—128页。

代表的美国模式的现代化理论以及“从属理论”“世界系统论”等，都已不能充分说明东亚各国的活力；超越东亚各国的差异，重新对其文化的同一性即“儒教文化圈”的历史意义进行自我确认与限定，已成为十分迫切的课题；“儒教文化圈”的特征是，与儒教伦理相结合的团体主义，以汉字为中心的学习国家，传统地保持儒教的伦理行为规范和儒教的实学精神与经验主义等……应在新的现代化论的框架中，重新考虑支持日本人行为方式的儒教性因素的有效性。①

参加上述研究项目的日本著名思想史学者源了圆说：“日本的发展，有赖体制变革之处甚多。但在良好地形成个人与社会的平衡方面，儒教伦理发挥了某种作用。”

1990年11月，中岛岭雄与东京大学教授沟口雄三在横滨主持召开了题为“思考儒教文艺复兴”的国际讨论会。在会上，沟口雄三主张应将对儒学的再评价与资本主义的未来发展（或称“后工业化时代”）联系起来进行思考。他说：“在现阶段，与其探讨资本主义发展与儒教有何关系，莫如首先应讨论资本主义如何在伦理上正确地发展，资本家或经营者面对21世纪的社会发展怎样恢复道义性，在重新确立这种道义性时，儒教思想和儒教伦理怎样发挥作用。”②

明治时代以降，在西方文化的影响下，日本儒学受到了冲击，一些先进的启蒙思想家主张“文明开化”，对儒学传统和儒家文化进行了尖锐的批判，儒学的自然观与认识论逐步被西方近代科学所取代。但是，这种文化冲突并不像中国“五四”时代那样剧烈。在明治维新“全盘西化”不久后，日本就出现了儒学振兴运动，实现了对全盘西化的反拨，在社会生活中提倡恢复儒家伦理。虽然日本儒学在资本主义时代已经不再居于官学的位置，但儒家的伦理观经过重新解释和加工改制，成为有利于资本主义工商业发展的伦理观。所以，直到

---

①［日］中岛岭雄著：《为什么提出“儒教文化圈”的理论》，引自王家骅著《儒家思想与日本的现代化》，浙江人民出版社1995年版，第8页。

② 引自王家骅著：《儒家思想与日本的现代化》，浙江人民出版社1995年版，第8页。

第二次世界大战以前，儒家伦理一直是官方确定的国民道德准则和学校的德育方针。更为重要的是，经过历代学者的传播，儒家文化的基本精神、价值观念、道德伦理、思维方式等已经渗透到人们的日常生活和深层心理结构中，熏染着日本人的国民性格。即使在今天日本人的生活中，也保留着儒家文化的深刻影响。日本学者卫藤潘吉指出："中国文化圈自19世纪以来，已经在欧美的武力面前崩溃了。但是，从中国文化圈中采择、吸收的思想和文化制度仍然浸透在现代日本知识分子的思维和行动中。"①源了圆也曾指出："当今的日本人在自觉的意识中或许忘记了儒教，但在'信义'或'诚实'这些涉及行为的内在道德方面，儒教道德依然存在。"②美国学者赖肖尔在其著名的《日本人》一书中也指出：

> 当代的日本人，显然已不再是德川时代他们的祖先那种意义上的孔教门徒了，但是，他们身上仍然渗透着孔教的伦理道德观念。孔教或许比任何其他传统宗教或哲学对他们的影响都更大。……日本人全心全意地接受了现代科学、有关进步和发展的现代观念、伦理道德的普遍原则、民主思想及其社会准则等等，但在这个表层之下，强烈的孔教特性却仍有其潜在的作用……今天，几乎没有一个人认为自己是孔教徒了，但在某种意义上来说，几乎所有的日本人都是孔教徒。③

渗透到现代日本人思想观念和深层心理的儒家伦理精神，显然与"二战"后日本的发展有很大关系，或者说有着直接的促进作用。这种儒家伦理精神是日本走向现代化的社会基础和思想文化基础。许多研究者都注意到，受传统儒家思想影响而形成的日本社会结构、日本人的伦理精神和思维方式、日本人的

---

① [日] 卫藤潘吉著：《文化圈的中心与边缘——现代日本的爱憎综合症》，陈捷译，《国外社会科学》1990年第4期。

② [日] 源了圆著：《关于日本的"实学"》，王家骅译，《哲学译丛》1988年第3期。

③ [美] 埃德温·赖肖尔著：《日本人》，孟胜德、刘文涛译，上海译文出版社1980年版，第233页。

人力资本思想以及日本经济组织的活动方式等，都在日本的现代化中发挥了很大作用，而与西方的现代化模式有很大不同。特别值得注意的是，为数不少的当代日本政治家和企业家，在制定政策、设计政治制度、规定企业的运营方针时，仍以儒学的理念为指导。例如日本前首相中曾根康弘在1983年11月的一次讲话中主张，“日本要把民主主义、自由主义的想法和孔子的教导调和起来”。1987年8月，中曾根康弘又在日本自民党的一个政策研讨会上发表演说时指出，为了协调民族主义和国际主义，日本的政治领导者必须把日本引上“中庸”的安全航道。

一些日本企业家也热心于从中国典籍中寻求智慧，以确立自己的经营方针或构建经营管理形式。近年来，在日本企业家中深受欢迎的中国典籍有《论语》《孙子兵法》《老子》《传习录》《三国演义》等。另外，还有人编纂了一些中国典籍的语录、警句。例如，伊藤肇的《鉴古知今，中国圣贤经营理念》一书，专门收集了中国经史子集中“先贤的箴言”，来阐明日本企业家经营事业的成功之道。日本松下电气公司商学院开设商业道德课，讲解《大学》《论语》《孟子》《孝经》等中国传统经典，熔中国儒家学说与现代企业于一炉。日本富士通电气公司每年举办“45岁研究班”，凡属这个年龄的本企业职工，脱产参加一个半月的学习，学习经济技术专业课和整体素质修养课。修养课讲中国古典文学，有《论语》《老子》《庄子》《孙子兵法》《三国演义》等。他们把《孙子兵法》当作企业的经营战略和经营方针来学；他们认为《论语》能够教育人适应逆境，锻炼在逆境中振兴企业的本领；认为《三国演义》中的撤退、转移战略，对走向世界的日本企业在国际竞争中取胜有重要的应用价值。

另外，日本近代著名企业家，被誉为“日本近代资本主义经济最高指导者”的涩泽荣一的《〈论语〉与算盘》一书，至今仍是日本企业家最爱阅读的著作之一。著名财界人士平岩外四特别重视《论语》中的“放于利而行，多怨”这条古训。他说：“如果企业只是追求利润，总有一天会遭到民众的报复。”中岛岭雄同样认为，日本各类企业的良好销售服务与销售后服务便潜在地受到儒家伦理的影响。日本企业的组织结构、经营管理方式、雇佣与工资制度、劳资关系与上下级关系等，都明显地不同于欧美企业。著名企业家横山亮次认为，日本企业的终身雇佣制和工资的年功序列制，是儒家“礼”的思想的体现；企业内工会（不与其他同行企业工会结成横向联合）则是“和为贵”思想的体现。在同职工与顾客的关系上，横山亮次主张贯彻孟子“爱人者人恒爱之，敬人者人恒敬之”的思想。他具体解释说：“爱人就是保护在车间劳动的人不受事故伤害；敬人就是要注意做到除密切同上司、同事和部下的关系外，也不给顾客添麻烦。”立石电机公司的创业者立石一真不仅主张劳资关系应以“和为贵”，甚至主张应使劳资关系成为“相爱和相互信赖”的夫妻式关系。

不少学者指出，日本人的“团体精神主义”是“二战”后日本经济快速发展的奥秘之一。所谓“团体精神主义”，日本人认为，个人应属于某一团体，团体成员由一种共同命运和共同利益联系在一起，团体要给予其成员归属感和安全感，而同时要求其成员对所属团体具有忠诚和献身精神。“团体”对当代日本人来说，最重要的是指自己所就业的企业。日本人在企业中并不觉得失去了自己的个性，反而觉得很自豪。在团体内部，团体成员之间的关系几乎与家族成员相同，经常可以发展为一种全人格关系，个人从这种关系中能得到相当的满足。“团体精神主义”不是以个人的幸福、人格尊严和自我完成为优先，而是以团体的目标和利益为优先；不是靠契约而是靠上下的共识维系团体的人际关系；不是将自我的尊严和成就与团体的利益和规则相对立，不认为个人的尊严和成功必须首先依靠个人的才智、奋斗和机遇，而是认为自我的尊严和成就是经由团体达成的。这种“团体精神主义”与以家族为中心的、重情感的儒家伦理精神具有明显的一脉相通之处。它被有效地应用于经济发展，在培植员工对企业的忠诚意识、缓和劳资冲突与上下级紧张关系方面都发挥了很大作用。[①]

---

① 参见王家骅著：《儒家思想与日本文化》，浙江人民出版社1990年版，第420—423页。

三、韩国成功与儒家的传统价值

韩国是世界现代化过程中的后起之秀。韩国的经济奇迹引起国际学术界的重视，从20世纪70年代末开始，许多学者致力于探讨韩国经济奇迹的原因。在诸多的解释中，除了强调韩国政府对经济的干预作用，“自由化”和“开放”政策以及国际环境因素外，不少人都注意到对韩国文化背景的研究。例如美国哈佛大学一批学者1980年出版的《韩国的经济和现代化》一书归纳了影响韩国经济起飞的六大因素，其中第一条就是“一种可能是来源于儒教传统的工作伦理，它同西欧的新教伦理相应”。和日本的情况一样，受中国儒家思想文化传统影响的韩国传统文化价值和伦理精神，被视为韩国现代化的主要人文资源。

在历史上，中国儒家思想文化在朝鲜半岛曾有着广泛的传播，特别是到李朝时代，儒学成为唯我独尊的官方意识形态，维护了集权官僚制的等级社会秩序，使朝鲜成了“比中国还完善的儒教国家”。近代以来，在西方文化的冲击下，传统的儒家伦理受到很大冲击，不再占据统治意识的地位。传统儒家思想中与现代化不相适应的甚至阻碍现代化的因素逐渐被抛弃，但是，渗透到韩国人日常生活和文化深层结构的儒家伦理和文化价值，构成韩国国民性的重要成分，在现代生活中仍然发挥着重要作用。

关于传统儒家思想与现代化的关系，日本学者邱永汉和韩国学者李御宁在合写的一篇文章中认为，韩国、日本等的工业发展了，现代化了，而家庭的道德仍像过去一样受到重视。以儒教为基础的健全的家庭伦理意识在韩国、中国和日本三方经济发展中占有很大的分量。如果拿日本和韩国相比，韩国的血缘意识比日本强烈，而日本的家业意识要比韩国强得多。①

① ［日］邱永汉、［韩］李御宁著：《太平洋时代的南朝鲜、中国、日本新动向》，沈仪琳译，《国外社会科学》1988年第9期。

韩国釜山大学的金日坤教授从儒家思想所主张的秩序原理去探讨它对东亚经济发展的意义，著有《儒教文化圈的伦理秩序与经济——儒教文化与现代化》《东亚的经济发展与儒教文化》等著作。金日坤认为，儒教国家经济发展的成功，是由于儒教伦理具有与其经济发展的适应性。在日本和韩国，儒教是最具优势的传统文化，至今仍作为重要的秩序原理而存在。他认为仍在发挥作用的儒教秩序原理表现为政府主导型的经济发展方式，将作为机能共同体的企业视为命运共同体等。他还指出，韩国人受儒家思想影响而形成的伦理观念，如勤奋、诚实、节俭、“相助共生”，便发挥了类似古典学派所说的新教资本主义精神的作用。金日坤指出：“儒教文化圈的巨大经济潜力，来源于全社会所具有的统一机制。它们有中央集权的历史传统，这种传统对建立稳定的社会秩序和把社会作为一个整体去做良性运转的要求，超过了对经济发展的要求。从欧洲学来的平等自由意识，使越来越多的人自觉投身于经济活动，但社会仍保持着统一，因为根深蒂固的儒教文化仍然在发挥着作用，仍是社会的核心文化。”①

还有韩国学者具体分析了传统文化价值观念在现代化过程中的作用。高丽大学教授林熺燮指出：“传统文化的模式中，确有不少能够继续与产业社会的社会结构保持适应性的模式。”“传统的孝道，在摆脱对父母的从属关系的前提下作为敬爱双亲的伦理能够继续存在下去。”“在处于产业化过程中的韩国社会，理应强调俭朴和勤奋、克制和讲究秩序等伦理道德，如果不恰当地过分强调高消费和个人主义的价值观，那么，这种价值观或行为方式，就可以认为是缺乏适应性的模式。”②延世大学教授朴永信也指出：

> 我们社会的发展没有对传统的遗产进行持续的批判和探讨，而是引进外来的产业化的外形成果。可以认为，家庭中心的价值取向，在

---

① ［韩］金日坤著：《儒教文化圈的伦理秩序与经济——儒教文化与现代化》，邢东田等译，中国人民大学出版社1991年版，第142—143页。

② ［韩］林熺燮著：《韩国文化的变化与展望》，载韩国社会学会编《韩国社会走向何处》，周四川译，东方出版社1993年版，第84—85页。

这种形式的产业化过程中，并没有成为障碍，反而与之融合起来，传统价值和产业化相辅相成。将家族及类似家族的社会单位的狭隘的利益、名誉、福利放在首位的价值取向，无论和为了通过经济发展最大限度地扩大物质上的富足、产业社会强调和重视效率、效益的价值之间，无论多么紧张，都能毫无阻挡地被人们所接受。①

另一方面，韩国社会也加强了对包括传统儒家思想在内的中国文化的研究。特别是20世纪80年代以后，韩国出现了一股“中国研究热”，学术界、出版界、文化教育界的许多人士都成立研究机构，发表专著论文，把对中国的研究推到新阶段。《东亚日报》在1979年初发表的一篇文章自责“以中国为邻”却对中国“一无所知”；同中国“在历史上有着几千年的密切联系”，对中国的认识“却尚未摆脱低级水平”。韩国在扩大了同亚太地区的经济贸易关系之后，更加重视对中国相关问题的研究。20世纪七八十年代，汉城大学、汉阳大学、釜山大学等高校也相继成立了现代中国研究所等专门研究机构，还陆续成立了韩国中国学会、现代中国研究中心、现代中国文学研究会等官方的或民间的研究机构。②1990年，韩国出版了大型工具书《儒教大事典》，共有2000页，约6000个条目，收录关于中国、朝鲜、日本的儒学史史实、人物、经典著作等，内容相当完备。

四、儒家价值观与新加坡的道德教育

新加坡是一个新兴国家，1959年摆脱英国的殖民统治，获得自治权，1965年宣布成立共和国。新加坡建国后，经过近30年的精心耕耘，创造出了

---

①［韩］朴永信著：《韩国社会发展论序论》，载韩国社会学会编《韩国社会走向何处》，周四川译，东方出版社1993年版，第230—231页。

② 参见沈仪琳著：《从出版物看南朝鲜的中国研究》，海燕译，《国外社会科学》1990年第8期。

一个具有强劲生存力量的工商和金融王国，被称为亚洲的“经济神童”。

许多研究者都注意到新加坡经济发展与儒家文化传统的关系。新加坡是一个移民国家。从19世纪80年代开始，中国移民开始迅速增加，1824年为3000人，1891年为12万人以上，1947年超过73万人。和在世界其他地方一样，移民新加坡的华人也把中国传统文化和生活方式带到那里，成为他们共同生活的文化基础。新加坡学者夸孔恩曾写道：

> 在最初的年代里，这些华人移民试图通过各种华人的价值观念，形成华人认同感。于是儒家社会和道德的价值观和习俗在他们的日常生活中表现得很明显。儒家关于孝、忠、仁、和谐、敬老和重学业的价值观念受到氏族成员的推崇，并成为氏族社团的准则。这些价值观念也体现在氏族社团的大量群体活动中，如祭祀祖先和保护神、传统的庆祝活动和社会活动。
>
> 早期对儒家思想的推崇，使华人之间产生一种休戚相关的感觉。①

19世纪末20世纪初，新加坡、马来西亚的华侨掀起了一个长达十多年的“儒教复兴运动”。一批兼通中西的文人士子，试图通过振兴华语教育和儒家文化，再现传统价值。他们举办华语传习班，推广华语，举办各种儒学讲演会和座谈会，举行其他各种宣传孔子学说的活动，加强华人移民对传统文化的意识；创办报刊，宣传中国传统文化。在这期间，建立了新加坡华人大学堂，学堂中“供至圣先师孔子牌位”。学校主张在保持中华文化传统的基础上学习西方文化和科技。先学中学，以中学为主，在接触西学时“方不至尽弃其学而学之”。“儒教复兴运动”大大促进了华人社会儒家文化的传播和发展。

---

①［新加坡］夸孔恩著：《儒家思想与新加坡社会工程》，海燕译，《国外社会科学》1991年第7期。

李光耀等新加坡领导人也多次强调新加坡与中国的文化联系。李光耀曾经指出："我们的历史并不是在祖先初到新加坡时候才开始，它早在五千多年前中国文明创始时就已开始。这段历史是我们的一部分，因为我们继承了这个系统与文化。"①

儒家文化传统对于推动新加坡的工业化和经济社会发展起到积极的作用。夸孔恩指出："……对于一个新兴发达国家来说，儒家价值观却有实际意义。在新加坡，华人占人口的绝大多数，儒家价值观不仅适合这个国家的社会、经济，特别是政治的发展，而且是这种发展所必不可少的。""近年来，儒家价值观作为华人的普遍道德和社会风气的组成部分，继续社会化，并在群体活动中明显地表现出来，它也作为社会工程的重要思想工具和推动经济发展和现代化进程的法宝，而得到政府的认真提倡。"②

美国政治学教授托马斯·比罗斯（Thomes J. Bellows）在《沟通传统与现代化：新加坡的官僚政治》一文中，详尽地考察了新加坡建国后政府和行政机构的形成、组织、演变以及其所发挥的政治、经济和社会的作用。比罗斯认为，新加坡的文官制度是英国的创造，但是它的精英政治的特点、它制定政策的功能又是同儒家传统相一致的。它对社会生活各方面实行强有力的领导，特别是积极干预经济生活，虽然没有制订五年计划，但是规定了经济的结构、目标、发展的方向和速度，采取各种有效措施保证经济各个环节的正常运行，解决出现的各种问题。政府对整个经济和社会生活的指导是新加坡经济高速增长、人民生活水平普遍提高的决定性因素。比罗斯提出，从政治上看，儒家也可能会加强社会公众对政府政策和文官的很高程度的依赖性。主张知识精英根据道德准则来处理公众事务的儒家传统，同官僚政治在新加坡迅速现代化的社会中所起的作用是完全一致的。比罗斯认为，经济的、社会的和政治的发展，既需要自主性和创造性，也需要有效率的、积极干预社会和经济生活的政府，这种政府是由非常合格的、有献身精神的文官组成的。他认为，新加坡在其卓

① 引自郑致光著：《回报社会：企业家的自身价值与社会价值》，山西人民出版社1999年版。
② ［新加坡］夸孔恩著：《儒家思想与新加坡社会工程》，海燕译，《国外社会科学》1991年第7期。

有成效的建设国家的过程中，比第三世界其他大部分国家更加接近于这一双重目标。杜维明说：

> 政治化的儒家就是国家权力高于社会，政治高于经济，官僚政治高于个人的创造性。这种形式的儒学，作为一种政治意识形态，必须加以彻底批判，才能解放一个国家的活力。另一面是儒家个人的伦理，它注重自我约束，超越自我中心，积极参与集体的福利、教育、个人的进步，工作伦理和个人的努力。所有这些价值，对新加坡的成功是至关重要的。①

但是，随着工业化和现代化的发展，西方思想文化的广泛引进，新加坡出现了文化冲突和矛盾。1980年8月，新加坡发表了两篇政府报告，反映工人劳动态度方面的问题。报告中说许多雇员缺乏忠诚和高尚精神，只做少数几种专门技术的工作。政府担心经济的发展使社会完全为物质崇拜所控制，成为纯粹的自我追求经济利益的公民的联合体。早在20世纪70年代初，华文报纸就已刊载了人们担心西化的言论，担忧整个社会沦为软弱社会，因失去文化活力而无法面对非常时期的挑战。新加坡前总理李光耀曾经这样评论："如果我们变成讲英语的社会，盲目地模仿美国人和英国人，而本身又缺乏基本价值观和文化背景，坦白说，我实在不相信这是值得我们塑造的社会或国家，更何况去保护它。"②因此，新加坡领导人反复倡导新加坡人所应具有的"一系列明确的价值观念"，帮助他们发展认同感，增强团结和决定自己的将来。新加坡现任总理李显龙从三个方面说明如何促进认同感的发展：找到所有人都能接受的共同价值观；保持不同社团的传统；保证每个社团尊重其他社团的传统，并能对其迅速做出反应。这些价值观念应当是非政治的、非宗教的，所列条目应减少到

---

① 杜维明著：《新加坡的挑战——新儒家伦理与企业精神》，高专诚译，生活·读书·新知三联书店1989年版，第3页。

② 引自周正刚著：《当代中国转型期的文化问题与社会和谐研究》，湖南师范大学出版社2018年版，第70页。

最低限度。他认为有四个重要方面：（1）社会高于个人；（2）家庭是组成社会的基本要素；（3）通过协调一致而不是斗争解决主要问题；（4）强调民族间和宗教间的宽容与和谐。其他价值观念包括勤勉、正直、忠诚和公正。李显龙认为，在这些价值观中，儒教起了积极的作用。在他看来，为了把国家意识形态的抽象价值观用具体而生动的实例加以说明，必须吸收和利用儒家思想。因为儒家思想是占人口大多数的华人的传统，它强调社会高于个人的重要性，而这正是我们想要维护的一个重要的价值观念，许多儒家思想对我们仍具有重要作用。

所以，从20世纪80年代初开始，新加坡政府发动了一场促进新加坡精神发展的运动，也是新加坡历史上的第二次儒学振兴运动。新加坡政府把教育特别是道德教育看成是造就理想的新加坡人的关键。1979年新加坡便开始谋求教育改革，提出了道德改革方案。李光耀亲自倡导“讲华语”，第一次在全国开展“礼貌月”“敬老周”活动。1983年1月，新加坡成立了东亚哲学研究所，有计划地招聘世界各国儒学研究专家赴新加坡做研究工作，力图将研究所办成“国际儒学研究中心”。研究所专事儒学的研究、出版和交流，主办儒学讲演和座谈，召开多次国际性的儒学会议。杜维明曾说，在许多欧美知识分子心目中，新加坡已经成为现代儒学的策源地。

1983年，新加坡成立了儒家伦理课程编写组，编写供中学使用的《儒家伦理课本》以及有关辅助读本。为此，还聘请杜维明等8位国际著名学者来指导，并培养相应的师资。1984年起，中学增加儒家道德的教学内容，并将其作为道德教育计划的六种选修课之一。按照新加坡政府的看法，把儒家道德作为学校道德教育内容的目的在于：把儒家价值观反复灌输给学生；把他们培养成有儒家思想的正直而有道德的人，帮助他们过有意义的生活；使他们了解自己的文化和道德传统；帮助他们认识自我修养的重要性；使他们理解儒教的历史发展及其与现代社会的关系。当时的新加坡副总理吴庆瑞说，实行这一道德教育计划，“是为了造就正直的人”。他进一步指出：“儒学是迄今最持久的人类社会规范。孔子深信，除非政府是掌握在正直的人手中，不然国家将会遭受灾难。人民行动党相信这一点。”[①]

对于新加坡推进儒家道德教育的意义，夸孔恩指出：“这个国家需要一种可选择的价值体系，以便促进经济的发展和更高程度的社会工程，这种需要倾向于把儒家思想看成最可选择的价值体系。”[②]比罗斯也说：“目前推进儒学并不是意在求新，而是要人们重视某些旧的而有价值、并经过挑选与将来相关的东西。没有人表现出想把孔子的教导变成新加坡的‘小红书’的意图。有选择地推出儒学可能会促使社会更富有生气活力，或者说可能会减弱那种削弱国家意识和团结的倾向。”[③]

五、对“东亚奇迹”的再认识

1997年下半年，一场金融危机从泰国发端，很快波及菲律宾、印度尼西亚等东南亚国家，并蔓延到我国香港、台湾地区和东北亚的韩国，造成汇率和股市狂跌。危机似乎从天而降，东亚经济“奇迹”似乎在一个晚上被消解殆尽。在这种情况下，人们开始对“东亚奇迹”乃至东亚文明、“东亚新文化”都产生了怀疑，进而对人们普遍认为的在“东亚奇迹”中发挥了核心文化价值的儒家伦理精神也持怀疑或否定的态度。

但是，尽管东亚发生了这样大的危机，并没有人公然否认当代东亚已经发生并且还在发生着巨大变化。人们仍然认为，东亚经济的高速发展是一种很不寻常的、令人赞赏的成就。无论后来发生了什么情况，那些年东亚各国巨大的经济发展以及引起的社会变革，是有目共睹的，并且对当时世界经济和社会的发展产生了巨大的影响。虽然经历了这样大的金融危机，东亚各国却用了不太

---

① 引自施忠连著：《现代新儒学在美国》，辽宁大学出版社1994年版，第50页。

② [新加坡] 夸孔恩：《儒家思想与新加坡社会工程》，海燕译，《国外社会科学》1991年第7期，第18页。

③ [美] 比罗斯：《儒家与经济发展》，引自施忠连著《现代新儒学在美国》，辽宁大学出版社1994年版，第51页。

长的时间，从危机中走了出来，实现了新的复苏，并且又开始了新一轮的发展和增长。21世纪初，经济学家们对“东亚奇迹”的争论重新产生了兴趣，并从一个新的历史角度对当年关于“东亚奇迹”的争论再次做了回顾与审视。2001年，世界银行出版了一本新书——《从奇迹到危机再到复苏：东亚40年的经验教训》，这本书从历史的角度对有关东亚经济“奇迹”的争论做了深入的分析。

关于“东亚奇迹”以及后来发生的金融危机，再到以后的新的复苏，实质上是一个经济发展的问题。而经济发展的过程，是有着自身规律的，其发展乃至其间的挫折和复苏，还要从经济规律本身去寻找。在社会经济发展过程中，有许多变量和因素在起作用，文化的、传统的和历史因素都是其中的变量。当年的“东亚奇迹”之所以引起人们对于儒家文化精神的兴趣，就是因为这是东亚各国共同的文化因素，而这些因素在塑造东亚各国现代化发展模式中起到了一定的作用。马克思、恩格斯认为，文明是实践的事情，是一种社会品格，物质文化是其果实，精神文化包括科学技术、文学艺术和哲学等是文明发展的杠杆、精致品和活的灵魂，是建立于经济发展基础之上而又能动地反作用于（促进或阻挡以及在多大程度上促进或阻挡）经济发展的因素。文化具有对经济进行反馈和反思的功能。经济历史学家塞缪尔·亨廷顿（Samuel Phillips Huntington）认为，就解释政治经济发展的不同模式而言，关键的独立变项是文化，亦即流行于社会上居支配地位的一些集团的主观态度、信仰和价值观。

所以，正如不能因为20世纪90年代后期的金融危机而全面否定“东亚奇迹”一样，也不能因此就彻底否定与之相关联的东亚国家的文化传统和儒家文化精神。但是，正如许多学者在研究中所提出的那样，“东亚奇迹”发生之时，就已经包含着可能发生危机的因素。就是说，这种新的现代化发展模式中也包含着其内在的弊病和问题，成为发生危机的潜在因素，到了一定的时机，这种潜在的因素就会爆发出来。这些因素中当然也包含着文化的因素，包含着儒家文化的因素。而东亚地区能够迅速走出金融危机的阴影，再次走上发展的道路，也包含着儒家文化因素的作用。

历史都有正反两个方面。关于这方面的讨论，不在本书要论述的范围内，但是，我们在这里要着重说明的是，无论是正面的作用还是反面的作用，儒家文化作为一种传统，尤其是作为一种已经在历史上广泛传播于日本、朝鲜等东亚国家的历史文化，已经渗透到人们的深层文化心理当中，成为一种潜移默化发挥作用的因素和资源。这是无论如何都绕不开的。

所以，不管是讨论“东亚奇迹”、东亚的金融危机，还是讨论以后的新的复苏，这个文化方面的因素都是一个必须注意的、不可或缺的重要的因素。

|第十六章|

儒家文化的现代活力与价值

一、东亚奇迹与儒家文化的互动关系

20世纪前期，韦伯关于儒家伦理不能产生资本主义现代化的观点主导了国际学术界的认识。但20世纪后半期东亚地区的迅速崛起，使韦伯的理论受到了严重挑战。国际学术界开始重新检讨韦伯的理论，认为儒家伦理未必与工业文明的成长毫不相容。有的学者甚至称日本和亚洲“四小龙”是“儒家资本主义”，还提出“儒教文艺复兴”说。

许多学者在研究中指出，东亚经济增长的动因，除了考察经济自变量，也不应忽视对东亚地区特殊文化因素的考察。东亚经济与东亚文化之间有一种明显的互动关系。东亚文化对东亚经济发展有一种精神动力的巨大支持。东亚的社会、经济、市场、制度甚至政策，都弥漫和渗透着东亚文化无孔不入的影响。尤其是作为东亚经济或市场行为体的东亚人，在市场的游戏规则和运行环境方面，深刻地受到东亚地区文化因素的制约，这主要体现为制度规范性和文化规范性两个方面。传统文化已经成为东亚人民深层的精神构造，自发而无意地或有意而自觉地对经济增长发挥着直接或间接的作用。不同文化背景的经济或市场的亲和力是明显不同的，任何经济或市场都有其内在的人文气象。发展伦理学之所以追问什么是真正的发展，就源于其对文化因素的考量。文化因素论并非文化决定论，也并非因果链条的单因素论，它并不否认经济因素自身的作用，但认为也不应该否定经济因素之外其他因素的作用。与生产力密切相关的生产关系就与文化传统有关联，经济学家的目光应该看得更远。

西方学者中最早注意到造成东亚经济奇迹背后的文化因素的是美国的纳森·格拉泽（Nathan Glazer）。1976年，美国布鲁金斯研究所出版了休·帕特里克（Hugh Patrick）和亨利·罗索夫斯基（Henry Rosovsky）主编的940多页的巨著《亚洲新巨人：日本的经济是如何运转的》，该书全面介绍了日本所取得的令人惊异的成就。这部著作中收入的格拉泽的文章，论及了日本经济繁荣的文化原因。格拉泽认为，日本的文化传统也是促成经济快速发展的一个基本因素。日本重视教育，日本人的家庭观念、社群情感、对群体的责任感和忠诚等传统意识对经济都有促进作用。

现代西方学术界对儒家思想现代意义的探讨，最引人注目的是美国著名社会学家和经济学家，曾长期担任被称为“美国最多产的思想库”的赫德森研究所所长的赫尔曼·卡恩（Herman Kahn，1922—1983）对这方面的研究。1979年，卡恩出版了两部有很大影响的著作。一部是与其同事托马斯·佩珀（Thomas Pepper）共同撰写的《日本的挑战》，书中把日本传统中促进经济增长的内容称为“儒家文化”，称日本和亚洲“四小龙”同属“新儒家社会”，认为日本的模式虽然难以移植到西方，却在东亚地区有很大影响。另一部是《世界经济的发展：1979年及以后》，这本书分析了世界各国（地区）经济发展的几种类型以及它们的经验和问题，其中详细总结了日本和亚洲“四小龙”的共同特点，分别考察了它们各自实行的经济发展战略和政策，以及它们现代化的实际过程。卡恩认为，日本和亚洲“四小龙”创造了不同于欧美、苏联的现代化新模式、新道路，具有一定的典型性和普遍意义。

卡恩认为，东亚的成就，主要原因在于，有利于发展的文化因素，对经济的卓越管理，有利于经济增长的国际环境和技术条件、外援，以及简单地说辛勤的工作和奉献。而在所有这些因素中，他认为文化上的有利条件是取得成功的主要原因，其他因素或是作用有限，或是由文化因素决定。[①]东亚经济发展是由相同的文化因素促成的，这就是共同的文化传统，卡恩称之为“新儒家文化”，并把日本和亚洲“四小龙”称为“新儒家社会”。

在卡恩看来，孔子的儒家伦理学始终如一地提倡个人和家庭的节制，对各种技艺（特别是学术的和文化的）精益求精，对各种使命、职责、家庭和义务持严肃态度。一个受过严格训练的儒家文化的信奉者，不但应该是勤奋的、具有责任感的和学有专长的人，而且是助人为乐的，总是想方设法帮助团体即扩大了的家庭、群体或伙伴。他们很少强调追求个人私利。在某些情况下，从事有目的的和富有成效的共同的组织活动的能力，在现代世界中甚至比个人品质更重要，虽然两者是不可缺少的。在一个组织中保持稳定平静与和谐的人与人之间的关系，这是大多数新儒家社会大力提倡的。其原因，一方面固然是由于部分地保持着某种宗法等级的传统，另一方面更主要的是由于儒家比西方社会更强调人与人关系的相互补充。卡恩相信，儒家伦理学注重培养具有献身和进取精神、责任感强和有教养的个人，以及增强义务感、与组织的一致性和对各种体制的忠诚，并且促使新儒家社会比其他文化的社会具有更大的潜能。

卡恩指出，令人信服的材料证明，新儒家文化在推动现代化和经济增长方面显示出强大的活力。他认为，韩国、中国台湾和日本说明新儒家文化与超级工业世界经济的迅速崛起有特殊的关系。[②]他认为，中国、日本、韩国、新加坡，以及马来西亚、泰国、印尼、菲律宾的华裔人种集团的卓著成绩，揭示出新儒家文化在推动经济发展和学习、利用现代技术方面具有杰出的潜能。当然，不同的新儒家文化之间也存在着很大的差异，每一个新儒家国家都信守各自理解的儒家学说。但是，根据卡恩的观点，在今天的条件下，一切具有儒家文化传统的社会都能很好地适应现代化的进程。[③]

---

① ［美］卡恩：《世界经济的发展：1979年及以后》，引自施忠连著：《现代新儒学在美国》，辽宁大学出版社1994年版，第16页。

② ［美］卡恩：《世界经济的发展：1979年及以后》，引自施忠连著：《现代新儒学在美国》，辽宁大学出版社1994年版，第17页。

③ 参见陆象淦著：《走向二十二世纪——卡恩的大过渡理论》，辽宁人民出版社1986年版，第283—294页。

卡恩的理论受到国际学术界的高度重视，讨论“儒家伦理与工业东亚的现代化”成为海外中国文化研究的热门课题，有许多学者和研究机构投入很大的热情和精力参与这一课题的研究。1980年，英国前国会议员、政治学家，后任美国哈佛大学教授的罗德里克·麦克法夸尔（Roderick MacFarquhar）发表了《后儒家的挑战》一文，指出自工业革命开始以来的200年中，东亚的儒家继承者从经济、政治和军事上向欧美文化提出了唯一真正的挑战。麦克法夸尔进而提出了“后儒家假设”。所谓“后儒家”，是指同时具有明显的工业主义和儒家特征的社会。他认为，东亚地区的政治形式各不相同，但它们有一个共同点，即拥有相同的文化遗产——儒家传统，这具有特别重大的意义。在他看来，儒家传统对于东亚经济起飞的作用就像新教与资本主义在西方兴起中所发挥的作用一样。20世纪后半期的“后儒家时代”，儒家的价值已成为东亚各国人民的“内在准矩”。儒家原则在后儒家时代对大部分东亚人仍然能提供精神指南。如果西方的个人主义适合于工业化的初期发展，儒家的“群体主义”或许更适合于大量工业化的时代。

美国社会学家彼得·伯格（Peter Berger）在1983年提出了“两型现代化”的理论。他认为，在今天的世界上已经出现了两种类型的现代化，除了西方的现代化，东亚社会也已经发展出新的、具有特殊性格的现代化。现在，东亚地区对于研究现代化的经验、探索现代化与传统的关系的人特别有吸引力。

伯格认为，对于东亚经济的迅速发展以及它的现代化的主要特征，只能用东亚社会的、文化的特征来说明。他赞同卡恩和麦克法夸尔的观点，认为儒家传统对东亚经济的飞速发展做出了贡献。但他更重视在经济层面上探讨儒家对一般大众日常生活的影响，认为促进东亚经济起飞的儒家传统，并不是作为国家意识形态的儒学和儒家学者、文人官吏，而是“庸俗的儒家精神”，即一套指导市井小民的思想、行动的信仰与价值，是属于“百姓日用而不知”的俗世儒家传统。据伯格的分析，所谓“庸俗的儒家精神”主要包括：重视上下之别，对稳定家庭生活的强烈关切，对家庭的献身，整套的个人纪律，节俭，美德的规范，对人世间的积极态度，自求多福等。伯格认为，和西方的新教伦理一样，“庸俗的儒家精神”表现于他们的日常生活中特别是经济生活中，并且培养了普通人的纪律、节俭和自我牺牲的伦理精神。不仅如此，东方的精神传统有自己独有的特点，它给东亚的经济以强大的推动力，使东亚现代化形成了不同于西方的模式。

伯格更进一步推论，东亚成功实践了资本主义现代化的非个人主义形式，这些国家可以被称为现代资本主义的“第二例”。这些学者程度不同地把文化因素看作推动东亚国家政治变革、经济变迁的重要动力。正如美国学者墨子刻（Thomas A. Metzger）所言，韦伯在他的文化时代要说明的是儒家文化的失败，而我们则必须说明它的成功。

美国环太平洋研究所所长弗兰克·吉布尼（Frank Gibney）在研究儒家文化与东亚现代化的关系中提出了“儒家资本主义”说。吉布尼认为，日本取得经济成功的真正原因，是将古老的儒家伦理与战后由美国引入的现代经济民主主义糅合在一起，并加以巧妙运用。日本是东西合璧的“儒家资本主义”。以人为中心的“人力资本思想”，“和谐高于一切”的人际关系，“高产乃是为善”的劳动道德观，是日本经济发展不容忽视的因素。英国学者R. 多尔（R. Doll）在题为《东亚各国经济发展和儒教文化》的演说中指出，“义理”和“非个人主义”在履行契约和达到目标方面发挥了极大的作用，这些均根源于儒教；官吏选拔制度、在学校中进行道德教育的传统也是儒教文化的特征，它确保了长时期提供优质劳动力，是东亚经济发展的重要因素。法国学者L. 威德梅修在1986年出版了《亚细亚文化圈时代》一书，提出了“汉字文化圈”和“儒教文艺复兴”说。他指出，各国并未丧失“汉字文化圈”的固有精神，正是这种固有精神为取得前所未有的经济成长的东亚各国提供了一种独创的、富于活力的原动力。这种固有精神主要是指基于儒教传统的彻底的和平主义、以“仁”为原理的共同体主义等。他提出的“儒教文艺复兴”说主张区分作为意识形态的“儒教”和儒家思想的根本精神。他认为，作为旧社会的意识形态的儒教已经灭亡而不会复活了，但是其精神遗产在新的思维方式中仍进行着再生产。他说：

我认为儒教作为旧社会的原理已灭亡而不会复活了。但是，其精神仍生存。儒教的精神被保存于灵堂中。所谓灵堂就是具有形象手段意义的“汉字体系”。正因为儒教决定性地灭亡了，所以才会在与现代化并不矛盾的新思维方式中再生。这正如同在西欧，基督教现已衰落，但福音主义精神仍留存一样。[①]

二、乘势而起的“儒学复兴”

在西方学术界，由儒家伦理与东亚现代化的讨论，进而刺激起人们对儒家思想乃至传统中国哲学的新的兴趣，在东西方文化的对话中探讨儒家思想的现代价值和普遍意义。例如在美国，目前对中国哲学的研究出现了极为活跃的态势，不仅时时有新著问世，而且经常出现新见解，不断将中国哲学的研究引向深入。美国有不少学术组织、团体、大学、研究中心发起召开讨论中国文化与思想的学术会议，或举办讲座、讲习会、专题讨论会等。一批对中国儒家哲学思想体系颇有研究的专家学者活跃在舞台上。比较著名的有狄百瑞（William Theodore de Bary）、墨子刻（Thomes A. Metzger）、郝大维（David L. Hall）、安乐哲（Roger T. Ames）、史华慈（Benjamin Isadore Schwartz）、蒙罗（Donald Jacques Munro）、柯雄文（Antonio S. Cua）、艾尔曼（Benjamin A. Elman）、张灏、秦家懿等人。他们已不再局限于对儒学进行一般性的了解和介绍，或对儒学与基督教进行比较研究，而是力图通过对儒家文化千年发展史的分析研究，探讨儒学的本体论和认识论思想。其眼光也不再局限于对儒学的现代性阐述上，而是对传统儒学进行超越性研究，以探求儒学的未来发展之路。他们对儒学的宗教性进行研究和阐发的取向也越来越明显，认为“儒学在东亚更新的历史，将为21世纪提供多项学术研究的课题”。

许多西方学者认为，中国哲学传统中的许多观念随着时间的推移成为阻碍进步的因素，因而必然会消失；但是中国的传统中也存在着一些“持续不衰的

---

① 引自王家骅著：《儒家思想与日本文化》，浙江人民出版社1990年版，第412页。

见解”，在今天的情况下应该加以改造，重新做出解释，以便对走向未来做出贡献。美国的《中国哲学杂志》曾载文指出，中国传统道德观念中的某些见解，今天可能仍是有用的，应该对中国的传统价值重新做出评价。今天，许多西方青年转向东方，以寻求东方的智慧作为他们的生活指南。而在19世纪进化论思想开始流行的时候，西方把东方看成是落后的并加以藐视。但是，经过两次世界大战和战后的发展，情况有了很大的变化。现在，西方“正进入一个变幻无常和自我怀疑”的时代，它已经认识到，只有现代科学技术的发展，还不能解决人类的所有问题，而且甚至可能带来某些灾难性的后果。西方也已经认识到现代西方文化的局限性，因而重新产生了对其他文化的尊重。文章认为，儒家思想最主要的是“为己之学”，孔子和孟子都认为人自身具有巨大的潜力。“仁”（即“人性”或“人的感情”）应该被看成是所有其他美德的基础。日本的高桥进教授也曾指出，欧美许多有识之士都希望复活东方的传统精神文化，特别是作为这种文化最主要源泉的中国传统思想文化，并使之适应于现实，以解决西方高度发达的工业技术文明造成的深刻社会病态现象。

美国学者狄百瑞认为，儒家学说在今天已重新成为东亚人的民族精神以及20世纪后半叶东亚人所取得的经济奇迹的重要因素。儒家学说不久以前还被斥责为进步的障碍，现在却被称为东亚人纪律严明的职业道德的关键所在，是他们接受权威和家长或统治机构作为更有效的经济事业基础的关键所在，也是政治稳定的关键所在。这种稳定有助于工业增长和提高劳动生产率。狄百瑞认为，儒家首先要求忠于家庭和家族社会。首先是要适当地以自我为中心，从修身、反省和自我纠正开始。他们的世界或王国也是从这些方面构想出来的，基本上是内向的。我们需要的不是去征服新的世界，不是“星球大战”等，而是一种新的地方观念，就像儒家思想中所说的那样，它是从自我克服和自我约束开始的，并且提出一些问题：为了我们同代人和后代人的幸福，我们不应该做哪些事，应该放弃哪些选择，接受哪些限制。[①]

狄百瑞通过对宋明儒学的研究，努力发掘儒学中的自由主义精神，从而为

① 参见李昣波著：《西方学者对传统中国哲学的探讨》，《国外社会科学》1987年第6期。

传统儒学的现代更新提供了一种内在的理据。在他看来，孔子固然可以被称为保守主义者，但孔子也提倡要以过去的理想作为批判现实社会的基础，因此孔子又是自由主义者；他认为儒家的自由主义在黄宗羲的思想中达到了顶峰，并且强调，不管是对帝制和专断权力的批判，还是对依靠制度和法律改革来消除君主制弊端的设想，抑或儒家的教育思想、博学主张等，无不彰显着自由主义的精神气象；遗憾的是，理学中的这种自由主义倾向后来逐渐消失了。墨子刻的观点见于1977年出版的《摆脱困境——新儒学与中国政治文化的演进》一书中，他通过对既有研究进路的批判，特别是对儒家思想中所谓“困境意识”的论证，给儒学的继续发展“塑造”了可能性因由，指出：这种困境意识在儒学体系中产生了一种动力，使得它能够在困境中释放出巨大的能量，促成自身的创造性发展，也就是一种能够变革传统的动力。能够成功摆脱宋明时期的历史困境、促使政治文化得以继续向前发展演进的儒学，在近代自然也能够完成其现代性转换，探索继续发展的前进之路，开出现代自由民主精神之花。

美国学者穆迪在1988年出版的《后儒家社会的政治对立》中，从政治文化的角度对儒学与民主的关系进行了深入探讨。在他看来，20世纪80年代亚洲和拉美地区的民主化运动取得了巨大的成功，而政治学家们又重新燃起对民主化运动的研究兴趣，这使得对儒学与民主关系进行检视显得尤为必要。穆迪通过对社会结构和制度因素的分析和强调，巧妙地使儒学甩掉了此前被人强加的“民主克星”的包袱，强调儒学并不必然导向专制，其核心观念与现代民主理念也并不相冲突；东亚尤其是中国大陆在历史上之所以长期无法形成民主政治，是因为没有相应的社会力量或制度来约束权力的行使或与国家政权相抗衡，在儒学之中并没有与民主价值或制度相敌对之处。如果实用理性主义是现代社会的主题的话，儒学无疑是反现代的，它是一种理性反实用主义。尽管儒家社会未能自发地产生出现代化，但一旦现代化被引导产生出来，儒家社会可能比其他类型的传统社会更容易取得巨大成功，这是对儒学推动现代社会发展作用的大胆肯定。就在穆迪出书的同一年，狄百瑞在一次演讲中进一步指出，“是儒学——而不是通常人们所认为的‘宗教性’说教——在其中起着关键性的作用，（在近代化历程中）儒学起着马克斯·韦伯所认定的有效的具有强制性的宗教载体的作用，是处理与世界紧张状态的超越性价值，而佛教与道教，这些通常人们认为的‘宗教’，很少能起到这样的作用”。

澳大利亚学者梅约翰（John Makeham）在总结20世纪70年代以来关于东亚现代化与儒家思想的讨论时指出：

> 自从20世纪70年代以来，“儒”与“东亚”的连结，成为众多社会学家和经济学家瞩目的焦点。欧美与亚洲的学者，试图从“文化立论”（Cultural thesis）出发，解释东亚经济发展的特殊现象。于是，他们寻找到与东亚经济发展相一致的文化特征，并从中提炼出“儒”的特质。①

有许多人都注意到儒家思想的普遍价值和世界意义。美国学者Th. H. 康曾在一篇回顾西方儒学研究的文章中说：

> 儒学和儒学研究应从中国的专利权中解脱出来，从它的哲学和它的语言中解放出来，以便在世界上独立与自由。孔夫子不再是中国的孔夫子，因为他太伟大了，以至于不能为一个国家或种族所垄断。他是世界的孔夫子，在这个世界中，不存在种族起源、国籍、性别、肤色和宗教的歧视。这样，儒学研究既不属于中国，也不属于东亚，而是属于世界。②

美国学者郝大维和安乐哲在《通过孔子而思》中指出：

---

① ［澳大利亚］梅约翰著：《东亚儒学与中华文化民族主义：一种来自边缘的观点》，引自复旦大学文史研究院编《从周边看中国》，中华书局2009年版，第119—120页。

② ［美］Th. H. 康著：《西方儒学研究文献的回顾与展望》，《国外社会科学》1990年第10期。

我们相信，通过孔子而思，我们的研究会有利于当下哲学思想核心问题的探讨。更明确地说，我们希望，通过展现孔子思想最具活力的那些层面，我们的工作推进对于孔子思想的研究，为重新体认哲学活动本质与功能有所贡献。①

德国天主教哲学家孔汉思则认为："在基督教神学家眼中，这一切意味着儒家绝不仅是个过去的宗教，而是一个生机盎然的当代精神力量，它直接或间接地影响人民。"②孔汉思列举了儒学思想在现代社会中所能发挥作用的五个方面：

（1）科学将不是不负责任的，而是依附伦理道德准则；

（2）技术将不会奴役人类，而是让人做主人；

（3）工业将不会毁灭人类存在的自然基础，而是保护这个基础；

（4）民主将不会置社会公正于不顾，偏袒个人自由，而是以自由为灵魂实现自由；

（5）最后，超越物质世界的因素将再次为人尊重——为的是全人类的人道主义。③

三、西方对东方智慧的新兴趣和新理解

在世界文化史上，中华文化在很长一段时间里一直处于领先地位。中华文化在海外的传播，对许多民族文化的形成和发展都产生了程度不同的影响。但是，近代以后，西方殖民主义的崛起和向海外的扩张来势凶猛。西方

---

①［美］郝大维、［美］安乐哲著：《通过孔子而思》（第二版），何金俐译，北京大学出版社2020年版，第10页。

②［加］秦家懿、［德］孔汉思著：《中国宗教与基督教》，吴华译，生活·读书·新知三联书店1997年版，第82页。

③［加］秦家懿、［德］孔汉思著：《中国宗教与基督教》，吴华译，生活·读书·新知三联书店1997年版，第107页。

殖民主义者以其种族和文化偏见，对中国人民和中华文化做了大量歪曲的甚至是有意侮辱的报道，称中国人为“劣等民族”“东亚病夫”。所以，在近代以来的世界上，中国成为一个懦弱、贫困、落后、任人欺辱和宰割的羸弱之国。

然而，这种情况毕竟是暂时的。世界终将要抹去历史的尘埃，对中华文化做一次“再发现”。在这个“再发现”的过程中，中国和中华文化将以崭新的面貌重新走进世界。世界对中华文化的“再发现”是从20世纪前期开始的。20世纪是世界对中华文化“再发现”“再理解”“再接受”的世纪，是中华文化重新走向世界的世纪。

世界对中华文化新的兴趣与关注，首先是由于东方的复兴、新中国的崛起，中华文化在世界舞台上展现出新的风采和魅力。中华文化以崭新的面貌重新走向世界，获得世界的再理解和再接受。另一方面，这也与西方文化自身发展的状况有关。近代以来，科技革命和工业革命创造了前所未有的物质文明，极大地改变了人类的生活环境和生活方式，开始了世界性的现代化进程。但是，西方文化在自己的发展进程中也日益暴露出它的缺陷和弊端。特别是两次世界大战造成的大浩劫和大破坏，使人们对现代文明的负面价值、对人的地位和尊严的失落表现出深刻的担忧。英国历史学家赫·乔·韦尔斯（Herbert George Wells，1866—1946）曾这样描述第一次世界大战结束时欧洲的情景：“到处是罕见的匮乏，到处是悲痛的哀悼。死亡和伤残的总人数高达好几百万。人们觉得面临着世界事务的危机。他们过于疲乏和悲痛，无意去考虑错综复杂的前途。他们弄不清楚他们究竟是碰上了一次危及文明的灾难，还是面对着一次人类集团生活新阶段的开始……”①

20世纪西方社会的一个突出特征，就是新科学技术革命的迅速发展以及其成果的广泛应用。新科学技术转变为直接的生产力，在更广更深的范围内开拓了人类征服自然、控制自然的道路，极大地推动了社会经济的发展。随着科

① [英] 赫·乔·韦尔斯著：《世界史纲——生物和人类的简明史》，吴文藻等译，人民出版社1982年版，第1页。

技革命的深入，整个社会生活也发生了深刻变化。它不仅改变了人与自然的关系和人在生产过程中的作用，也改变着人本身，改变了人的创造力和需要等，从而形成了人类新的生活条件，而这种新的生活条件又促使人与人之间关系的改变，促使人们价值观念、思维方式和生活方式的改变。新技术革命无疑是人类历史的一大进步，但这种革命和变化又是在资本主义社会条件下，通过使资本主义社会各种矛盾激化的形式表现出来的。

因此，一方面，科学技术革命创造了巨大的社会生产力，另一方面，它又带来相当严重的社会后果。这种社会后果的文化实质在于，自启蒙运动以来逐渐发展并始终占据工业文明导向地位的“技术文化”，随着它为自身获得存在的意义和推动能力，形成了一个相对独立的“科技世界”。这个“科技世界”是与人们的“生活世界”相分离、与产生于“生活世界”的“人文精神”相对立的。人的劳动所创造的先进科学技术和强大生产力，变成了支配人和奴役人的，与个人相敌对的、异己的力量，“科技世界”的理性主义成了支配社会的唯一“原则”。在这样的气氛下，人们普遍感受到两种文化精神的矛盾和对立，并对19世纪以来西方工业文明所坚持的“进步”信念产生了怀疑和动摇。1959年，英国学者斯诺（Charles Percy Snow）在《两种文化与科学革命》一文中提出，20世纪的学术文化已经形成两个壁垒森严的世界：一个是“人文的”，另一个是“科学的”。他指出，这两种文化的分裂和对抗倾向，使得西方人丧失了整体的文化观，以致使20世纪的思想界不能对“过去”做出正确的解释，不能对“现在”做出合理的判断，也不能对“未来”有所憧憬和展望。法国哲学家圣·塞尼（M. B. Saint-Sernin）则尖锐地指出技术的有害后果，总结出四个“技术悖论”：第一，工业社会的劳动和生产方式造成了人际关系的淡漠，并且伴随疲惫、孤寂的心理变态以及各种焦虑的滋生；第二，技术的迅速发展，使得人们没有时间估计其后果，更没有时间确定一个发展目标，生产企业的发展趋于无政府状态；第三，理性与权力的结合产生了非理性效果，使整个国家陷入无政府状态；第四，技术损害着地球，并且这些损害无法修复。后来，让娜·帕朗-维亚尔（J. Paruin-Vial）又增加了第五个技术悖论，即扬言要把我们变为“自然的主人和占有者”的技术却把我们同自然分开了，使我们生活在伪自然和想象世界中。

有论者指出，文化危机的形成，首先由于西方社会确立了一种对人的错误看法，即不尊重个人的价值和人格，而把人当作实现某些社会目的的工具。文化危机造成了人格危机，即个人意识的自我与他所扮演的社会角色相分离，真实的自我与理想的自我相分离，个人与他所生活的社会、与他自己相分离。人不再是原来意义上的完整的个人，而是片面的、被分裂的。因此，人感到"意义的失落"，感到"无家可归"，感到压抑、孤独、焦虑、苦闷、无依托和无归属，感到自己生活在一个"荒谬"和"茫然失措"的世界里。

现时代的文化危机和人格危机引起了许多思想家和学者们的忧虑和关注，他们中的一些人出于对现代西方文化的怀疑和忧虑，又开始倾向于中国传统文化，希望在古老的东方智慧中寻得精神的慰藉和灵魂的解脱，找出摆脱文化危机的出路。20世纪20年代，约由一百四十位法国和其他国家的作家和学者撰写的《东方的魅力》一书在巴黎出版。这本书认为，美国代表着纯粹工业的和功利的人生观，迷信力量、机器和物质上的安逸。正是为了逃避这种有害的美国式的生活方式，欧洲才转向东方。书中写道：

> （欧洲）由于近几年遭受的几乎致命的打击，准备俯首自贬。这时，它就有可能感到东方的影响。一个广袤的大陆仍然作为西方精神的庇护所和堡垒：全美国都在巩固她自己并高傲地关闭自己的大门；而欧洲将注意东方的教训。[①]

1930年，美国科学史家萨顿（G. Sarton）在一次题为《东方和西方》的演讲中阐述了人类文明开始于东方。他警告西方人不要过分骄傲以致忘记他们成熟思想的东方起源，并且预言新的启示可能还会来自东方。他指出："我的目的就是要证明东方的人们对于我们的文明所做出的巨大贡献。""人类的统一

① 引自清华大学思想文化研究所编：《世界名人论中国文化》，湖北人民出版社1991年版，第570页。

包括东方和西方，它们就像同一个人的两种精神状态；它们代表了人类经验的两个基本而又互补的方面。”①

西方的思想家们把目光转向东方，试图从东方思想、从中国传统文化中寻找医治西方社会病态的药方，寻找一种新的人文主义精神，以摆脱科学理性的奴役和桎梏，弥合科学文化和人文文化的分裂。著名心理学家荣格指出：

> 当我们正在用工业成就把东方人的世界搞得天翻地覆之际，东方人也正在用精神成就把我们的精神世界弄得狼狈不堪。我们仍没有想到，当我们从外面把东方人打败之际，也许东方人正从内部把我们包围住。……
>
> ……有一千年历史的东方典籍能把富有哲理的相对论介绍给我们，而不久前在西方提出的不定论便是中国科学的根本。理查德·威廉（编者注：卫礼贤）甚至对我说，分析心理学所发现的某些复杂心理作用，可以很清楚地从中国古文里找到。精神分析本身及因此而出现的各种主义——当然是西方人发展出来的，和东方人的古代艺术相比，可以说只是一种初学者的企图。……
>
> ……在我看来，东方似乎正是我们今天所遭遇的精神变化的根本。不过，这个东方并不是什么充满大圣人的西藏寺院，从某种意义来说，是深藏在我们心中的。新的精神形式将出现在我们心灵生活的中心深处，它将协助我们消除亚利安猛禽的那种无限贪欲的精神力表现。也许我们将会开始了解，那种在东方已经发展成一种暧昧的无为主义的生活的某种界限，以及当精神需要与物质需要同样有其重要性时，人生所不可缺少的那种稳定性。②

---

①［美］乔治·萨顿著：《科学史和新人文主义》，陈恒六、刘兵、仲维光译，华夏出版社1989年版，第58、88页。

②［瑞士］C. G. 荣格著：《探索心灵奥秘的现代人》，黄奇铭译，社会科学文献出版社1987年版，第206—207页。

美国汉学家史景迁（Jonathan D. Spence，1936—2021）也说：

西方知识分子是在他们感到自己所处的文化前途未卜的时候开始研究中国的。对于那些深怀不安全感和焦虑感的西方人来说，中国在某种程度上成了他们的一条出路或退路。……学过欧洲历史的人一定不会忽视那段文化绝望时期，即第一次世界大战后，就连中国的梁启超、蔡元培等思想家都注意到西方要灾难临头了。20年代和30年代发展起来的一点复兴景象很快就被第二次世界大战和法西斯主义的崛起所扼杀。可见，西方文化的发展正处于彷徨时期，也就是在这个时候，大批西方作家和思想家开始重新研究中国。[①]

所以，现代西方社会对东方特别是中国的文化、思想，又产生了广泛的兴趣。美国学者克拉克（J. J. Clarke）指出："20世纪则见证了东方趣味的蓬勃兴起，从广为人知的禅宗对'垮掉的一代'和嬉皮士的影响，神秘的藏传佛教智慧在西方虔诚信徒中的传播，到西方学术界与东方在一系列较少为人所知的学科领域（如神学、哲学、心理学与精神疗法）的对话，莫不如此。"[②]他们寄希望于东方文化、中华文化，从东方的复兴中看到人类未来的前景。美国未来学家奈斯比特（John Naisbitt）在其著作《亚洲大趋势》中说："今天，我们不得不面对这样一个现实：东方的崛起。不仅东方人，甚至一些西方人都明显地观察到，这个世界正朝东方化的方向发展。在全世界范围内，西方依然重要，但绝无力量控制、垄断全世界。全球的发展重心已经从西方转移到了东方。"[③]

从20世纪上半期开始，许多西方人表现出对中国文化的浓厚兴趣。西方

---

① ［美］史景迁著：《文化类同与文化利用——世界文化总体对话中的中国形象》，廖世奇、彭小樵译，北京大学出版社1990年版，第145页。

② ［美］J. J. 克拉克著：《东方启蒙：东西方思想的遭遇》，于闽梅、曾祥波译，上海人民出版社2011年版，第24页。

③ ［美］约翰·奈斯比特著：《亚洲大趋势》，蔚文译，外文出版社1996年版，第245—246页。

知识分子由于对西方精神文化传统产生动摇而把目光从动荡的欧洲转向古老的中国，以寻求救世之道。在这个时期，有许多著名学者，如马克斯·韦伯和斯宾格勒（Oswald Arnold Gottfried Spengler）等人都投入了大量的时间和精力对中国进行系统的研究。除此之外，马丁·布伯（Martin Buber，1878—1965）、海德格尔、雅斯贝尔斯、荣格、罗素（Bertrand Russell，1872—1970）、汤因比等著名思想家也都对中国文化传统表现出浓厚的兴趣，并进行了一定程度的研究。

现代世界对中国文化的兴趣是多方面的。特别是古代中国的哲学思想，在西方学术的视野中获得了新的理解、新的解释、新的接受。如果说，在17—18世纪中华文化西传的高潮中，孔子的儒家思想曾引起西方广泛的兴趣，对启蒙思想家们产生了很大的影响，那么，在20世纪，东方的神秘主义思想，受到了西方学术界更多的注意，他们试图从东方古代智慧中找到与现代科学、与现代人心灵的相通之处。另一方面，由于东亚地区现代化建设的突出成就，儒家思想也重新受到重视，研究儒家伦理与东亚地区现代化的内在联系，成为国际学术界的一个热门课题。许多国家的知识界加强了对孔子儒学的研究，发表了大量的研究成果，孔子作为人类历史上一位有独创性的思想家，仍然受到广泛的尊重。

现代西方思想学术界对中华文化和中国智慧的新兴趣，正说明了人们越来越认识到孔子儒家思想的当代世界价值。当西方学者们关注儒家思想文化的时候，他们着眼的是如何从这种东方智慧中寻找补充西方思想的有益的东西。或者如郝大维、安乐哲所说的，使中国文化传统“成为丰富和改造我们西方世界的一种文化资源”①。

孔子儒家思想文化之所以在现代世界引起人们的关注，其主要原因还是在于这种思想体系本身所具有的普遍性和永恒性价值。儒学体现了人类的道德自觉，是人类生存和发展的智慧。这种智慧仍然有益于思考现代社会生活所面临

---

①［美］郝大维、［美］安乐哲著：《通过孔子而思》（第二版），何金俐译，北京大学出版社2020年版，第5页。

的问题和挑战。另一方面，儒学本身也在不断地适应现代社会生活的发展需要，使自己现代化和世界化。儒学是一个开放的、不断创新发展的思想体系，是在不断地同各种思想文化交流的对话中发展的。在现代世界，孔子的儒学思想文化是推动世界文明对话的重要力量。

结束语

我们在本书第一章的开头，曾引述钱穆先生的一段话，他说，孔子是中国历史上第一大圣人。在中华文明五千多年的历史中，对于建立中国文化理想“具有最深影响最大贡献者，殆无人堪与孔子相比伦”[①]。

两千多年前孔子创立了儒家思想，经过世代学者的阐释发挥，经过历朝历代王朝的推崇提倡，儒家思想文化吸收了各家学派的学说与主张，汇聚成中华民族思想的精华，发展成为一个庞大的知识和文化体系，成为两千多年来在中华民族思想意识中占主导地位的思想。儒家思想对于中国的政治文化、社会关系、教育制度以及伦理道德、人格修养，都产生了重大的影响，对于中华民族的发展发挥了核心的作用。正如许多前辈学者论述过的，孔子的思想就是中国思想的核心，就是中华民族文化精神的主要代表。

孔子儒家思想的主要贡献，正如前引钱穆先生所说的，在于建立了中国的文化理想。这种文化理想主要包括两个方面：一个是社会理想，就是“天下大同”；一个是人生理想，就是“君子之道”。 对于知识分子个人来说，前者在于入世，在于“治平”；后者在于修身，在于实现完善的人格。这样的文化理想就是孔子教导的“大道”。我们看到，儒学创立后中国长达两千多年的历

① 钱穆著：《孔子传》（大字本），九州出版社2020年版，《序言》第1页。

史，并不都是按照孔子设想的“大道”发展的。虽然中华民族成长、发展的道路上一直荆棘丛生，充满各种艰难险阻，但孔子提倡的文化理想道统不绝，不断得到发扬光大。儒家精神体现了中华文明的内在规定性，集中表达了中国传统社会的文化主题。

孔子提倡的文化理想一直照亮着中华民族前行的道路。这就是儒家文化对于中华文明的重大价值所在。对于中华民族来说，孔子提倡的文化理想具有普遍的和超越时代的意义。不仅如此，这种文化理想也是全人类的共同理想。人类文明的发展，就在于追求人类社会的公平、平等和正义，在于追求人的全面发展。所以，孔子的儒家思想也具有全人类文明的价值、世界的价值，具有人类普遍的和超越空间的意义。

所以，在中国周边的东亚地区，那里的人们在接触到、了解到儒家文化后，也给予了高度的重视，并把它吸收到本民族的文化中。在朝鲜半岛、日本、越南，儒家文化受到官方的推崇和支持，是长期居于统治地位的意识形态，成为国家统治的指导方针及社会生活的行为准则。不仅如此，儒学在中国本土的发展演变，也都在东亚诸国引起反应。这些国家哲学思想的发展，直到近代以前，始终没有脱离儒学的传统。和在中国的情况一样，儒家思想文化对于这些国家民族心理的形成和文化精神的塑造发挥了主导作用。

欧洲国家接触到孔子儒学思想比较晚，是在17—18世纪的时候。而在这个时代，正是欧洲社会发生大变革的时期，是从中世纪走向近代的时期。欧洲的思想家们从孔子的思想中得到了很大的启发。他们援引孔子的思想作为他们批判基督教神学和封建专制主义、论证新文化理想的根据。中华文明成为他们一个想象的乌托邦，孔子是他们的理想和典范。孔子儒学思想直接参与了西方思想发展的进程，参与了世界历史的进程。孔子及其思想学说是世界思想文化和精神文明的宝贵财富。

孔子儒家思想文化不仅在世界文明史上有重大的影响，对人类文明做出了重大贡献，而且对于我们今天的社会进步、文化发展，仍然具有特别重要的价值。两千多年前孔子提倡的文化理想，仍然是我们要坚守的。18世纪末19世纪初期，工业革命的成果为人类文明开辟了一个新的时代。人们纷纷拥抱工业革命时代的新文明、新文化，直到今天，我们仍然享受着工业革命带来的巨大社会变化和文化变迁。但是，工业革命乃至现代的新技术革命并不是要抛弃人类文明原初的理想。现代科学技术的发展，不能解决人类所有的问题。正如汤因比所说的，要避免像西方社会因技术的滥施给人类带来的悲剧，就必须培育起能使精神与自然相协调的人文精神。而这正是以孔子儒家思想文化为核心的中华文化所培育的文明精神。

孔子创造了博大的思想文化世界，孔子的世界是属于全世界的人类文明。这是孔子及其儒家思想的普遍价值和世界意义。

主要参考文献

[1] 钱穆著:《黄帝》，生活 · 读书 · 新知三联书店2004年版。

[2] 钱穆著:《孔子传》(大字本)，九州出版社2020年版。

[3] 钱穆著:《国史大纲》，商务印书馆2010年版。

[4] 钱穆著:《中国文化史导论》，商务印书馆1994年版。

[5] 钱穆著:《国学概论》，商务印书馆1997年版。

[6] 冯友兰著:《中国哲学简史》，赵复三译，生活 · 读书 · 新知三联书店2009年版。

[7] 张岱年著:《中国哲学大纲》，商务印书馆2017年版。

[8] 冯天瑜著:《中华元典精神》，上海人民出版社1994年版。

[9] 樊树志著:《国史十六讲》，中华书局2006年版。

[10] 白至德编著:《白寿彝史学二十讲》之《中古时代 · 秦汉时期》，中国友谊出版公司2010年版。

[11] 吕文郁著:《春秋战国文化史》，东方出版中心2007年版。

[12] 孙昌武著:《隋唐五代文化史》，东方出版中心2007年版。

[13] 叶坦、蒋松岩著:《宋辽夏金元文化史》，东方出版中心2007年版。

[14] 孟森著:《明清史讲义》(上册)，商务印书馆2017年版。

[15] 张立文主编，陆玉林著:《中国学术通史》(先秦卷)，人民出版社

2004年版。

［16］张立文主编，周桂钿、李祥俊著：《中国学术通史》（秦汉卷），人民出版社2004年版。

［17］郑师渠总主编，许殿才主编：《中国文化通史》（秦汉卷），北京师范大学出版社2017年版。

［18］龚书铎总主编，黄朴民等著：《中国文化发展史》（秦汉卷），山东教育出版社2013年版。

［19］龚书铎总主编，王育济等著：《中国文化发展史》（宋元卷），山东教育出版社2013年版。

［20］［美］陆威仪著：《早期中华帝国：秦与汉》，王兴亮译，中信出版社2016年版。

［21］王文亮著：《中国圣人论》，中国社会科学出版社1993年版。

［22］朱义禄著：《儒家理想人格与中国文化》，辽宁教育出版社1991年版。

［23］赵敏俐著：《先秦君子风范》，现代出版社2016年版。

［24］［美］A. 马塞勒等著：《文化与自我——东西方人的透视》，任鹰等译，浙江人民出版社1988年版。

［25］［美］P. K. 博克著：《多元文化与社会进步》，余兴安、彭振云、童奇志译，辽宁人民出版社1988年版。

［26］林语堂著：《生活的艺术》，长江文艺出版社2015年版。

［27］林语堂著：《中国人》（全译本），郝志东、沈益洪译，学林出版社2007年版。

［28］韦政通著：《儒家与现代中国》，上海人民出版社1990年版。

［29］刘岱主编：《永恒的巨流》，生活·读书·新知三联书店1991年版。

［30］［美］费正清、赖肖尔、克雷格著：《东亚文明：传统与变革》，黎鸣等译，天津人民出版社1992年版。

［31］朱云影著：《中国文化对日韩越的影响》，广西师范大学出版社2007年版。

[32]［韩］柳承国著:《韩国儒学史》，傅济功译，台湾商务印书馆1989年版。

[33]［韩］金忠烈著:《高丽儒学思想史》，台北东大图书公司1992年版。

[34] 黄有福、陈景富著:《中朝佛教文化交流史》，中国社会科学出版社1993年版。

[35] 韩国哲学会编:《韩国哲学史》(上卷)，白锐等译，社会科学文献出版社1996年版。

[36]［韩］金台俊著:《朝鲜汉文学史》，张琏瑰译，社会科学文献出版社1996年版。

[37] 朝鲜民主主义人民共和国科学院历史研究所著:《朝鲜通史》(上卷)，吉林省延边朝鲜族自治州《朝鲜通史》翻译组译，吉林人民出版社1973年版。

[38] 韩国社会学会编:《韩国社会走向何处》，周四川译，东方出版社1993年版。

[39] 徐远和著:《儒学与东方文化》，人民出版社1993年版。

[40] 朱仁夫、魏维贤、王立礼著:《儒学国际传播》，中国社会科学出版社2004年版。

[41] 杨焕英编著:《孔子思想在国外的传播与影响》，教育科学出版社1987年版。

[42]［韩］金日坤著:《儒教文化圈的伦理秩序与经济——儒教文化与现代化》，邢东田、黄汉卿、史少锋译，中国人民大学出版社1991年版。

[43] 严绍璗著:《日本中国学史稿》，学苑出版社2009年版。

[44] 严绍璗著:《汉籍在日本的流布研究》，江苏古籍出版社1992年版。

[45]［日］石田一良著:《日本文化：历史的展开与特征》，许极燉译，孙宗明校注，上海外语教育出版社1989年版。

[46]［日］坂本太郎著:《日本史概说》，汪向荣、武寅、韩铁英译，商务印书馆1992年版。

[47]［日］家永三郎著:《日本文化史》，刘绩生译，商务印书馆1992

年版。

[48] [日] 家永三郎著：《外来文化摄取史论——近代西方文化摄取思想史的考察》，靳丛林、陈泓、张福贵译，吉林教育出版社1990年版。

[49] [日] 永田广志著：《日本哲学思想史》，陈应年、姜晚成、尚永清等译，商务印书馆1978年版。

[50] [日] 木宫泰彦著：《日中文化交流史》，胡锡年译，商务印书馆1980年版。

[51] [日] 尾藤正英等著：《日中文化比较论》，王家骅译，韦坚校，浙江人民出版社1992年版。

[52]《朱舜水集》，中华书局1981年版。

[53] 王家骅著：《儒家思想与日本文化》，浙江人民出版社1990年版。

[54] [日] 森岛通夫著：《日本为什么"成功"》，胡国成译，四川人民出版社1986年版。

[55] [美] 赖肖尔著：《日本人》，孟胜德、刘文涛译，上海译文出版社1980年版。

[56] 中国社会科学院历史研究所《古代中越关系史资料选编》编辑组编：《古代中越关系史资料选编》，中国社会科学出版社1982年版。

[57] [越] 陈重金著：《越南通史》，戴可来译，商务印书馆1992年版。

[58] [意] 利玛窦、[比] 金尼阁著：《利玛窦中国札记》，何高济等译，广西师范大学出版社2001年版。

[59] [葡] 曾德昭著：《大中国志》，何高济译，上海古籍出版社1998年版。

[60] [法] 李明著：《中国近事报道（1687—1692）》，郭强、龙云、李伟译，大象出版社2004年版。

[61] [德] 莱布尼茨著：《中国近事——为了照亮我们这个时代的历史》，[法] 梅谦立、杨保筠译，大象出版社2005年版。

[62] [德] 夏瑞春编：《德国思想家论中国》，陈爱政等译，江苏人民出版社1995年版。

［63］［法］伏尔泰著：《哲学辞典》（上册），王燕生译，商务印书馆1991年版。

［64］［法］伏尔泰著：《路易十四时代》，吴模信等译，商务印书馆1982年版。

［65］［法］伏尔泰著：《风俗论》（上册），梁守锵译，商务印书馆2017年版。

［66］［法］弗朗斯瓦·魁奈著：《中华帝国的专制制度》，谈敏译，商务印书馆1992年版。

［67］［法］霍尔巴赫著：《健全的思想——或和超自然观念对应的自然观念》，王荫庭译，商务印书馆1966年版。

［68］［德］艾克曼著：《歌德谈话录》（全译本），洪天富译，译林出版社2002年版。

［69］宗白华等著：《歌德研究》，中华书局1936年版。

［70］杨武能、莫光华著：《歌德与中国（新版插图增订本）》，四川人民出版社2017年版。

［71］［德］黑格尔著：《历史哲学》，王造时译，生活·读书·新知三联书店1956年版。

［72］［德］黑格尔著：《哲学史讲演录》（第1卷），贺麟、王太庆译，商务印书馆1959年版。

［73］［美］孟德卫著：《奇异的国度：耶稣会适应政策及汉学的起源》，陈怡译，大象出版社2010年版。

［74］［美］孟德卫著：《1500—1800：中西方的伟大相遇》，江文君、姚霏等译，新星出版社2007年版。

［75］［美］邓恩著：《从利玛窦到汤若望：晚明的耶稣会传教士》，余三乐、石蓉译，上海古籍出版社2003年版。

［76］［法］谢和耐著：《中国与基督教：中西文化的首次撞击》，耿昇译，上海古籍出版社2003年版。

［77］范存忠著：《中国文化在启蒙时期的英国》，上海外语教育出版社

1991年版。

［78］张西平著:《儒学西传欧洲研究导论——16—18世纪中学西传的轨迹与影响》，北京大学出版社2016年版。

［79］方豪著:《中西交通史》，上海人民出版社2008年版。

［80］［韩］黄台渊、金钟禄著:《孔夫子与欧洲思想启蒙》，［韩］卢珍译，人民日报出版社2020年版。

［81］［美］H. G. Creel（顾立雅）著:《孔子与中国之道——现代欧美人士看孔子》，高专诚译，山西人民出版社1992年版。

［82］［法］安田朴著:《中国文化西传欧洲史》，耿昇译，商务印书馆2000年版。

［83］［法］维吉尔·毕诺著:《中国对法国哲学思想形成的影响》，耿昇译，商务印书馆2000年版。

［84］［英］李约瑟著:《中国科学技术史》第1卷《导论》，袁翰青等译，科学出版社2018年版。

［85］［美］J. J. 克拉克著:《东方启蒙：东西方思想的遭遇》，于闽梅、曾祥波译，上海人民出版社2011年版。

［86］［英］约翰·霍布森著:《西方文明的东方起源》，孙建党译，山东画报出版社2009年版。

［87］［德］利奇温著:《十八世纪中国与欧洲文化的接触》，朱杰勤译，商务印书馆1962年版。

［88］清华大学思想文化研究所编:《世界名人论中国文化》，湖北人民出版社1991年版。

［89］忻剑飞著:《世界的中国观——近二千年来世界对中国的认识史纲》，学林出版社1991年版。

［90］张国刚、吴莉苇著:《启蒙时代欧洲的中国观——一个历史的巡礼与反思》，上海古籍出版社2006年版。

［91］朱谦之著:《中国哲学对欧洲的影响》，上海人民出版社2006年版。

［92］［美］伊罗生著:《美国的中国形象》，于殿利、陆日宇译，中华书局

2006年版。

［93］钱满素著：《爱默生和中国——对个人主义的反思》，生活·读书·新知三联书店1996年版。

［94］［英］麦高温著：《中国人生活的明与暗》，朱涛、倪静译，中华书局2006年版。

［95］［美］费正清、刘广京编：《剑桥中国晚清史》（上卷），中国社会科学院历史研究所编译室译，中国社会科学出版社1985年版。

［96］陶文钊编选：《费正清集》，林海、符致兴等译，天津人民出版社1992年版。

［97］［法］戴仁编：《法国中国学的历史与现状》，耿昇译，上海辞书出版社2010年版。

［98］雷雨田主编：《近代来粤传教士评传》，百家出版社2004年版。

［99］顾长声著：《从马礼逊到司徒雷登——来华新教传教士评传》，上海人民出版社1985年版。

［100］段怀清、周俐玲编著：《〈中国评论〉与晚清中英文学交流》，广东人民出版社2006年版。

［101］熊文华著：《英国汉学史》，学苑出版社2007年版。

［102］［德］马汉茂、汉雅娜，［中］张西平、李雪涛主编：《德国汉学：历史、发展、人物与视角》，大象出版社2005年版。

［103］张国刚著：《德国的汉学研究》，中华书局1994年版。

［104］［德］卫礼贤著：《中国心灵》，王宇洁等译，国际文化出版公司1998年版。

［105］孙立新、蒋锐主编：《东西方之间——中外学者论卫礼贤》，山东大学出版社2004年版。

［106］《辜鸿铭文集》（下卷），黄兴涛等译，海南出版社1996年版。

［107］［英］雷蒙·道森著：《中国变色龙——对于欧洲中国文明观的分析》，常绍民、明毅译，中华书局2006年版。

［108］张西平编：《欧美汉学研究的历史与现状》，大象出版社2006年版。

［109］［美］史景迁著：《文化类同与文化利用——世界文化总体对话中的中国形象》，廖世奇、彭小樵译，北京大学出版社1990年版。

［110］罗荣渠著：《现代化新论——世界与中国的现代化进程》（增订本），商务印书馆2009年版。

［111］杜维明著：《新加坡的挑战——新儒家伦理与企业精神》，高专诚译，生活·读书·新知三联书店1989年版。

［112］施忠连著：《现代新儒学在美国》，辽宁大学出版社1994年版。

［113］陆象淦著：《走向二十二世纪——卡恩的大过渡理论》，辽宁人民出版社1986年版。

［114］［美］郝大维、［美］安乐哲著：《通过孔子而思》（第二版），何金俐译，北京大学出版社2020年版。

［115］［加］秦家懿、［德］孔汉思著：《中国宗教与基督教》，吴华译，生活·读书·新知三联书店1997年版。